宪法学教学案例研析

主　编　王守田　沈国琴
撰稿人　程　华　齐小力　沈国琴
　　　　王守田　杨俊锋　杨　蓉
　　　　赵　华

中国人民公安大学出版社
·北　京·

图书在版编目（CIP）数据

宪法学教学案例研析/王守田，沈国琴主编．—北京：中国人民公安大学出版社，2013.1

ISBN 978-7-5653-1172-7

Ⅰ.①宪… Ⅱ.①王…②沈… Ⅲ.①宪法学—中国—教案（教育） Ⅳ.①D921.01-42

中国版本图书馆 CIP 数据核字（2012）第 318502 号

宪法学教学案例研析

王守田　沈国琴　主编

出版发行：中国人民公安大学出版社
地　　址：北京市西城区木樨地南里
邮政编码：100038
经　　销：新华书店
印　　刷：北京泰锐印刷有限责任公司

版　　次：2013 年 1 月第 1 版
印　　次：2016 年 1 月第 2 次
印　　张：13.75
开　　本：787 毫米×1092 毫米　1/16
字　　数：242 千字

书　　号：ISBN 978-7-5653-1172-7
定　　价：45.00 元

网　　址：www.cppsup.com.cn　www.porclub.com.cn
电子邮箱：zbs@cppsup.com　zbs@cppsu.edu.cn

营销中心电话：010-83903254
读者服务部电话（门市）：010-83903257
警官读者俱乐部电话（网购、邮购）：010-83903253
公安图书分社电话：010-83905672

前　言

2011 年由中国人民公安大学法律系同仁编写，中国人民公安大学出版社出版了《宪法学》一书，本书是为这本《宪法学》配套使用而编写的。

案例教学在法学教育中具有特殊的重要性。人们通常将世界各国的法律分为以英美为代表的普通法系和以法德为代表的大陆法系。两大法系中普通法系特别强调判例的作用，甚至将判例作为其重要的法律渊源。20 世纪英国著名法官丹宁勋爵甚至认为普通法就是由一个又一个案例作为界碑发展而来的。因此，普通法国家的法学教育可以说就是在研读一个又一个的案例中进行的。中国近代法律发展颇多受益于日德，因而更倾向于大陆法系模式。大陆法系以《法国民法典》为代表，特别强调在完备逻辑指导下的立法，而不如普通法国家那样重视案例的指导意义。但 20 世纪以后，尤其第二次世界大战以后，这种分野正在发生重大的变化，普通法国家日益重视立法的作用，而大陆法国家则开始重视判例的作用。在宪法领域，1949 年联邦德国制定的《基本法》规定了宪法法院；1958 年的法国宪法则规定了宪法委员会，韩国等其他国家也大都建立了各具特色的宪法监督机构。有关的宪法争讼有了专门的审理机构，宪法诉讼已经成为宪法实施的常态。相应地，宪法案例也在各自国家成为宪法教学的重要内容。

2012 年是 1982 年宪法公布实施 30 周年。30 年来，我国经济和社会发生了巨大的变化，对这一变化，作为根本法的宪法功不可没。20 多年前，在课堂上听到“政府亦须遵守法律”这样的话，都使我们这些专门学习宪法的学生感到闻所未闻；而如今，随便一个出租车司机或市场小贩都能说出“权力监督”、“弱势群体”这些包含着深厚理论的术语。必须肯定，无论国家的宪法实践，还是人民的宪法意识，都在我国取得了非常大的进步。但与 1982 年宪法相伴随，关心我国宪法的人都有一个缺憾——宪法中没有规定宪法法院或宪法委员会这样的专门监督宪法实施的机构，我国宪法至今仍不是解决宪法争讼的依据。这种状况使得我国没有严格意义上的宪法判例，给我们宪法研究和宪法教学也带来不小的缺憾。

为了弥补上述缺憾，近年来，我国的宪法学者做了许多工作。以张千帆教授等译者译的《宪法决策的过程：案例与材料》、《西方宪政体系》为代表，一些学者翻译介绍了大量的外国宪法案例；以韩大元、胡锦光、莫纪宏等教授的《中国宪法事例研究》为代表，一些学者独辟蹊径，挖掘、评析了国内的重大宪法事件；而以四川大学周伟教授为代表，一些学者则直接推动和参与了有宪法意义的诉讼活动；中国政法大学李树忠、焦洪昌等老师则比较早地编写了宪法案例教材。最近几年，由中国人民大学宪政与行政法治研究中心等机构联合举办评选当年中国十大宪法事例。所有这些努力都对我国宪法教学，乃至整个国家宪法观念和宪法知识的普及发挥了重要作用。

本书就是在我国宪法学界已有的丰硕成果基础上完成的，为此我们必须首先对这些作出了杰出贡献的学者们表示由衷的敬意和感谢。

我们在编写本书时注意了以下几个方面：第一，尽量与《宪法学》一书的顺序相对应，尽可能每部分中都能有相应的案例或相关的事件介绍及其评析；第二，我们在选取案例时没有局限于严格意义上的“案例”，而将一些对理解宪法特别有意义的历史的和当代的事件也作为案例加以评析介绍；第三，我们在选取案例时注意加强了与公安机关有密切关系的案例的分量；第四，在评析部分，我们尽可能提纲挈领地罗列了要点，以便学生能迅速掌握案例。

尽管我们做了极大的努力，但还有很多不如意的地方。这有一些是宪法案例编写难以克服的，如公民权利部分内容很多，但国家性质等内容就不大好找案例或事件。此外，宪法本身的敏感性也给我们带来了不小的困扰。再者，编写者的兴趣偏好和认识水平也难免出现疏漏不足的地方。所有这一切都希望能得到读者的谅解和帮助，我们会在以后的再版中改进。

本书主编

2013 年 1 月

目 录

第一部分　宪法学基本理论

1．法国《结社契约法修正案》违宪案

【案例主旨】

宪法作为一个国家的根本大法，首先应当具备法的基本特性，应当具有法律效力，能够指引并规范人们的行为，并产生强制性作用；其次应当具备最高法的特性。从法的效力等级来讲，宪法处于效力等级的最顶端，普通法律都不得与其相冲突。对此，很多国家的宪法予以明确规定，如我国现行宪法在序言中即明确规定："本宪法以法律的形式确认了中国各族人民奋斗的成果，规定了国家的根本制度和根本任务，是国家的根本法，具有最高的法律效力。"日本宪法第98条亦规定："本宪法为国家最高法规，凡与本宪法条款相违反的法律、命令、诏敕以及有关国务的其他行为之全部或一部，一律无效。"美国宪法第6条规定："本宪法和依本宪法所制定的合众国法律，以及根据合众国的权力已缔结或将缔结的一切条约，都是全国的最高法律；每个州的法官都应受其约束，即使州的宪法和法律中有与之相抵触的内容。"

另外，还有一些国家虽然在宪法中未明确规定宪法的最高法地位，但是通过宪法审查机构的设置或者通过实践运行树立起了宪法的最高法律地位。例如，法国在宪法中并未规定宪法的地位，但是专门设定了宪法委员会一章，规定所有的法律均可以提交到宪法委员会，由宪法委员会作出是否违宪的裁决，这实际上肯定了宪法的最高法律效力。本案就是这方面的经典案例。

【案情介绍】

1970年，蓬皮杜内阁根据1936年的《武装集团和私人民兵法》解散了一个发表左派言论名为"人民之友"的社会团体。之后，法国著名存在主义哲学家萨特等左派知识分子为了抗议右派政府，成立了一个社会团体，而这个新组织与蓬皮杜内阁解散的组织的名称完全相同，也是"人民之友"。根据1901年出台的《结社契约法》，新组织向巴黎市警察局发出通告，以获得该

组织的合法地位。但巴黎警察局局长认为新组织是刚被禁止的旧组织的翻版，因而在内政部部长的批示下，拒绝向该组织送达承认通告的收据。新组织的发起人向巴黎行政法院起诉警察局局长。经审理后，行政法院认为送达收据以承认社会团体的法人地位是警察局局长必须履行的义务，因而立即推翻了局长的决定。内政部部长承认巴黎行政法院的决定正确，但是同时亦认为应当禁止此类组织成立，而依据《结社契约法》，社团可以自由成立，并且程序非常简单，只要通过事先递交通告让组织公开化即为合法，政府当局无权事前控制，干涉公民的结社自由，内政部部长迫不得已只好寄托于修改《结社契约法》，因此向议会寻求支持。

根据内政部的建议，内阁提议以立法的形式修改1901年的《结社契约法》，规定结社需要事前获得司法部的批准。对于那些看起来违反《结社契约法》第3章或第8章的结社，修改后的法律规定检察官须把社团的事先通告提交地方普通法院。只有检察官未提交法院或法院未在规定时限内判决该结社违法或是以前组织的翻版，行政机关才能送达通告收据，以承认该组织的合法地位。对此，参议院议长表达了反对意见，并于1971年将该法案提交给宪法委员会，要求宪法委员会对此作出合宪性判断。这就形成了法国著名的"《结社契约法修正案》合宪性审查案件"。

宪法委员会对《结社契约法修正案》进行合宪性审查之后，判决认为《结社契约法修正案》违宪，不能生效。宪法委员会在判决中写道：

"受共和国法律承认和宪法前言庄严肯定的基本原则，包括了结社自由原则，且这项原则是1901年法律普遍条款的基础。由于这项原则，社团可自由形成，并简单通过事先递交通告而公开化。因此，除了可针对特殊类型结社所采取的行动外，即使它们可能看起来无效或具备非法目标，社团的形成亦不得受制于事前行政——甚至司法——控制。在《结社契约法修正案》实施之前，法律条文被提交到宪法委员会，以决定它是否合宪；这项法律第三章的目的是规定程序，使已通告的社团的法律资格受制于事前的司法控制，借以审查它们是否合法；因此，即使它并不影响未公开社团的创立，第三章的规定亦必须被宣布为违宪。"①

【宪法评析】

人们普遍把"《结社契约法修正案》合宪性审查案件"比作法国的"马

---

① Von Mehren & Gordley, Civil Law system, p. 333 (Decision 1972 D. 685)。转引自张千帆：《西方宪政体系》，中国政法大学出版社2005年版，第81-82页。

伯里诉麦迪逊案”，足见其在法国历史上的重要地位。此案对于建设法国的违宪审查制度的确功不可没，许多研究对此展开过深入分析。本书对此案的选择则主要从宪法的法律效力角度进行切入，分析宪法作为法、作为根本法的特性。

从“《结社契约法修正案》合宪性审查案件”的判词中可以看出，宪法委员会进行违宪审查的依据主要是“宪法前言庄严肯定的基本原则”，并将宪法前言所肯定的基本原则解释为包括结社自由原则，据此，《结社契约法修正案》被认为违宪。对于违宪的法案而言，其最终的结果是不能生效，不能以法律形式向社会公布。从此案中可以看出，在法国，宪法具有法律效力，对立法机关的行为起到规范作用；并且宪法是法律之上的法律，对立法机关制定的所有普通法均享有审查的权力。宪法委员会甚至借此案例确立起了宪法序言的效力，宪法序言与宪法正文具有了同样的法律效力。从宪法基本理论来看，尽管关于宪法序言是否具有法律效力还存在很多争议，但是就宪法整体的法律效力而言，宪法作为法、作为根本法的基本特性却得到了普遍的认同。对此，我们可以从以下方面认识宪法：

（1）宪法是法，应具有法律效力。这是理解和把握宪法必须首先确立起来的观念。宪法只有发挥其法律规范的作用，才能从纸面的规定变成现实中对国家公权力真正有效力的规范和约束，才能真正走上宪政之路。

宪法是法，原因在于其具有“规范性”的特点，能够对主体行为产生普遍的约束力。从“规范”的角度来看，“规范”的核心内容包括行为模式和法律后果，① 其中行为模式就是关于权利与义务的规定，其目的在于告诉人们“应当或者必须做什么”、“可以或者有权做什么”、“禁止或者不得做什么”以及“鼓励或者提倡做什么”，由此可见，法律规范意在为未来的行为提供指引。与行为模式相衔接的是法律后果，一方面对于遵守规范的行为给予肯定，包括确认合法性，甚至给予奖励；另一方面对于违反规范的行为给予否定，包括否认行为的法律效力，甚至要求行为人承担法律责任。总之，法律关注的是“规范”，而不关注已成的“事实”，并且通过法律责任保证“规范”的效力。

---

① 关于法律规范的逻辑构成有不同的观点：第一种观点认为包括假定、处理与制裁。参见孙国华主编：《法理学教程》，中国人民大学出版社 1994 年版，第 355－356 页。第二种观点认为包括行为模式和法律后果。参见沈宗灵主编：《法理学》，北京大学出版社 1999 年版，第 37－38 页。第三种观点认为包括假定、行为模式和法律后果，参见漆多俊：《经济法基础理论》，武汉大学出版社 2000 年版，第 180 页。尽管各种观点存在一定的差异，但是关于法律规范的核心内容是行为模式与法律后果这一点却基本相同。

基于对法律效力的认识，对宪法进行具体分析，可以发现宪法包含了规范所要求的内容。宪法整体上是对“规范”的确定，而非对“事实”的描述。从宪法序言的效力来看，存在着争论，大致有四种观点，一是无效力说；二是有效力说；三是部分效力说；四是模糊效力说。[①] 但是，从宪法整体的效力来看，人们还是普遍认同宪法的法律效力的。在宪法中同样存在行为模式与法律后果这一核心规范内容，宪法中关于公民基本权利的规定以及国家公权力的职权规定就是宪法上的权利和义务的规定，其本意在于约束和限制国家公权力不得任意侵犯公民的基本权利，如美国宪法第 1 条第 9 款即规定：“不得通过公民权利剥夺法案或追溯既往的法律。”至于法律后果，在宪法中也有相应的规定，如果国家公权力侵犯公民的基本权利，即构成违宪，要承担违宪责任。不过违宪责任的承担方式比较特殊，一般表现为：违宪的法律、法规等被撤销以及违宪的国家领导人被罢免和弹劾等。如我国宪法第 5 条规定：“一切法律、行政法规和地方性法规都不得同宪法相抵触。”“一切违反宪法和法律的行为，必须予以追究。”追究的方式在立法法中有明确的规定，以撤销为主要方式。

（2）宪法作为法，其法律效力的实现方式在不同的国家有不同的模式，但是归结起来都是通过建立违宪审查制度而实现的。

法律的普遍约束力往往是通过国家的强制力作为后盾保障实施的。当行为人不能自觉遵守法律规范时，往往产生否定性法律后果，甚至法律责任；当事人如果能够主动承担法律责任，法律同样得到了遵守。如果当事人不愿承担法律责任时，国家的强制力就成为必要，这在法律效力的实现方面是必不可少的。为了追究当事人的法律责任，在法律制度建设中往往配之以追究法律责任的相关机制。

宪法法律效力的实现也是通过具体的追究违宪责任的机制予以落实的。自愿遵守宪法当然是最理想之状态，但是实践运行中仍会出现违宪的情形，在这种情况下，建立具体违宪责任追究机制就成为关键。在许多国家的宪政发展过程中，建立起了违宪责任追究机制，这就是违宪审查机制，或称为宪法监督机制。法国所建立的宪法委员会进行审查的模式就是一例，法国的此种模式主要是通过 1958 年的《法国宪法》和《宪法委员会组织法》确立起来的。另外，如美国建立了普通法院审查的模式，德国建立了宪法法院审查的模式，英国建立了议会审查的模式，等等。无论何种模式，关键的问题在于

---

① 关于宪法序言的法律效力的四种观点，即无效力说、有效力说、部分效力说以及模糊效力说的具体理由可参见谢维雁：《论宪法序言》，载《社会科学研究》2004 年第 5 期。

遵守宪法具有了由国家强制力保证实施的方式。这些制度构建使宪法的法律效力得以实现。

（3）宪法是根本法，应具有最高的法律效力。宪法具有法本身普遍的特性，但同时也具有自身的特殊性。与其他普通法律相比，宪法具有最高的法律效力，它针对国家公权力行为发挥规范作用。

关于宪法的根本法特征，其所具有的最高法律效力在很多国家的宪法中都有明确的规定。宪法作为根本法主要是针对所有其他普通法律而言的，在一个国家整个法律体系之中，宪法处于最顶点，其他的法律规范都必须与宪法保持一致。显然，宪法作为最高法的作用不仅在于保证法律体系的统一，更为关键的在于规范国家的公权力。宪法对国家公权力的制约的核心在于制约立法权。宪法对其他法律规范的审查其实就是对国家立法权的审查，避免国家立法权的滥用和任意扩张，以保障宪法中的公民基本权利不被国家立法权任意剥夺和限制。除此之外，宪法还对行政权和司法权进行制约，首先，宪法对行政权和司法权各自的职权范围进行了明确的规定，因此行政权和司法权的权限范围是依据宪法而确定的；其次，在具体执法和司法过程中，行政权和司法权更多地是依据具体的法律进行执法和司法，这里要强调其所依据的法律必须是和宪法保持一致的法律。

【扩展阅读】

1. 张千帆：《西方宪政体系》，中国政法大学出版社2005年版。

2. 周威：《一门大炮：由议会转向政府——论法国宪法委员会功能的演变》，载《中共郑州市委党校学报》2004年第6期。

3. 韩大元、莫纪宏主编：《外国宪法判例》，中国人民大学出版社2005年版。

（撰稿：沈国琴）

2. 美国布什诉戈尔总统选举纠纷案

【案例主旨】

宪法为民主国家和平、有序运行提供基本的准则，当宪法所确定的基本精神和理念获得普遍的认同和遵守时，稳定的社会秩序就可以形成，相对正义的社会目标就能够实现。社会是由那些有不同利益诉求的人组成的，有相同利益诉求的人组合起来形成不同的利益团体，而不同的利益群体必然会产生矛盾、冲突。这种社会常态现象我们无法回避，关键的问题是如何避免社会矛盾的加剧，避免冲突的激化，如何以和平方式调整不同的矛盾和冲突。宪法的意义即在于为解决不同利益群体之间的矛盾提供了共同遵守的准则，当各种不同的社会力量都能够遵守宪法时，分歧和多样性依然存在，而矛盾和冲突却能得到化解，结果有不同利益诉求的人们在宪法之下可以和平共处，政权的交接和更迭也可以在宪法的框架内和平完成，这正是人们遵守宪法的魅力所在。

很多国家以宪法规定或者以宪政实践方式确立了宪法应获得普遍遵守的规则，如我国在宪法序言中明确规定："全国各族人民、一切国家机关和武装力量、各政党和各社会团体、各企业事业组织，都必须以宪法为根本的活动准则。"本案则是美国的实践做法，表明宪法的最高权威地位，甚至总统当选之争也依靠宪法规则予以化解。

【案情介绍】

2000 年美国大选中，民主党的戈尔（Al Gore）与共和党的布什（George W. Bush）之间展开激烈的竞争。11 月 7 日全国计票显示，双方都拿下自己的"票仓"州和估计获胜州，最后争夺的焦点出现在佛罗里达州。由于美国总统大选采取"赢家通吃"原则，即一个总统候选人只要赢得某州一半以上的选票，那么，该州的全部选举人票都归他，因此佛罗里达州的 25 张选举人票显得至关重要：这 25 张选票归谁，谁就可以赢得总统大选。

佛罗里达州最终计票结果显示戈尔与布什所得选票的差距不到 0.5%。根据佛罗里达州的选举法，在这种情况下需要重新计票。11 月 10 日，佛罗里达州各县完成了机器重新计票，布什仍然领先，但与戈尔的差距缩小为 327 票！在此情况下，戈尔方面认为机器计票存在问题，而佛罗里达州的选举法规定候选人有权在选举结束后 72 小时以内提出人工重新计票的要求，据此戈尔方面要求进行人工重新计票。就是否应当进行人工计票，以及人工计票的截止时间等问题，布什方面和戈尔方面存在很大争议，结果由此引发了十几桩法律诉讼案，官司一直从佛罗里达州的地方法院打到联邦最高法院。在这一过程中，戈尔方面的意见获得佛罗里达州最高法院的支持，法院判决重新计票，在全州范围内人工统计 6 万张漏选票。布什方面对此深表不满，向联邦最高法院提起紧急上诉。12 月 9 日上午，在佛罗里达州各县刚开始人工统计漏选票两个小时以后，联邦最高法院接受了布什方面的上诉请求，发出紧急命令，要求佛罗里达州立即停止人工计票，宣布 12 月 11 日在联邦最高法院举行法庭辩论，并将此案正式定名为布什诉戈尔案（Bush v. Gore）。

12月12日，联邦最高法院以5比4一票之差，作出最后裁定，“推翻佛州最高法院命令继续人工计票的决定”。并明确指出，佛罗里达州最高法院的判决存在宪法问题，违反了平等法律保护条款，必须给予上诉一方（布什方面）以补救。主要理由如下：“（1）一旦州法律授予州居民有权选举总统选举人，这一选举权就成为一项基本的宪法权利；（2）如果州政府的行为损害了这一基本权利，联邦法院应对这些行为进行严格的司法审查；（3）在本案中，佛罗里达的法律以及州法院均没有给出一个明确的标准，说明应当如何进行第二次重新（手工）计票，并且确保每一投票均能以一种平等的方式公平、准确地统计；（4）因此，第二次重新计票，即手工计票，违反了宪法第十四修正案所要求的平等保护以及为正当程序所要求的公正对待每一个投票者的条款。”①

联邦最高法院的这一判决保住了布什方面在竞选中的胜出局面。尽管在全国范围内，布什比戈尔少了53万张左右普选票，但是在选举团的538张选举人票中，布什阵营赢得271张，戈尔阵营赢得266张，布什阵营获得了选举的胜利，布什当选为美国第54届总统。对此结果戈尔方面虽然极不愿意接受，但还是平静大度地面对现实，戈尔不仅向布什承认失败，而且发表了很感人的电视讲话。

【宪法评析】

布什诉戈尔案是世纪之交美国总统选举大战的收幕之案，联邦最高法院依据对此案的判决使不同政治力量之间的斗争和较量被限定在宪法的框架之内，总统选举之争得以和平解决。阅及此案，可资研究的宪法问题有很多，如选举问题、民主问题等，但是让人感受至深的莫过于宪法的地位问题。宪法作为根本法，不仅意味着在一国之内其法律地位在所有普通法之上，而且意味着是整个社会的终极的行为规范。对此，我们需要从以下三方面予以把握和理解。

一、宪法具有根本法的地位，应具有至上的权威

宪法是在颠覆君主专制统治的基础上出现的，曾经在一国之内处于最高权威地位的君主被宪法所取代。因为人民是主权的所有者，人民的共同意志构成宪法，宪法即具有了人民愿意普遍服从的最高权威。同时，宪法的内容中包含一个政治共同体的核心价值理念和共同价值追求，这些核心价值理念

① Bush v. Gore, 531 U. S. (December 12, 2000). http://laws.findlaw.com/us/000/00-949.html.

和价值追求以人民享有国家最高的权力为起点，以避免权力滥用和保障每个公民的权利为目标。这些内容的规定不仅有助于避免专制的再次出现，而且是公民获得自由和幸福生活的保障。由此看来，当宪法代替君主，人民成为国家主权的所有者而非受压迫者时，宪法的最高地位就获得了近代国家的普遍认同。这就意味着宪法的至上权威是依其内容和目标而获得的，而不像君主专制统治时期要依靠暴力和压制来迫使人们服从。

二、宪法的根本法地位不只是纸面上的，更为关键的应当是行动中的，宪法应当得到普遍的尊重和遵守

宪法中所包含的对于自由、平等以及人权的追求使其获得了根本法的地位，但是其至上权威的实现仍需要在实践中具体落实，否则宪法只不过是概念上和逻辑上的最高权威而已。在实践中各方力量自觉守宪，违宪时通过制度及时矫正违宪行为，这是宪法权威得到保证的基本途径，是宪法获得生命的根本保证。

综观各国宪法实践的发展情况，违宪审查是维护合宪行为、矫正违宪行为的重要制度设计。由此看来，违宪审查就成为一国宪法得以落实的核心制度所在。违宪审查制度的审查结果若要得到社会的普遍认同，需要审查结果是公正的，同时审查的机构必须是一个能够获得普遍信任的机构，人们能够对其审查的公正性深信不疑。本案的情况就反映了这一点，在美国，最高法院就是一个获得了人们普遍信任的机构，“据盖洛普民意调查显示，在审理布什诉戈尔案之前，超过70%的被访问者（包括布什和戈尔阵营的人）认为最高法院是解决选举纠纷最值得信赖的机构，并且能够对案件作出公平判决。最高法院判决后第二天的一项民意测验显示，80%的民众准备接受布什为他们的总统”①。

就违宪审查而言，被审查的对象往往是国家公权力，被保护的对象是公民的基本权利。布什诉戈尔案亦显示出最高法院对佛罗里达州政府、州法以及州法院权力的审查，对公民选举权、平等权的保护。这意味着国家公权力必须亦如普通公民一样对宪法、对违宪审查机关依据宪法作出的判决予以尊重才能实现宪法的至上权威。同时，布什诉戈尔案还有其特殊的一面，最高法院对佛罗里达州政府、州法以及州法院的权力进行审查的结果直接决定着美国的总统人选，因此最高法院实际上成为总统竞选的终局裁断者。美国两大政党是在美国政治生活中起着举足轻重的两大政治力量，它们都渴望获得

① 任东来、陈伟、白雪峰：《美国宪政历程：影响美国的25个司法大案》，中国法制出版社2005年版，第451页注③。

总统宝座，因此在总统竞选中不遗余力。但是，当最高法院作出终局裁决时，失利政党还是选择了对最高法院裁决的尊重。将所有的斗争和冲突都放在宪法的框架之内，各方力量都学会遵守宪法，尊重违宪审查机关作出的裁断，这是宪法获得长久生命的根基所在。

三、宪法获得至上的权威，得到各方力量的尊重和遵守，这对于国家的和平、稳定、发展而言具有极为重要的意义

在人类的历史上，由于没有共同遵守的规则，很多纠纷尤其是权力纠纷最终往往依靠暴力甚至战争来解决，而暴力以及战争所带来的巨大的社会危害性有目共睹。减少暴力和战争是人类共同的愿望。就一国之内来看，宪法的出现为权力纠纷和斗争带来了通过和平方式解决纠纷的规则，如果各种政治力量都能对宪法这一人类的理性法则予以充分尊重，宪法则必将成为人类的福音。

布什诉戈尔案就是通过宪法和平解决最高权力之争的生动展示。布什诉戈尔案的结果是布什胜诉，是布什在普选票占少数、选举人票占微弱多数的情况下赢得总统宝座的，这使一些评论者惊呼此次大选是美国大选中“最丑陋的一页”。任东来先生对此作出了针锋相对的反驳：“在这场司法大战中，人们没有看到半个月前在欧洲的南斯拉夫、在非洲的科特迪瓦总统大选中出现的两位总统候选人同时宣布自己获胜的情形以及随之而来的混乱，看到的却是对法律的尊重。即使对佛罗里达的四个县进行第二次重新计票（人工计票）不满，布什阵营也只是企图利用法律武器阻止这一做法，在法院驳回他们的请求后也未采取过激行动。如果把这种理性和法治也看作是丑陋的话，那么这世上就没有不‘丑陋’的政治了。”① 的确，在布什诉戈尔案的背后能够看到很多仍需继续讨论的地方，如法院是否应当介入政治问题，如何克服不同党派法官的党派倾向性的问题，通过选举人票决定胜选者更科学还是通过普选人票决定胜选者更科学的问题，等等。这些问题的讨论远不会终结，人类也可能难以寻找到一种堪称十全十美的制度。但是，对于人类迄今以来寻找到的具有善的属性的宪法给予充分的尊重和遵守，使人类社会进入到和平、稳定的发展轨道，这本身就代表着人类社会进步的方向。

【扩展阅读】

1. 任东来、陈伟、白雪峰：《美国宪政历程：影响美国的25个司法大案》，中国法制出版社2005年版。

---

① 任东来：《美国总统大选是否“丑陋”》，载《美中周刊》2000年11月17日。

2. 王磊编著：《布什诉戈尔》，北京大学出版社 2002 年版。
3. 佟德志主编：《宪政与民主》，江苏人民出版社 2007 年版。
4. 史蒂芬·R. 奥顿、郭树理：《从马伯里诉麦迪逊案到布什诉戈尔案看美国司法审查制度的两百年》，载《法学评论》2002 年第 3 期。

（撰稿：沈国琴）

3. 美国益和诉霍普金斯案

【案例主旨】

宪法的根本法特性还表现在其规定的目的和内容方面。就其目的而言，宪法就是要框定国家权力和公民基本权利的关系，为国家权力设定边界，限制其滥用，并保护公民的基本权利。在这一目的的指引下，宪法的内容主要表现在两个方面：一是规定国家的权力，主要包括国家权力的来源、行使方式以及避免权力滥用的机制等；二是规定公民基本权利的具体内容。通过这两方面的规定，国家权力与公民基本权利的关系有了清晰的轮廓：首先，建立国家的根本目的是保护公民的自由不被非法侵害和剥夺，其中亦包括国家权力不得在无正当理由、未经正当程序条件下剥夺和侵害公民的自由和权利，这主要涉及公民的人身人格权和政治权利；其次，国家还应当积极承担起帮助个人获得受教育的机会和劳动机会，以及在出现如疾病、年老等特殊情况时帮助个人渡过难关的角色，这也就是说，个人有权利依靠国家的力量有尊严地、体面地生存下去，这主要涉及公民的经济、社会和文化权利。综上观之，宪法就是规范和约束国家权力的法，要求国家权力必须尊重其与公民基本权利之间的关系，保障公民基本权利得以实现，否则就要承担违宪责任。

【案情介绍】

1840 年鸦片战争后，中国封闭的大门被打开，华人向外移民也随之出现。美洲新大陆亦成为很多华人移民的首选之地，到美国后华人因其刻苦耐劳逐渐在某些领域、某些行业成功立足。这导致美国白人对华人的敌视和排斥，甚至在一些地方掀起了排华风潮。加利福尼亚州旧金山市就出现了这样的现象。

移居旧金山的华人主要进军洗衣行业，并取得了成功，到 1870 年左右，在旧金山已经有华人洗衣店 240 多家。这导致在旧金山也出现了在洗衣店行业内的排华风潮，先有民间的对华人洗衣店的破坏行为，后有政府设计的许可证制度试图将华人赶出旧金山的洗衣行业。1877年7月，连续三个晚上，一伙暴徒在旧金山的居民区对华人洗衣店进行打、砸、抢，华人洗衣店损失惨重，但是华人以其坚忍不拔的精神继续经营发展。这之后，旧金山政府开始出手直接压制华人洗衣店的发展，1880年前后，旧金山市政当局通过了14项被称为“洗衣店条例”的法律，其中1880年5月26日通过的第1569号条例和1880年7月28日通过的第1587号条例规定：“任何在市内的木制建筑中开办、维持和经营洗衣店的人未经管理局的事先同意，就构成违法；在砖瓦房内的洗衣店除外。”在这些条例中都未规定市政当局批准营业执照的标准，这导致市政当局享有任意裁量权，可以任意批准或拒绝有关申请。如果未经同意开办经营洗衣店可被判处最高1000美元罚款或者半年监禁。

在旧金山“洗衣店条例”实施过程中，所有华人洗衣店老板的申请均遭拒绝，而几乎所有的非华人老板的申请均畅通无阻（仅有一人未获批准）。华人老板益和已经营洗衣店22年，一直遵守市政府的卫生与安全检查要求，但在1885年，市政当局拒绝延长其洗衣业执照。益和与其他150家和他有同样遭遇的华人洗衣店主一起，决定无视条例和市政当局的歧视行为，照常经营他们的洗衣店。不久，他们全部被捕。益和就此向法院提起诉讼，控告逮捕他的警长霍普金斯，要求法院纠正旧金山市政当局的错误做法，并下达释放人身令，释放被捕的华人洗衣店老板，官司一直打到最高法院。1886年，最高法院的九位大法官形成一致的判决意见：益和等人的权利被侵害，下令立即予以释放。最高法院还根据第十四修正案的“正当程序”和“平等保护条款”指出，这些条款并非仅限于美国公民，而是适用于美国境内的任何人，旧金山市的条例表面公正，实际不公正地对待华人群体，违反了宪法。法院还特别指出：“法律本身可能在表面上公正无偏，但如果它被公权力不公正地加以运用与实施，因而在实际上非法歧视了处境类似的个人权利，那么宪法亦禁止这种剥夺平等正义的法律的存在。”

【宪法评析】

人们习惯于把益和诉霍普金斯案放在平等权中进行分析，的确此案是有关种族平等的经典案例，不过我们亦可以从其他视角来观察和分析此案。从宪法的目的角度作为切入点，可以发现此案对于理解国家与公民之间的关系以及国家对公民所承担的基本义务等问题具有重要意义。

关于国家与公民之间的关系以及国家对公民所承担的基本义务的问题，梁启超先生进行过精辟的论述。他指出：“政府义务：一曰助民自营力所不逮，一曰防人民自由权之被侵而已，苟不尔尔，有政府如无政府；又有甚者，非惟不能助民自营力而反窒之，非惟不能保民自由权而反侵之，则有政府不如无政府。”① 结合益和诉霍普金斯案来看，国家之于公民个体，其影响往往是致命的，因此不规范和约束国家，公民个体的命运就会变得飘摇不定，甚至生存都会出现问题。宪法的目的就是保障个人的命运不至于因不受控制的国家行为而陷入无助、无望的境地，因此，宪法规定了国家与个人之间的关系，亦规定了国家权力的边界和公民基本权利的范围。

一、国家应当保护公民的自由权不被侵犯

根据近代以来如洛克、孟德斯鸠等启蒙思想家的理论，国家的存在并没有自身的目的，国家之所以出现是因为个体为避免自己的权利和自由被他人侵犯，就放弃了自己惩罚他人的权利，并交给国家来行使，国家因此具有了保护个人生命、财产和自由的权力。“这就是立法和行政权力的原始权利和这两者之所以产生的缘由，政府和社会本身的起源也在于此。”② 由此看来，一方面，国家是基于个人的需要产生的；另一方面，既然公民个体的生命、财产和自由是国家存在的目的，那么如果国家不能在这方面承担责任，国家就丧失了存在的理由。本案中，当纽约的华人洗衣店被暴徒打、砸、抢时，国家理应保护华人洗衣店的安全。

二、国家应当帮助公民获得最基本的生存保障，最起码不应当妨碍公民以自身的力量实现生存和发展的目标

公民个体的生存和发展与劳动权、受教育权以及社会保障权密切相关，这些权利的实现往往需要国家的帮助。如果个人靠自己的力量难以生存，国家应积极帮助，也就是说政府的义务之一是“助民自营力所不逮”。当然，在19世纪末的美国，公民权利的概念尚停留在消极自由的阶段，还不能用当代人所理解的积极自由去要求当时政府的行为，所以在当时的背景下很难要求国家为华人提供更多的就业机会，但是最起码国家不应当参与和加剧各种排华行为，妨碍公民以自己的力量实现生存和发展的目标。从益和诉霍普金斯案中可以看到，来自个人的侵害往往并不是致命的，来自国家的侵害却会断绝公民个体的生存机会，益和等华人面对民间的各种排华行为都能够顽强地坚持经营洗衣店，但是市政当局通过的“洗衣店条例”却堵死了华人的生存之路，如若没有最高法院的违宪审查宣布“洗衣店条例”违宪的话，华人在旧金山就无立锥之地了。显然，用国家权力封杀个人生存机会，剥夺公民生存权的行为是最可怕的，如霍布斯所言，在庞大的国家怪兽（利维坦）面前，

---

① 梁启超：《论政府与人民之权限》，《饮冰室合集》第二册，文集之十，第2-3页。

② ［英］约翰·洛克：《政府论》（下），商务印书馆1984年版，第78页。

个人显得太弱小和无力了，因此，用宪法去规范和约束国家是必要的，是保护个人基本权利的根本之道。

三、宪法不仅通过规定公民基本权利为国家权力设定了边界，而且当国家权力突破边界时，宪法亦设置了防御并阻止国家权力越界的机制

国家与公民之间的关系是一个特别复杂的问题，最典型的是国家与多数人以及少数人的关系问题。近代国家的宪法普遍确立了主权在民的原则，但是由于“人民”的概念太过抽象，结果出现许多问题，多数人对少数人的压制就是其中的问题之一。很多情况下，人民成为多数人的代名词，多数人的意志被圈定为人民的意志，这种变异多发生在国家立法层面。由于立法采用多数表决制原则，这必然导致立法更多地体现多数人的意志和要求，少数人的声音和要求往往被忽视或者压制。益和诉霍普金斯案也反映了这样的问题。很明显，旧金山市的市政条例体现了美国占多数群体的白人的意志和要求，而华人作为少数人群体，他们的利益则没有被关照到，他们的声音没有被听取，他们完全处于无语的状态中。并且作为多数群体的白人的意志和要求最终以国家立法的方式得以表达，成为国家的意志和要求。由此看来，少数人的权利是最容易被侵犯的，对于避免少数人权利被侵犯方面，宪法的贡献是巨大的、是无法替代的。

一般来看，大部分国家在宪法中规定或者在宪政实践中发展出了审查那些反映多数人意志的立法以保护少数人权利的体制。益和诉霍普金斯案鲜明地体现了美国对少数人权利的保护机制，在这种机制中，益和所代表的少数人群体具有明确的救济渠道，最高法院享有权力去矫正多数人侵犯少数人权利的立法，并且真正发挥了作用。通过这个案例可以看出，个人对个人的侵害并不可怕，甚至国家对个人的侵害其实也不可怕，最可怕的是当个人权利被侵害时找不到救济的途径。如果救济途径是畅通有效的，最终每个个人的生命、财产和自由都会得到保障。

综上，宪法内容的规定是对国家和个人关系理性思考的结果：一方面，通过把国家权力来源放置在人民之上，确立民主的政治模式，避免个人专制统治的出现；另一方面，在确立民主的同时，对于民主自身的局限性亦给予高度的关注，避免国家以民主为名侵犯少数人的权利，因此确立保护少数人权利的机制就成为宪法的核心内容。对少数人权利的保护就必然会涉及对国家权力的规范和约束，只有国家权力按照宪法所设定的轨道前进，才能实现公民权利不被国家权力所侵害的目标。

【扩展阅读】

1. 任东来、陈伟、白雪峰：《美国宪政历程：影响美国的25个司法大

案》，中国法制出版社 2005 年版。

2. 张千帆：《平等是一门科学——就业歧视法律控制的比较研究》，载《北方法学》2007 年第 4 期。

（撰稿：沈国琴）

4. 中国王勇等诉粗粮王红光店案

【案例主旨】

宪法是根本法，这已经是人们普遍达成的共识。不过，还必须明确的是，宪法虽为根本法，但并非万能法，并非能够调整所有的行为，它亦有自身的调整范围。如果不从效力等级的角度来考虑，宪法与民法、刑法等部门法一样，都有自身的调整范围，都在各自的调整空间内产生法律效力。具体而言，民法调整诸如公民、法人等平等民事主体之间的关系；刑法规定犯罪和刑罚方面的问题；宪法则主要调整国家权力与公民权利之间的关系。宪法的根本目标在于保障公民的基本权利不受国家公权力的侵害，宪法的主要任务就是规范和约束国家公权力，其中核心规制的国家公权力包括立法权以及尚无合宪的法律予以规制的行政权。由此看来，宪法在所有法律规则之上，但是它只关心制定的法律规则是否合宪以及无法律规制的行政权是否合宪的问题，至于法律所调整的各方主体的行为是否合法，这并不依据宪法来判断，而是要依据具体的法律来进行判断。

宪法和其他法律都有各自部门法的归属，有各自不同的调整范围。虽然部门法是人为的划分方法，但在其背后反映了人们对于法律所调整的行为的不同性质的理性认识，各个不同的部门法的划分，使各种不同性质的行为各归其法，整个法律体系井然有序。同时，也只有保证宪法调整范围的有限性才能保证其根本法的地位，因为它主要是对各种立法行为进行监督，最终表现为对所有的法律规则进行监督，成为众法之上的法，其最高法律地位的属性也就获得了保证。

【案情介绍】

2000 年 5 月 17 日，王勇等三位四川大学法学院的学生到粗粮王红光店就餐，发现该店门口的灯箱广告中写明："每位 18 元，国家公务员每位 16 元；1.3 米以下儿童 9 元；当天生日者凭身份证免费就餐一次。"王勇等三位学生每人交纳了 18 元就餐。事后，王勇等三位学生认为粗粮王红光店的灯箱广告中关于"每位 18 元，国家公务员每位 16 元"的内容侵犯了公民宪法上的平等权，是对非公务员的消费者的歧视，给其心理造成了巨大伤害。基于上述考虑，王勇等三位学生于2000年6月向成都市青羊区人民法院起诉，要求确认粗粮王红光店的灯箱广告内容违宪，撤除广告中对消费者歧视对待的内容，向原告赔礼道歉，并返还多收的6元人民币。

成都市青羊区人民法院受理了王勇等三位学生的诉讼，在审理过程中，粗粮王红光店辩称：对不同的消费者实行不同的优惠是商家经营促销的一种手段，没有违反宪法关于“在法律面前人人平等”的规定。其设置的灯箱广告获得了成都市工商行政管理局青羊分局的许可，其灯箱广告从形式到内容均是合法的。

经审理，成都市青羊区人民法院对王勇等三位学生的诉讼未给予支持。官司最后上诉至成都市中级人民法院。该院作出的终审判决认为：被上诉人在其灯箱广告上标明服务方式与价格，并以此向消费者发出消费要约，没有强迫消费者的意图与行为。上诉人作为消费者，有权根据自己的实际需要选择是否消费，其平等权并没有受到侵犯。而且被上诉人就同种服务针对不同的消费群体以不同的价格发出要约，实为适应市场需要的一种竞争手段，其行为并没有违反国家有关法律规定。因此，对上诉人要求被上诉人返还费用和赔礼道歉的诉讼请求不应支持。关于撤销广告有关内容的问题，虽然该广告并没有违反法律规定，但客观上对国家公务员的确带来了一些负面影响，造成了社会公众对国家公务员的议论，同时也给社会的其他消费群体以不良感受，应予消除。

【宪法评析】

本案涉及宪法规范的调整范围的问题。对此问题，学界有较为通识性的看法，认为，“宪法一直以来被视为规定政府主要机构的组成、权力和运作方式的规则以及政府机构与公民之间关系的一般原则”①。因此，在涉及宪法法律关系时，其重要的特点之一就是宪法法律关系的主体必然有一方是国家或者国家机关。宪法对于国家机关予以关注的目的在于规范国家权力、防止任何国家权力之专断、保障个人自由和权利。结合本案来看，粗粮王红光店是市场经济主体，并非国家机关，不行使国家公权力，它和王勇等三位学生之间发生的关系是民事主体之间的关系，显然本案并不归属于宪法的调整范围，属于典型的民法调整的问题。因此，王勇等三位学生诉称粗粮王红光店侵犯

① 参见詹宁斯著，龚祥瑞、侯健译：《法与宪法》，生活·读书·新知三联书店1997年版，第24页。

了他们宪法上的平等权是认识上的错误，宪法上的权利是针对国家权力主体而言的，并非针对平等主体。也就是说，宪法并不规范所有的行为，它只规范国家行为，具体表现在以下方面。

一、宪法着重规范国家制定法律和各种规则的行为

此类行为是宪法重点规范的对象，因为国家制定法律和各种规则往往会涉及对公民权利的限制甚至剥夺的问题，那么规定限制或剥夺公民权利的国家权力机关是否享有制定此类法律和规则的权限，限制或剥夺公民权利是否有正当的理由，是否经过了正当程序，解决这些问题都需要到宪法中寻找答案，规范国家制定法律和各种规则的行为当然成为宪法的核心主旨。

国家制定法律和各种规则的行为最终往往以法律和规范性文件的形式表现出来，因此，宪法对国家制定法律和各种规则的行为的规范也就转化为宪法对法律和规范性文件的审查。如果法律或规范性文件侵犯公民宪法中所规定的基本权利，法律或规范性文件就是违宪的，就应当被撤销。宪法对法律、规范性文件的审查是非常重要的，因为法律、规范性文件都是抽象性规则，具有普遍适用和反复适用的效力，一旦违宪，对社会造成的危害将是巨大的，并且是持续性的，因此必须及时予以纠正。只有保证法律和各种规则都合宪，才能使公民的基本权利获得保证。

二、宪法规范一定范围的国家行政行为

近代以来，不管各国政权组织形式有多大差别，但是立法权、行政权和司法权由不同的国家机关来行使则是普遍共同的做法，行政权专门由行政机关来行使也成为通例。行政机关的最显著特征在于它是立法机关的执行机关，其工作内容主要是执行已经生效的法律。这意味着，行政机关一般并不直接与宪法发生关系，它更多的是依据法律行使行政职权的。

在实践中，还存在着一部分尚未制定法律，或者虽有法律，但规定过于原则和抽象的情形，此时行政权的行使就会涉及宪法规范和制约。总的来看，行政权的行使必须依法进行，当然其所依之法必须是合宪之法。但是，当无法律规定或者法律规定过于原则和抽象，但是又必须行使行政权对社会进行管理时，行政权的行使就必须考虑宪法的规定，宪法中所规定的公民基本权利就成为行政权行使的边界，不得逾越，否则违宪。

通过对宪法所调整范围的整体梳理，即前述两方面的内容总结，宪法主要在两个方面发挥作用，第一，对具体法律进行规范，保证所有的法律合宪；第二，对尚未制定法律或者法律规定过于原则和抽象情形下作出的行政行为予以规范，保证此类行政行为合宪。下图（图 1）即体现了宪法调整范围的基本框架。

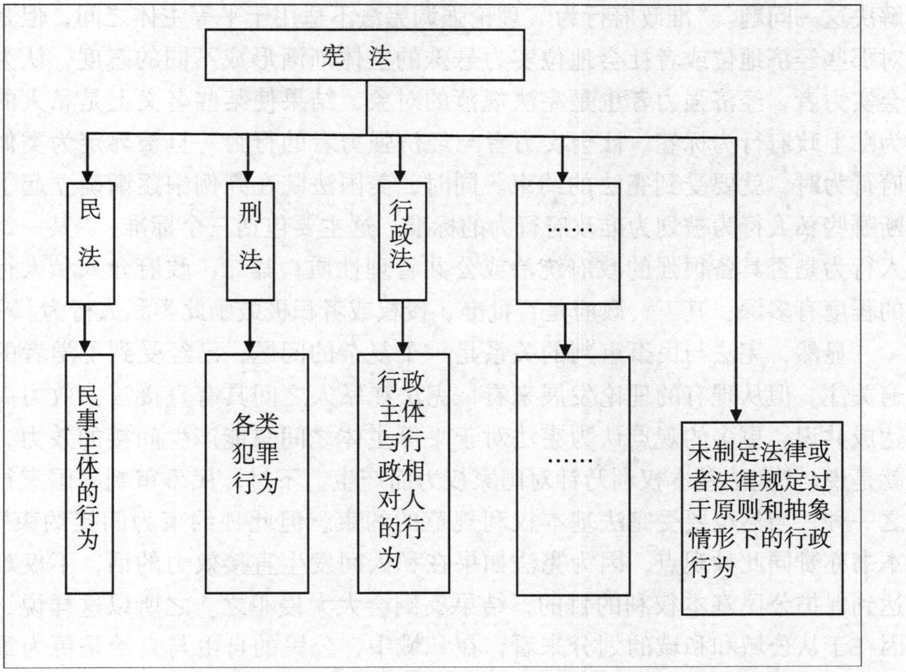

图 1

三、宪法只是间接规范国家的民事审判行为

对于司法行为，宪法是否给予规范的问题主要集中在宪法是否能够成为民事行为的直接依据。这一问题涉及第三人效力理论。该理论最早来源于德国，以尼伯代为代表的直接效力理论，即第三人效力理论。该理论认为基本权利是最高层的规范，因此基本权利条款亦应在私人间得到直接的适用。但是，第三人效力理论遭到了猛烈抨击，在德国这种反对的声音亦大量存在，其中，以杜立希为代表的反对者否认了宪法对第三人的效力，指出：基本权利是针对国家权力而产生的，是为了约束和规范国家权力，而不是针对第三者的。同时，为了保证基本权利对私法的效力和一国法律体系的和谐统一，杜立希提出以私法中的概括条款——善良风俗条款作为私法实现宪法之基本权利的理想媒介，即主张宪法规范在民事案件中只具有间接适用的效力。[①] 从德国的发展情况来看，间接效力理论获得更多的支持。

在平等主体之间宪法的效力问题是一个普遍的问题。德国形成了直接效力理论和间接效力理论的争论，而在美国则通过引入“准政府行为”理论来

---

① 转引自陈新民：《德国公法学基础理论》（上），山东人民出版社 2001 年版，第 302－307 页。

解决这一问题。“准政府行为”理论强调宪法不适用于平等主体之间，但是针对那些经济地位或者社会地位实力悬殊的主体渐渐形成不同的态度，认为社会实力者、经济强力者也是宪法规范的对象，结果使某些名义上是私人的行为贴上政府行为标签。社会实力者与经济强力者的行为一旦被界定为类似政府行为时，就要受到宪法的约束。同时，美国法院在判例中逐渐确立起了判断哪些私人行为被划为准政府行为的标准，这主要包括三个标准：“其一，私人行为是否具备很强的政府统治或公共管理性质；其二，政府介入私人行为的程度有多深；其三，政府是否批准、授权或者积极鼓励此类私人行为。”①

显然，宪法与民事审判的关系是一个复杂的问题，已经受到了学者的普遍关注。但从现有的理论发展来看，宪法在私人之间具有直接法律效力尚未达成共识，更多的观点认为宪法对于平等主体之间只能产生间接的效力，也就是说，“宪法基本权利乃针对国家权力而产生，不过，民事审判是国家行为之一种，当然也要受宪法基本权利规范的约束，但此种约束为间接约束”。②本书亦赞同此种观点，因为宪法如果在私人间发生直接效力的话，不仅难以达到保护公民基本权利的目的，结果反倒会大大侵犯之。之所以这样说，原因在于从公域和私域的划分来看，在私域中，公民的自由与自治是更为重要的，如果宪法渗透到这个领域中，则必然出现以要求公权力的方式去要求个人的行为。这样做的结果要么使要求公权力的标准降低，要么使要求个人的行为的标准太高，我们不期望看到前者，但若是后者，则个人在私域中的自由和自治也就完全消失了。正如德国学者沙兹卫伯所言：“人民都有对他人的偏见、特性及感情采取行为的自由，只要不侵犯他人的权利，国家并不能片面要求人民必须平等、博爱。宪法也并未要求每个国民都过着理智及道德的生活，所以，硬要将国家力量注入私人生活，造成私人间关系的平等……无异敲起‘自由之丧钟’。”③

综上，宪法直接规范的对象是国家权力，宪法并不直接规范平等主体之间的关系。平等主体之间的关系一般由民法予以规制。也就是说，宪法的规范领域是有限的，它并不是无所不能的。在当今的中国，强调这一点是尤为重要的。中国随着市场经济体制的确立和发展，私人空间逐渐形成并表现出与公共空间不同的特性，在私人领域内，自由意志应得到普遍的尊重，只要

① 沈岿：《宪法统治时代的开始？——“宪法司法化第一案”存疑》，载张庆福主编：《宪政论丛》（第3卷），法律出版社2003年版，第551页。

② ［日］芦部信喜著，李鸿禧译：《宪法》，月旦出版社1985年版，第122－124页。

③ 转引自陈新民：《德国公法学基础理论》（上），山东人民出版社2001年版，第312页。

不侵犯他人的权利，平等主体间的关系就应当得到尊重，国家就不能强行要求个人服从国家所认可“道德高尚”的标准。如此，才能真正实现国家和社会的适度分离，避免回归到国家整体主义的老路上。

从上述分析可知，王勇等三位学生与粗粮王红光店是平等的民事主体，他们之间的关系由民法进行调整，而非宪法调整的范围。

【扩展阅读】

1. 沈岿：《宪法统治时代的开始？——“宪法司法化第一案”存疑》，载张庆福主编：《宪政论丛》（第3卷），法律出版社2003年版。

2. 周伟：《反歧视法研究：立法、理论与案例》，法律出版社2008年版。

3. 王禹：《中国宪法司法化：案例评析》，北京大学出版社2005年版。

（撰稿：沈国琴）

5. 英国丘吉尔在第二次世界大战胜利后却败选下台事件

【事件主旨】

在宪法分类中，我们将宪法分为成文宪法和不成文宪法。英国、新西兰和以色列是这个世界为数不多的几个没有统一宪法典的国家，而其中又以英国的不成文宪法最引人注目。英国不成文宪法由四部分组成：（1）宪法性质的各种历史文件，如1215年的《自由大宪章》等；（2）含有宪法内容的议会制定法；（3）含有宪法内容的宪法判例；（4）各种宪法惯例。

英国不成文宪法这四部分中又以宪法惯例最为特别。宪法惯例就是宪法习惯，并无明文的法律规定，也未包含在法院判决中，看似无所凭据。可英国宪法制度的主要内容就是由这些宪法惯例组成的。那么，英国宪法惯例究竟是怎么起作用的？其作用机理何在？本文叙述第二次世界大战胜利后，丘吉尔在保守党选举失利后下台这一历史事件，以此为典型分析英国的宪法惯例。

【事件介绍】

到1945年德国投降时，1935年选出的英国议会已经连续工作了十年，由于进行战争，议会度过了两届任期而没有改选。丘吉尔在1944年10月曾声明，战胜德国之后马上举行议会选举。当工党和自由党拒绝再参加联合政府时，丘吉尔便用马上举行大选来威胁他们，他认为凭借自己和保守党在战争中赢得的巨大声望，保守党将轻松取胜。连工党领袖也认为，立即举行大选对他们不利，因为保守党方面有一张王牌——作为战时领袖的丘吉尔的个人威信，而工党却没有为大选做好充分准备。所以，当艾德礼建议联合政府继续工作到 1945 年 10 月的时候。丘吉尔看出了工党的用意，断然表示拒绝。1945 年 5 月 23 日丘吉尔提出辞职，战时内阁也自动停止行使职权。英国大选开始。

美英苏三国政府首脑参加的波茨坦会议，是在英国选举揭晓以前开始的。会议过程中，为使丘吉尔能够回到英国去听取选举结果，会议决定暂停几天。丘吉尔离开波茨坦时声明，他相信自己一定会回来的。丘吉尔的私人医生莫兰把行李留在柏林，他以为过一两天就将和丘吉尔一道回来。丘吉尔安排在选举揭晓那一天在伦敦的家里举行小型宴会，以庆祝保守党的胜利。但实际情况是，无论是保守党或是工党都没能正确了解 1945 年春季英国人民的思想状态。保守党在选举中遭到了致命的打击。工党在下院得到三百九十三席，而保守党及其追随者一共才得到二百一十三席。

这对丘吉尔来说，是一个意想不到的巨大打击。当他扬扬自得地沉浸在成功的英国领导人的赞颂中时，当他的威信似乎已达到峰巅时，他和他的党却被英国人民抛弃了。

丘吉尔得知选举的结果之后，悲伤万分。他坐在那里呆若木鸡，甚至一句话也说不出来。他的女儿则委屈地流下了眼泪。

丘吉尔在长达六卷的战争回忆录中谈及此事，他引用了普鲁塔克的话来评论英国人民："对自己的伟大人物不怀感恩之情，是强大民族的一个特点。"

选举之后工党领袖艾德礼担任首相。他建议丘吉尔跟他一起参加波茨坦会议，就像他自己以前参加丘吉尔牵头的代表团那样。丘吉尔谢绝了，他不肯作为英国代表团的普通成员返回那里。

1945～1951 年，丘吉尔写了不少文章，并多次到国外发表讲演。1946 年 3 月 5 日，他和杜鲁门一起去密苏里州的富尔顿城，在威斯敏斯特学院发表了著名的演说，标志着冷战的开始。他说："'铁幕'已经在欧洲大陆放下了，它从波罗的海的什切青到亚得里亚海的的里雅斯特，用一条线把欧洲切开。"

在这众多的活动之外，丘吉尔仍有多余的精力。他用了很多时间去画画，并把自己的作品送到皇家美术院展出。他对农业也很感兴趣，在恰特韦尔附近买了五百英亩土地，建立了牧场。尽管他年事已高，可他对赛马非常着迷。

在野期间，他最主要的工作是撰写六卷本的《第二次世界大战回忆录》，并因此书于 1953 年获得诺贝尔文学奖。

1951 年 10 月 25 日保守党又赢得了选举的胜利，次日丘吉尔第二次也是最后一次当上了首相。

【宪法评析】

一、英国的不成文宪法是其经过漫长的历史演变逐步形成的，是英国超过八百年历史发展的经验和教训的凝结

谈英国宪法往往要从1215年《自由大宪章》开始，实际上在此之前英国的许多制度就已经发展起来了。英国的宪政制度是从中世纪封建制度逐步演变而来的。分封制度在英国宪政发展中起了非常重要的作用，分封制度使得贵族在其领地世代相传，加之，贵族通常与王室有血缘或其他非常密切的关系，这就有可能造成贵族与国王分庭抗礼的局面。中世纪英国宪政发展的过程突出表现在国王和贵族之间的斗争，以及王位的争夺上。在这一过程中，英国并不是一开始就学会了妥协，而是妥协与暴力交替出现。1215年，贵族逼迫国王妥协，签署了《自由大宪章》。而在1399年金雀花王朝终结到1485年都铎王朝建立，血腥的暴力则占据支配地位，其中长达30年的玫瑰战争最为惨烈，自相残杀几乎把贵族给杀光了，最后两大贵族之间的王位争夺以联姻的方式达成了妥协。17世纪中叶，国王与国会因争夺国家最高权力而引发内战，并将国王查理一世送上了断头台，最后这场革命在1688年以不流血的“光荣革命”，即国会与国王之间达成了某种妥协而结束。宪政制度能够在英国产生，有赖于英国传统习惯和中世纪分封制度中有丰富的妥协因素：分封制度本身接近契约关系；继承制度和婚姻关系在扩张领土上的广泛应用等都是某种协商和妥协的产物。还有一个关键的因素是盎格鲁－撒克逊的贤人会议的传统，教会的制约和习惯法的限制使得国王几乎从来都没有演变为东方式的完全不受限制的专制君主。克伦威尔在内战后借助议会军建立起来的专制统治使英国人充分认识到，通过圣洁的革命建立起来的专制统治比传统君主制度危害更大。

丰富的妥协经验和对革命以及革命建立起来的专制统治危害的认识，使英国人更倾向于采用渐进妥协的方式完成政治变革。例如，英国的内阁最早是由中世纪后期的枢密院外交委员会演化而来的。1694年，威廉三世（1689～1702年在位）从支持他的辉格党中任命枢密院成员，组成辉格党内阁，但当时辉格党在议会中并不占多数。汉诺威王朝的乔治一世（1714～1727年在位）因不会英语，逐渐对国内事务失去兴趣，1721年，指派下院多数党辉格党领袖、内阁首席大臣兼财政大臣沃波尔取代国王而成为内阁首脑。沃波尔内阁是英国第一届正式内阁。1742年，沃波尔因失去议会的支持而辞职，他这一行为开创了内阁得不到议会信任时必须辞职的先例。1784年，首相小威

廉·皮特遭到议会下院反对时，提请国王解散下议院，提前大选，获胜后乃继续任职。所有这些最重要的宪法制度都是在政治实践中逐步摸索形成的，并没有形成成文法律。随着民主观念和实践的发展，英国逐步确立了国会的最高地位，在国会中又确立了下议院的优势地位。这样，英国人也认为自己没有必要再制定一部效力高于议会法律的根本法——宪法。英国著名宪法学家戴雪将英国的宪法归结为两个原则：议会主权和法治。这样，在英国就没有制定一部高于普通法律的宪法。宪法就存在于自古以来的历史文献、议会制定法、法院判决确立的规则，以及宪法惯例之中。

二、英国最重要的宪法制度存在于宪法惯例中，而宪法惯例不是法律，没有在法院适用的效力和约束力

英国宪法最具特色，也可以说最具魅力的部分是宪法惯例。英国有哪些具体宪法惯例？不同的学者会有不同的归纳，但其核心部分大体相同。我们以日本学者木下太郎《九国宪法选介》的归纳为据，撷取部分让读者有所了解。

关于国王地位的宪法制度大多为宪法惯例。宪法惯例使得英国形成了这样一种局面，从法律上看，国王拥有英国立法、行政、司法、军事等大权，但都被下面的惯例给“剥夺”了。

（一）国王站在“统而不治”的立场上，不直接投身于政治旋涡。

（二）国王关于国事行为根据大臣的建议或者内阁的忠告而行动，现在国王对于上述建议或忠告，完全不能行使否决权。

（三）国王必须以公平无私作为原则，对于任何政党，皆采取中立态度，绝不介入政策。

（四）国王在国家危难存亡之际，遇有大臣的建议违反宪法的本意时，则拒绝其建议而成为一个宪法的捍卫者。

（五）国王对于整个国家政策，皆无答复的责任，其言行对国民不负责任。

（六）国王具有令大臣陈述意见的权力和勉励大臣的责任。

（七）国王的行为在公事方面，具有机械的性质。也就是说，国王对于大臣未能正确执行国家政策的行为，具有注意或者建议的权限，但并无约束力。而大臣对于国王的建议，国王则必须将其作为宪法上的义务予以听取，并且据此而行动。

（八）国王是英国国民道德感情的表现，是国民象征的焦点。

（九）国王虽然具有罢免大臣的大权，但是，自1783年以来，却从未行使过这种权限。

（十）国王根据首相的建议，任命上议院（贵族院）议员。

关于内阁和政府组成运作的制度也是宪法惯例确立的，例如：

（一）国王虽然可以命令议会开会和解散议会，但是解散议会的权限，必须根据内阁的建议方能行使。并且，对于内阁解散议会的建议，国王在过去一百年间，从无拒绝的先例。

（二）选任首相，在理论上属于国王自由裁决，但在实际上却是基于政党的安排。

（三）组成内阁的政治家，其所担任的重要职位，以尽可能取得多数党的支持作为义务。

（四）首相是多数党的领袖，是内阁首脑。

（五）丧失下议院信任的内阁，必须总辞职或者解散下议院，但不得两次解散议会。这是基于调节行政与立法之间和选举与舆论之间的惯例而进行的。也就是说，选举的公约是政府的公约，而建立在选民意志基础之上的下议院，由于代表国民，所以，甚至将议会称为“议会主权”。

（六）对于在野党在下议院或两院联席会议上的适当发言权，必须得到保障。

关于公务员制度：

官吏在政党政治之下，以非党派作为第一要素，必须采取中立立场，必须避免官僚独揽大权，无论如何必须使政府公正无私。

以上这些制度就是英国宪法制度的核心，也是规范丘吉尔决定选举，以及选举失败以后下台的依据。值得注意：依据的是惯例，没有在法院适用的法律效力。

三、促使丘吉尔下台的宪法惯例是因为有反对党、国王、新闻自由，以及成熟的人民共同的合力约束才产生效力的，其中也包含着政治家本人的自觉遵守

宪法的核心内容是规范国家最高权力的运作，而古今中外，权力斗争从来都是刀光剑影，非常残酷的。当我们写这本书的时候，叙利亚正陷于硝烟弥漫、你死活我的厮杀之中。为什么厮杀呢？因为阿萨德自从 1970 年通过政变夺取国家权力之后控制这个国家整整三十年。这还不够！阿萨德通过控制，甚至在其死后也使得这个国家随意地、仅仅为了满足其子个人条件而修改了宪法，以便将权力传给儿子巴沙尔。巴沙尔又统治叙利亚十二年。阿萨德父子控制叙利亚已经四十二年了，可当人民起而要求他下台的时候，他竟动用军队予以镇压。他们争夺的就是一个东西：权力。

那么为什么英国仅仅依靠惯例就能有效规范权力？要知道惯例就是习惯。

我们现在说的宪法惯例，英国宪法学者安森就称其为宪法习惯。习惯就是每天吃饭前你要洗手，可谁能保证你明天不洗手就去吃饭呢？如果我们再进一步了解到丘吉尔在第二次世界大战中的伟业，他在文学、绘画等方面的才华，以及他被英国人选为有史以来最伟大的英国人这些事实，你更会感到惊讶：这样一个伟大的领袖，就在这样一个看似如此不确定的宪法惯例的约束下下台了。那么英国宪法惯例的魔力在哪呢？

一般认为，英国的不成文宪法是几百年逐步发展的结果，其宪法制度是历史积淀的产物，有着深厚的社会基础。英国国民有普遍深入的民主宪政意识，他们能认识到获得了巨大威望的政治家对国家已经构成威胁；而能指挥国家获取战争胜利的领导人并不一定是带领国家进行和平建设的好领导。此外，他们的政治家对于民主宪政非常珍视，破坏传统的民主宪政制度违背了他们内心的政治道德，也将污损他们终身奋斗所获得的历史地位和历史评价。当然，靠政治家自觉来维护民主宪政是不够的，外在强制是必不可少的。假使当年丘吉尔以各种堂皇的理由赖在首相职位上不走，我们可以想象，以艾德礼为首的工党肯定要领导全党和全国人民对走向专制的丘吉尔进行抵制和抗议；即便丘吉尔所在的保守党也不会支持自己的领袖破坏民主制度走向专制。无数的历史经验表明，当独裁者压服了所有反对党之后，进一步打击的必将是本党的政治精英；国王也是一个重要的因素，由于首相走向专制必定危害国王的地位，国王在这种情况下也将成为领导人民抵抗专制的一种力量。军队常常是专制主义最得力的工具。虽然通常首相有权领导军队，但在英国言论、新闻自由的情况下，政治领导人不可能控制新闻欺骗军队和人民，国家化了的军队不可能成为其推行专制的工具。这样一来，如果丘吉尔试图走向专制就有陷入孤立、人人谴责的可能，这就玷污了其终身奋斗所取得的荣誉和历史地位。有理智的政治家不敢，也不值得做这种尝试。丘吉尔卸任以后丰富的生活阅历或许是对所有赖在台上的政治家的一个告诫：有了卸任经历的政治家才是更加完满的政治家，他们既有在台上叱咤风云、万人仰慕的风光；也有台下旁观、沉思并记录自己人生的宁静。

谈英国宪法惯例必须重申的是新闻自由。新闻自由使得一切都公开化、透明化了，政治家欺骗已经没有用武之地了。新闻自由使得人民成为透悉国事的公民，而不是独裁者随意摆布的玩偶。假使没有新闻自由，政治家很容易编造一个个理由：叛国、政变、阴谋、性丑闻、贪污等，并以此理由抓捕反对派，解散反对党。

【扩展阅读】

1. ［日］木下太郎编，康树华译：《九国宪法选介》，群众出版社 1981 年版。

2. ［苏］Б·Г. 特鲁汉诺夫斯基著，张常青译：《丘吉尔传》，时代文艺出版社 2001 年版。

3. 谷士刚：《关于宪法惯例的涵义与价值的思考》，载《美中法律评论》2007 年第 3 期（总第 28 期）。

（撰稿：王守田）

6. 拿破仑和希特勒运用全民公决实现独裁事件

【事件主旨】

人民主权原则是宪法的重要原则，在当代的世界各国犹如《圣经》般地被人们信守不渝。人民主权的实现方式主要是直接民主和间接民主两种方式，而其中的直接民主又长时间被人们理想化地认为是民主的最终模式。全民公决是直接民主的主要实现方式，但历史和现实中的全民公决却给人民带来了许多耐人寻味的体验。希望读者通过本案例能对人民主权原则有更深入的理解。

【事件介绍】

一、拿破仑一世运用全民公决称帝

国民公会在巴拉斯等军人的支持下，于 1794 年 7 月 28 日将罗伯斯庇尔等雅各宾党人处死。1795 年 8 月 22 日，国民公会通过新宪法。立法权由 250 人的元老院和五百人院两院来行使。行政权归五人组成的督政府，督政府每年改选一人，其主席由五人轮流担任；司法权独立。但此时督政府受到左右两方的夹击。为了维护自己的统治，督政府多次与军人合作逮捕议员，宣布有关议员的当选无效。

1799 年，新当选督政官的西哀耶斯与拿破仑等密谋政变。11 月 9 日，拿破仑派军队进入议会会场，将议员们赶得夺门跳窗，四处逃散。被控制的议会两院宣布废黜督政府，建立执政府，并在随后选举拿破仑为第一执政，独揽大权。

1802 年 5 月 8 日，元老院提议重选拿破仑连任执政十年。但拿破仑并不满足，指示举行公民投票，由全民决定是否同意他任终身执政。公民投票自 5

月开始，最后的结果是3568885票赞成，8374票反对。8月2日，元老院宣布拿破仑为法兰西共和国的终身执政。

1804年5月18日，元老院以法令形式修改宪法，并就设立法兰西皇帝及其继承人问题向公民征求意见。在随后举行的公民投票中，赞成者为3572329票，反对者仅为2569票。这一结果意味着经过伟大的法国大革命洗礼的法国人民在推翻了并不太专制的波旁王朝后竟以占压倒优势的多数拥护拿破仑成为自己的皇帝。

二、拿破仑三世运用全民公决称帝

1848年革命推翻了温和的奥尔良王朝后，根据1848年宪法选举老拿破仑侄子当选总统。但拿破仑三世的总统任期将于1852年5月届满，根据1848年宪法第45条规定，总统任期四年，不得连选连任。根据第111条规定，修改宪法必须经过议会三次连续讨论，每次相隔一个月，四分之三以上赞成，方可修改宪法，投票人数不得少于500人。

1851年7月9日，立法议会就修宪问题投票表决时，该提案被否决。但从8月25日起，各省议会相继召开。全国90个省议会，约有80个主张修改宪法。此外，总统提出恢复普选权，在立法议会11月13日表决，该提案以353票对347票也被否决。

1851年12月2日子夜时分，拿破仑三世决定派兵占领议会所在地波旁宫，逮捕梯也尔、尚加尔涅、卡芬雅克等秩序党或共和派的头面人物。拿破仑宣布解散立法议会；巴黎戒严；恢复普选权；并在12月21~22日决定公民投票。投票结果为：700万人赞成，100万人弃权，60余万人反对。政变被全民公决“合法化”。

当恢复帝制的舆论和声势完全形成后，参议院根据拿破仑三世的授意在1852年11月5日通过决议，恢复皇帝称号，立拿破仑三世为皇帝，帝位世袭。同日，拿破仑三世决定于11月21~22日进行公民投票。投票结果为：780万人赞成帝制，6万人弃权，反对者仅为25万人。12月2日法兰西第二帝国建立。

三、希特勒运用全民公决实现独裁

1933年1月30日希特勒组建内阁开始执政。2月27日纳粹分子策划了国会纵火案。3月23日，纳粹分子通过恐怖等多种办法操纵国会通过《授权法》，即《消除人民和国家痛苦法》，把立法权（包括国家预算的控制权）、批准同外国缔结条约权、宪法修正权都从国会手中拿过来移交给内阁，为期四年。此外，这项法律还规定，内阁制定的法律由总理起草，并且“可以不同于宪法”。从此，希特勒攫取了不受国会控制，超越宪法的独裁权力。

1933年11月12日，德国就是否退出日内瓦会议、脱离国际联盟，以及是否赞成国会的单一纳粹党候选人名单进行了全民公决。结果合格选民中96%的人参加了投票，其中95%的人赞成德国退出日内瓦会议；92%的人赞成国会中的单一纳粹党候选人名单。甚至在达豪集中营中，被拘的2242人中有2154人投票赞成那个把他们拘禁起来的政府。

1934年8月2日，87岁的总统兴登堡元帅去世。三个小时后希特勒就宣布取消总统职衔，将总理与总统的职务合并为一，称为元首兼国家总理。德国人民则在半个月后举行了第二次公民投票，95%的合格选民中有90%（3800多万人）支持希特勒成为至高无上的元首。只有425万德国人投了反对票。德国人民在掌声中把希特勒推上了权力的顶峰。

1938年4月10日，在德国出兵兼并奥地利之后，在德国和奥地利举行了是否支持德国与奥地利合并的全民公决，结果在德国有99.08%、在奥地利有99.75%的人投了赞成票。

【宪法评析】

一、全民公决是直接民主的实现方式，在古代和现代的民主制度中均占有重要地位

全民公决，又称公民投票（英语：referendum 或 plebiscite），是指全体成年公民就被提议之事项，表明赞成与否时所举行的投票。在中国台湾地区，公民投票也简称公投。在一个地区举行的公决，也称住民公决。全民公决是一种直接民主的体现，其所决定的事项通常是一个国家或地区具有重大影响的问题。就其所决定的内容，全民公决一般包括：（1）大选公决，包括直接选举总统和对是否提前进行总统或议会大选进行全民公决。新加坡一直以全民投票的方式直接选举总统。（2）宪法和改革公决，即以全民公决的方式决定是否通过新宪法，是否赞同经济、政治、文化等重大的改革措施等。例如，1995年8月，哈萨克斯坦以全民公决的方式通过新宪法，重新规定了国家政体。（3）国际问题公决，包括就是否参加国际组织、签订国际条约、加入国际行动等进行公民投票。瑞士在1986年有75%的人在全民公决中反对加入联合国，但是，2002年经过全民公决又决定加入联合国。（4）领土变更方式，全民公决是现代国际法中领土变更的方式。在国际法承认的特定条件下，由一领土上的居民通过投票来决定该领土的归属。

全民公决的历史可追溯到古希腊的雅典城邦。当时，民主指的就是直接民主，雅典每个月都举行至少一次全民公决，所有重要事情都由全体公民投票决定。

不过被当代美化了的雅典直接民主制，实际上只是政府文明初期的一种原始制度。在雅典，它坚持了一百年左右就把雅典带向了不可逆转的衰败，直至灭亡。自雅典以后，包括在古罗马时代，“民主”并不是一个光彩的词汇。1787 年，美国宪法规定了总统的间接选举制和议会两院代表由选民直接或间接选举的制度。美国人逐步地把这个制度作为民主制度的典型加以宣传。随着美国的逐步发展和强大，这一民主制度也传向全世界。相应地，民主的含义逐渐地由以直接民主为主，转化为以代议民主为主。随着美国民主在全世界获得成功，民主亦成为人们追逐的梦想。但美国的许多州仍然大量地保留着直接民主制度。

二、全民公决随着法国革命而复兴，但却意外地被独裁者利用以作为其将攫取的权力合法化的工具

卢梭的社会契约论开拓了人民主权观念。法国大革命则力图将人民主权观念付诸实践，于是法国开始频繁使用全民公决。1800 年的全民公决批准了一部给专制开绿灯的法国宪法，1802 年的全民公决任命拿破仑为终身执政，1804 年的全民公决任命拿破仑为法兰西皇帝。人民主权原则本来是针对君主做主的旧制度；而当法国人民获得了做主的权利之后，他们却选择了皇帝——远比传统国王更独裁专断的统治者为他们做主。人民主权原则不可思议地走向了它的反面。不仅老拿破仑巧妙地利用全民公决为自己的独裁权力背书，拿破仑三世比他前辈更成功地运用了全民公决。到 20 世纪 30 年代，欧洲乃至拉丁美洲等其他地区的几乎所有的独裁者都频繁使用全民公决，特别是希特勒和墨索里尼。甚至到 21 世纪，伊拉克的萨达姆、叙利亚的阿萨德都曾运用全民公决抵抗各自国家的民主化要求。中亚国家乌兹别克斯坦，1995 年，卡里莫夫通过全民公决把任期延至 2000 年；2002 年 1 月 27 日，卡里莫夫再通过公投，把总统任期由五年延长至七年。最民主的决策手段反而是让独裁政权合法化的最有效手段，这是为什么呢？

全民公决有一些明显的优点，如能获得最大的民主正当性，明确了解人民的需要；能直接表达民意，从而可以控制恣意立法，避免对民意的扭曲；同时，投票的过程中也是对全体公民的民主教育，磨炼人民对政治事务的责任感。但全民公决也有着明显的缺点，如社会成本耗费巨大；使行政机关和立法机关逃避责任，把一些可能得罪选民的问题扔给公民去投票，以免得罪任何选民等。更重要的是，由于并非所有人都同公决之事有直接的利害关系，或拥有足够的相关知识，他们不可能深思熟虑，只能随大流。这样，少数政客就有了充分的机会以人民的名义操纵多数，甚至以人民的名义建立专制独裁制度。全民公决的正确实行需要诸多条件，其中最重要的条件就是信息公

开自由；人民对所议决事项的过程和结果有充分的知识。这并不是一个容易满足的条件。由于掌控国家的统治者有可能利用其统治的优势操纵媒体，控制舆论，并利用警察和其他手段对人民进行潜在的威胁和控制。全民公决就最容易成为独裁者塑造虚假民意、获得统治合法性的手段。

三、全民公决在冷战以后重新复活，是建立新国家、通过新宪法、获得国际承认的有效手段，但这个过程也常伴有苦难和悲剧

冷战以后，民族构成比较复杂的社会主义国家苏联和南斯拉夫解体。在苏联，有的新独立的国家便是通过全民公决的方式获得合法性和国际承认的，而有的国家则是先由立法机关宣布独立，然后由全民公决通过新宪法的形式获得合法性。例如，1990 年 8 月下旬，亚美尼亚最高苏维埃发表了主权宣言。次年 9 月下旬，亚美尼亚就独立问题举行全民公决，支持独立者占压倒性多数，亚美尼亚由此成为独立的亚美尼亚共和国。1991 年 9 月，名存实亡的苏联承认了波罗的海三国的独立地位，其中的爱沙尼亚和立陶宛在 1992 年的全民公决中通过了新宪法。在南斯拉夫肢解过程中，有的新建国家也采用了全民公决的方式，如 2006 年 5 月 21 日就黑山独立问题举行全民公决，超过 55% 的选民投票赞成独立，至此，南斯拉夫分解为七个国家。这个过程充满苦难和悲剧。例如，1991 年 10 月波黑宣布拥有主权，1992 年 2 月举行全民投票以寻求独立。波黑居民中的塞族人随即在塞尔维亚的支持下以武力方式寻求加入塞尔维亚，至 1995 年 11 月波黑内战导致 20 余万人死亡，超过 200 万人流离失所。1991 年，阿尔巴尼亚族人举行了全民公决，决定成立“科索沃共和国”，并于次年 5 月选举了“科索沃共和国总统”和“科索沃共和国议会”。塞尔维亚试图靠武力维护国家统一，但遭到北约的制止。1999 年 3 月 24 日，北约为防止科索沃人道主义危机，开始了对南联盟长达 78 天的轰炸。2008 年 2 月，科索沃宣布脱离塞尔维亚共和国，成为一个“独立主权国家”。

除了前社会主义国家外，其他国家的独立也常采用全民公决的方式，如东帝汶曾是印度尼西亚的一部分，1999 年 8 月底通过全民公决后于 2002 年 5 月 20 日零时独立，成为世界上第 192 个独立国家。

四、全民公决不等同于公正和人权保障；只有严格在宪法的规范下，全民公决才能成为实现公正和保障人权的手段

全民公决以多数决定为原则；但多数并不意味着公正，也不意味着更好的人权保障。如果没有保护少数人正当权利的法律措施，多数决定就可能成为压制少数的方法。在一个大国内部的直接民主可能导致欺压少数族裔；而大国内部少数族裔居民的直接民主又可能欺压在本地区占有少数的本国多数民族和其他少数民族。如若少数族裔独立建国后，原来的少数民族就变成了

多数民族，原来的多数则变成了少数，又开始多数欺压少数的循环。数量本身并不体现正义，却有可能成为迫害人权的手段。南斯拉夫解体过程为这一恶性循环提供了范例。1992 年 2 月，波斯尼亚黑塞哥维那举行全民投票以寻求独立。波黑一经独立，波黑中的塞族立刻成为少数，面临被多数民族欺压的危险。为摆脱这个危险，波黑塞族居民只好试图加入塞尔维亚共和国以寻求保护。这就是导致 20 余万人死亡的波黑内战的根本原因。

因此，对于全民公决，以及其他类型的直接民主乃至代议民主，我们既要看到其民主的一面，也要看到其可能的漠视少数、有失公正，甚至被独裁者利用的危险。无论直接民主，还是间接民主，都必须在宪法的严格规范下才能成为捍卫人权、实现社会公正的手段。只有宪法具有至高无上的权威，宪法保障议会多数的立法权；宪法也保障任何人的权利和自由，不被“多数”或“少数”人随意地侵犯。宪法是高于议会及其立法的高级法，尤其要防范多数人借助全民公决或议会多数侵夺少数人的正当权利。

【扩展阅读】

1. 潘维:《全民公决的历史流变与逻辑困境》，载百度文库，http://wenku.baidu.com/view/f42b1943336c1eb91a375d5f.html。

2. 张芝联:《法国通史》，北京大学出版社 2009 年版。

3. 丁建弘:《德国通史》，上海社科院出版社 2007 年版。

（撰稿：程华）

7. 美国诉尼克松滥用职权破坏分权案

【案例主旨】

启蒙思想家孟德斯鸠在其著作《论法的精神》中，主张国家按照立法、行政、司法三权分立的原则建立三权分立政体，以防止国家权力滥用而形成专制。美国制宪者深受其思想影响，三权分立思想成为 1787 年美国宪法的重要内容之一。这一思想经过两百多年的实践，已经深入美国社会，在国家运行中发挥着重要的作用，即使是总统也不能有特权，立法权、司法权随时都在制衡行政权。美国历史上著名的“水门事件”当事人——尼克松，即使他身在总统之位拥有行政大权，面对“水门事件”他依然必须接受国会的质疑和司法的审查。美国的三权分立制度究竟具有怎样的魅力，以至于在今天很多国家的政治制度中都能找到它的影子？而为何只有在美国这一制度才如此耀眼？在美国这一制度又有着怎样的发展？对这些问题的深入了解，将更有助于我们认识“水门事件”，也有助于我们辩证地看待三权分立制度。

【案情介绍】

1972 年 6 月 17 日凌晨，美国水门大厦的保安偶然发现从地下车库通往大厦的门锁两次被胶布贴住，因此立即报警。在便衣警察的搜查下，抓获了五个潜入民主党总部安装窃听器和偷拍文件的嫌犯，其中一位名叫麦克德（Jams McCord）的嫌犯曾是中央情报局特工，现任尼克松总统竞选班子（Committee to Re－elect the President）的安全顾问，另外四人是反卡斯特罗的古巴流亡分子。后来的调查发现，负责遥控指挥这次行动的人物居然是白宫特别助理亨特（E. Howard Hunt）和尼克松竞选班子的法律顾问利迪（G. Gordon Liddy）。

水门案事发之初媒体并不重视，《纽约时报》只在极不显眼的角落刊登了这则消息，当时更没人想到此案会牵涉白宫。但是，《华盛顿邮报》却对此事件极为关注，深入报道了“水门事件”。在案发当日的法庭预审中，记者伍德沃德在旁听过程中意外得知案件嫌疑犯麦克德供职于中央情报局，于是次日通过警察局内线了解到嫌疑犯的通讯录中有亨特的名字和私人电话号码，旁边注有英文缩写 W. H. 。两名记者怀疑此案与白宫有关，后经证实此案确实与白宫有关，涉及尼克松的竞选班子，也就是说尼克松的竞选班子与“水门事件”有着千丝万缕的联系。

当然仅仅《华盛顿邮报》的一连串爆炸性新闻并不能创造影响美国历史的案例，在这一问题上，美国联邦法院发挥了重要作用。“水门事件”发生后，白宫幕僚进行了一系列掩盖行动，包括销毁证据、向联邦调查局施压要求停止调查。7 月 1 日，即案发两周后，竞选主管米切尔宣布辞职。艾利希曼向尼克松建议让利迪认罪并承担全部责任，这样才能限制深入调查，使白宫高级幕僚平安无事。1973 年 1 月 8 日，联邦地区法院正式开庭审理水门案。在法庭审判期间，代表司法部出庭的联邦检察官采取了一种转移视线、大事化小的起诉策略。他无视媒体和警方已发现的证据和线索，对水门案犯的背景和金钱来源视而不见，一再强调“利迪就是主谋”。尼克松竞选班子的副主管马格鲁德（Jeb Magruder）也出庭作证，声称利迪虽然在他手下任职，但水门案完全是利迪一人所为。水门案犯们则咬紧牙关，强装硬汉，拒不供出幕后真相。

联邦检察官的策略并没有减少西瑞卡法官对“水门事件”的怀疑，在审案之初，法官特意提醒检方，陪审团希望了解此案的内幕和真相，如谁雇了这帮人？他们作案的目的是什么？谁支付的作案经费？可是他的提醒并没起到应有作用。在美国的司法体制中，法官只是审判的司仪、裁判兼量刑官，如果控辩双方律师故意不使劲，那法官也只能干着急。但是，当陪审团作出有罪判决之后，法官有权决定案犯的刑期，有权把刑罚定在法律允许的最大或最小范围。陪审团于1973年1月30日判决被告有罪，接下来将由法官根据法律判定有罪案犯的刑期。西瑞卡法官在这期间充分展现了他的才智，他认为仅靠正常的刑罚恐怕无法逼迫水门案犯吐露真相，此案若要有真正突破，必须采取一点特殊甚至极端的手段才行。因此，如果用重刑威胁水门案犯，同时把宣布刑期之日尽量延迟，使案犯们头脑冷静下来，用足够的时间闭门思考充当“替罪羊”的后果和下场，他们后悔还来得及。这一手段在嫌疑犯之一，安全顾问麦克德身上发挥了作用。3月19日，麦克德给西瑞卡法官写了一封认罪信，内容大意为：水门案犯都受到政治压力，要他们承认有罪，并保持缄默；此案没有中央情报局背景，但涉及一些未被识别的高层人士。他们在审案过程中作了大量的伪证——暗指竞选班子的副主管马格鲁德等白宫幕僚犯了伪证罪。另外，麦克德向法官表示他不愿向联邦调查局和联邦检察官交代案情内幕，希望直接向法官坦白，以保证人身安全。1973年3月23日，西瑞卡法官开庭宣布案犯刑期。在法庭上，他首先宣读了麦克德的认罪信，嫌疑人之一的利迪在法官的追问下仍表示无话可说，后利迪被判处20年最高刑期。退庭后，麦克德跟随西瑞卡法官来到国会水门案调查委员会，向主持调查的民主党参议员厄尔温坦白交代了他了解的全部内幕。

虽然西瑞卡法官的努力使得水门事件取得了一定的突破，但是麦克德的坦白并不足以让联邦法院起诉白宫幕僚。在此背景下，国会水门委员会决定举行听证会，传唤涉嫌的白宫幕僚作证，深入调查水门事件真相。在“极刑约翰”对“硬汉”利迪加重判刑和麦克德坦白的影响下，白宫律师迪安向水门委员会坦白，并在6月中旬向全国电视直播的国会水门案听证会上交代了白宫幕僚掩盖真相、销毁证据、向联邦调查局施压等非法行径。迪安还主动供出“管子工”夜闯心理医生办公室、密谋绑架政敌、打算在布鲁金斯学会纵火、企图利用妓女勾引对手等其他非法行径。此外，他还供出尼克松拟定了一份政敌“黑名单”，名单中的多数人是民主党国会议员、新闻记者和政治漫画作者；白宫建立了秘密特工系统，非法利用联邦税务局的情报资料，以偷税漏税为罪名调查和打击政敌以及自由派阵营的非营利机构。更为致命的是，迪安供出尼克松亲自参与了掩盖案情真相的犯罪活动。当然，仅凭迪安的一面之词还不足以弹劾总统尼克松，前白宫高级助理巴特菲尔德（Alexander Butterfield）的作证称白宫内部有录音系统。最终，白宫的录音带将“水门事件”背后更多的问题暴露出来。1973年7月23日，特别检察官考克斯和国会水门委员会同时发出传票，要求总统交出9盘录音带，其中包括1973年3月21日“100万美元现金”谈话和4月15日晚上谈话的录音。尼克松运用总统行政特权拒绝交出录音带。8月29日，西瑞卡法官判定，特别检察官索取磁带的要求合法，下令总统交出录音带，但尼克松置若罔闻。考克斯将此案上诉到联邦上诉法院。10月12日，联邦上诉法院就录音带案作出裁定，支持联邦地方法院的判决。1973年10月20日，尼克松命令司法部部长理查森立刻解雇“不识大局”的考克斯。但理查森不愿从命，请求辞职。之后，尼克松转而要求司法部副部长代理部长并解除考克斯职务，司法部副部长洛克肖斯也请求辞职。于是，白宫宣布解除理查森和洛克肖斯的职务，任命博克出任司法部代理部长。博克随即签署命令，解除特别检察官考克斯的职务。白宫办公厅主任黑格将军以保密为由，命令联邦调查局迅速查封特别检察官办公室，扣押全部调查文件。这一系列辞职和解职事件被美国新闻媒体称为“星期六之夜大屠杀”。尼克松滥用职权让国会两院怒不可遏，全美民众也群情激愤。据粗略统计，总数多达300万左右的电报、电话和信件如洪水般涌至白宫和国会，强烈谴责尼克松的胡作非为，要求国会立即启动宪法程序，弹劾无法无天的“帝王总统”。

在全美民众强大舆论压力下，尤其是在即将面临的国会弹劾程序的压力下，尼克松最后决定以辞职躲过没有胜算的弹劾程序。这样，尼克松就成为美国历史上第一个因丑闻辞职的总统。

【宪法评析】

一、美国的三权分立制度是保证本案实质正义实现的关键制度

本案中，我们看到媒体监督发挥了重要作用，但是，保证案件能够继续审理并不断公布事实的深层次的原因，还是在于美国建国之初所确立的三权分立制度所起到的立法、行政、司法相互制衡的作用。第一，党派之争并不能完全影响官员的价值判断。众所周知，美国的政治生活完全在于民主党与共和党两大党派，两党虽然通过竞选轮流执政，但是在其他领域，两党的成员依旧会各司其职。在本案中，按理来说，作为共和党人的西瑞卡法官，他应该对嫌疑犯和尼克松总统手下留情，但是他坚持司法独立原则，超越党派立场，在断案时采用了延期判刑、重刑威吓这两大高招，对“水门事件”的结局产生了非同一般的影响。水门案当时已成为万人瞩目的大案，西瑞卡法官意识到，如果就此草草收场，他作为联邦法官的声誉有可能大打折扣。在美国，法官的党派色彩固然会在一定程度上影响到司法判决，但是，由于司

法公开和新闻监督，没有任何一位法官愿意以“党棍”的恶声在司法界遗臭万年。1973 年 12 月，西瑞卡法官被《时代》周刊评选为 1973 年度全球风云人物。在解雇考克斯的问题上，理查森按理应该听从尼克松的命令，但是理查森接替因“水门事件”辞职的克兰典斯特的司法部部长职位时，他向国会保证不非法干涉特别检察官的决定和行动，这样，参议院才批准了他的任命，因此，如果理查森言而无信，随意撤换特别检察官，将可能对他的个人信誉和未来政治生涯造成极为恶劣的影响。正是有了这样的制度，我们才能理解为什么作为尼克松部下的理查森，尤其考克斯怎么敢“抗上”，甚至调查起总统来不遗余力。

第二，三权制衡也会使官员产生超越党派的价值判断。在本案中，美国国会并非法院，为何能插手调查涉及政府官员的案件、起到类似“特别调查法庭”的重要作用呢？因为国会听证会是美国宪政体制中权力制衡的重要机制，它与因惯例而形成的国会调查权有直接关系。美国宪法并未明文规定国会拥有调查权，这一权力是从国会的立法权中引申出来的。因为只有通过详尽而彻底的调查和听证，才能使立法部门深入了解某一问题的真相，帮助国会议员更好地行使立法权。国会进行调查和听证，一般由已有或特设的国会专门委员会主持。在国会中，大约三分之一的众议员和大约一半的参议员有律师或检察官背景，都是精通法律的专家。在听证期间，国会委员会可以像法院一样发出强制性传票（subpoena duces tecum），对那些无视传票的人，委员会可以以藐视国会的罪名将其关入监狱，或提交法院处理，在听证会上撒谎的证人将会因伪证罪而遭到刑事起诉。这样，国会的调查权便成为立法部门监督行政部门的一项重要权力。另外，美国政府行政部门的重要官员虽然由总统提名，但必须经过参议院批准。在审批过程中，参议院可以要求被提名的官员作出某种承诺，作为批准任命的前提条件。这样，国会在相当程度上控制了行政官员的人事任命权。因此，政府高官的晋升，不仅取决于总统，国会也起到了重要的作用。

第三，拥有最高行政权的总统充分信任“三权分立的宪政原则”。关于本案，后来有很多人分析认为，尼克松完全可以打擦边球毁掉白宫录音带，这样也不至于演化到最后被国会弹劾的境地。但是，从美国的制度设计来看，尼克松的行为也是可以理解的。美国宪法第 2 条第 1 款规定，行政权属于美利坚合众国总统。作为政府行政首脑，总统与自己的亲信幕僚在决策过程中信口开河，胡言乱语，构想多种方案和策略，甚至提出一些荒谬绝伦的预案，都是工作需要。在美国宪政史上，杰弗逊、林肯、罗斯福、杜鲁门等十余位总统都曾以总统行政特权为理由坚决拒绝国会调查白宫决策内幕。因此，如果司法和立法部门随意传唤、审听这种高度机密的非正式谈话录音，并根据其中的只言片语起诉总统及其幕僚，将是对行政权的严重干预，不符合美国宪法的精神。所以，尼克松可以以涉及军事等机密为由不交出录音带。当然，这一行政特权不是绝对的。总统也不能滥用行政特权从事犯罪行为或者掩盖犯罪行为。三权分立并不意味着三权之间完全独立，互相制约也必须有基本的保证。对行政机关，底线在于不能使总统逃脱必要的监督，从而走向专制独裁。

综上所述，可以认为本案实质正义的最终实现，虽是新闻媒体监督引发的，但是归根结底在于美国的三权分立制度所实现的权力制衡，推动了本案实质正义的实现。

二、合理和精细的程序设计以及对程序的严格遵守是确保本案实质正义实现必不可少的因素

在本案的审理过程中还存在两个程序上的问题，第一个即是联邦地区法官西瑞卡为获得“水门事件”更多的证据而采取的拖延宣判和透露刑期的做法是否本身违法？对于这一问题西瑞卡法官本人也意识到了：作为联邦法官，拖延判决并以超乎寻常的重刑威胁案犯，在某种程度上已涉嫌滥用司法权。在这一问题上，民主党人、参议院水门案调查委员会首席律师戴西（Samuel Dash）根据以往的司法案例主动向西瑞卡法官提供了法律咨询。西瑞卡法官在有一定把握的情况下，一方面设法拖延判刑日期，一方面漫不经心地泄露出可能会给水门案犯判处20年以上重刑的“司法机密”。可以说在程序正义上没有致命的问题。第二个即是在联邦地区法院审理水门案件开始时，代表司法部出庭的联邦检察官所采取的转移视线、大事化小的起诉策略是否构成了妨碍司法公正？从我们在前面对美国三权分立制度的介绍中可以了解，总统被宪法赋予了最高行政权，因此行政官员是受命于总统的。总统可以以国家机密等为理由拒绝国会或者最高法院的某些要求，因此联邦检察官听命于总统所采取的消极行为可以认为是符合情理的。但是，三权分立的目的在于权力之间的相互制衡，因此面对立法权和司法权的监督，对于司法部的不作为，新任司法部部长在对国会进行了特别承诺之后任命哈佛大学法学院教授考克斯出任特别检察官，并赋予他独立调查水门案的极大权力。这一系列手段都是对行政权干预司法的限制以保证案件审理的程序正当。也正是因为在程序上各方面的保证，才使得通过水门案实现的实质正义更有意义，水门案也成为影响美国历史的经典案例。

三、虽然美国三权分立制度不符合中国国情，但其监督行政机关以防止权力滥用，以及在案件侦查和审理过程中对程序正义的尊重值得我们学习

每个国家的宪政发展都需要与本国的具体国情相结合，从国家性质和国

家政治体制来说，美国的三权分立制度并不符合中国现阶段的国情。但是，监督行政权力防止公权力的滥用以及案件侦查和审理过程中保障程序正义的制度设计，对任何国家都有借鉴意义，值得我们学习。

改革开放以来，我们国家经历了经济飞速发展的三十多年，伴随着经济的迅猛增长，各种问题也日益凸显，其中最为明显的就是有的地方政府为保证经济发展而不顾当地生态环境和居民生活，以至于民众反抗政府决策，各种群体性事件频发。一旦发生群体性事件，警察就必须站在维稳的最前线，但是面对不符合人民群众利益的事件，警察行动的合理性就遭到了质疑。这些质疑一方面严重损害了人民警察人民公仆的形象，另一方面也为未来警察的合理办案制造了不必要的麻烦。归根结底是需要有效的程序防止行政权力的滥用，以保证符合人民群众的利益实现。

另外，在案件侦查的过程中，从有助于破案的角度出发，必要的技术手段和行政手段都是必不可少的。但是，在采取此类手段的时候，需要具备一定的法律知识，要确保此类行为是符合法律程序的，否则，即使案件破解了，也增加了冤假错案的可能性。例如，在水门案的取证过程中，虽然地区法官非常不相信联邦检察官的证据，但是在陪审团作出有罪判决前，他无计可施。这就是对美国法院审判程序的尊重，而他所使用的拖延策略也是在不妨碍司法的前提下采取的取证手段，可以说是在程序正义的基础上实现了实体正义。那么，我们的警察无论是在行使侦查权还是行政权的时候，如果能在法律法规允许的前提下发挥自由裁量，也不至于造成今天希望为人民服务却不被人民谅解的尴尬局面。

【扩展阅读】

1. 任东来：《宪政历程：塑造美国的25个司法大案》，中国法制出版社2004年版。

2. ［美］汉密尔顿等，程逢如等译：《联邦党人文集》，商务印书馆2004年版。

（撰稿：程华）

8. 英国通过有限暴力与妥协达成《自由大宪章》事件

【事件主旨】

英国历史上1215年签订的《自由大宪章》是英国宪政起源的标志，成为英国宪政、人权保障与议会民主的重要基石。而且，《自由大宪章》所揭示的宪政与法治理念与基本规定，对于后世各国的宪法产生了重大影响。再者，《自由大宪章》所揭示的渐进改良、妥协让步精神，也同样值得借鉴。

【事件介绍】

诺曼人威廉一世于1066年入侵英格兰并成为英国国王后，英国于十一二世纪逐渐强大。他们建立了集权政府，加上本地盎格鲁-撒克逊人原来的统治方法，还有盎格鲁人和诺曼人在诺曼底所拥有的土地，使英国国王在1199年成为欧洲最有权力的国王。

当英王约翰在13世纪初即位之后，一连串的事件却令以英格兰封建贵族为首的英国广大民众起来反抗他，并要求限制绝对的王权。人们反对约翰的根本原因是自亨利二世改革以来英国王权的日益强大，危害到贵族们的封建权益，其直接原因则是约翰国王任意践踏封建法则的残暴统治。

亨利二世改革的根本目的是加强王权，其中许多改革直接损害了贵族的利益。例如，他的司法改革扩大了国王司法权，将大批诉讼从贵族封建法庭收揽到国王法庭，这既削弱了贵族的政治特权，又减少了贵族的经济收益；亨利二世大量提拔中产阶级和下级教士担任行政和司法官员，主持召开国王法庭，审理贵族案件，这违背了“同等人审判”（trial by peers）的封建准则。在财政上，亨利二世不但严格征收封建捐税，而且开征动产税，建立了国家直接税制，增加了贵族们的经济负担。这些都不可避免地引起了贵族们的不满。到理查德统治时期，贵族们的不满情绪已经显露出来。在1197年大会议上，理查德要求贵族们提供300名骑士远征法国，贵族们当面予以拒绝，声称这种要求是“不正当的”，因为封建习惯没有规定封臣有“到国外服役”的义务。理查德龙颜大怒，训斥道：“谁若不去，就叫谁上绞刑架！”贵族们毫不退缩，其中两名贵族挺身而出，反驳说：“我们既不去法国，也不上绞刑架！”国王与贵族间的公开对立已十分明显。

1199年继承王位的约翰变本加厉地推行专制统治，肆意践踏封建契约关系，进一步激化了与贵族的矛盾。当时的法王腓力二世正竭力加强王权，并企图夺取英王在法国西部的广大领地。他借普瓦图贵族控告英王约翰之机，于1202年初发出传召令，要求约翰到巴黎出庭应诉（因为当时英王在法国西部的领地是法王分封的，普瓦图是其中之一，因此，法王是英王的领主），约翰却以自己是英国国王为由拒绝出庭，双方僵持长达数月。最后，腓力二世以约翰抗拒领主传召之罪名，宣布没收他在法国的所有领地，并于1202年4月派军队进攻诺曼底，英法之间战争开始。

为筹措军费，约翰滥用封建领主的权力，巧立名目，横征暴敛。他几乎每年都征收免役税，不管是否有战争，并提高了税额——每块骑士采邑加征2.5马克。他强制推行分担制，要求每九名骑士要负担供应第十名骑士的装备。他强迫封臣的遗孀或女继承人服从他的婚姻安排，如有违抗，便处以沉重罚款。他滥用领主监护权，竭力提高监护期间的领地收入，甚至把监护权转让或出卖给亲信。他经常以莫须有的罪名，没收封臣土地或进行敲诈。总之，约翰为搜刮金钱，完全置封建法则于不顾。

为慑服贵族，约翰国王还经常采用恐吓、酷刑、处死等残暴手段。例如，贵族威廉·德·布雷奥斯原是约翰的宠臣，1207年被莫名其妙地宣布为叛逆者，土地被没收，威廉携全家逃往爱尔兰。1210年，约翰抓到了威廉的妻子和儿子，将他们关进温莎城堡，活活饿死。再如，约翰因在争夺王位时与其侄子亚瑟结下怨仇，所以他在1202年俘虏了亚瑟后（亚瑟是亨利二世的次子杰弗里的儿子，约翰是亨利二世的四子。因此，1199年当亨利二世的三子国王理查德死后，按长子继承制原则应由亚瑟继位，但由于王太后埃利诺支持约翰，故最后王冠戴在了约翰的头上，亚瑟屈就布列塔尼亲王。此后，亚瑟与约翰、王太后一直不和。1202年，亚瑟听说王太后到了普瓦图的米尔城，马上率兵包围了该城。约翰从80英里外火速赶来救援，最后亚瑟兵败被俘，并被关在鲁昂）不久，传言四起，说约翰先将亚瑟砍去双手、挖掉双眼，又施以宫刑，将其折磨致死。这些传言是否属实，不得而知，但这无关紧要，因为亚瑟从此销声匿迹是不争的事实。透过上述事例，贵族及全英国人民看到的是一个惨无人道的暴君形象。

对法战争的失败加速了贵族叛乱的爆发。1203年，约翰被法军赶出了诺曼底。不久，安茹、曼恩等英属的在欧洲大陆的领地相继落入法王之手。到1203年年底，除阿奎丹和普瓦图外，英国在法国的领地丧失净尽，致使贵族利益遭受巨大损失。因此，在贵族们看来，约翰不仅是一个任意践踏封臣权利的“暴虐领主”，而且是一个没有尽到领主责任的“失职领主”。贵族们忍无可忍，终于联合一起，发动了武装起义。

约翰继位后，继续在大陆上与法王作战，相继丢失诺曼底、安茹、曼恩、都兰等地，后来又和教皇英诺森三世发生冲突，1209年被教皇开除教籍。1213年约翰被迫屈服，并向教廷交纳年贡13000马克，这更加剧了臣下对他的反对。约翰还违反封建惯例，征取过多的继承金、协助金、盾牌钱等，并借故没收直接封臣的地产，也向城市多方勒索，引起广泛不满。

1213年，约翰再次出征法国时，一些封建主拒绝服役。在1214年布汶之役中，约翰再次战败。次年，封建贵族乘机联合对国王不满的各方力量反对约翰王。当时除农奴之外的所有社会阶层都参加了这次斗争，致使约翰陷入孤家寡人的困境。当他最后同贵族谈判时，身边的骑士寥寥无几，即使这区区数人内心深处也是同情叛乱贵族的。可见，这场反约翰斗争不只是一次封建贵族叛乱，也是一次社会各阶层联合反抗专制暴君的人民大起义。正是后一种性质，赋予了贵族集团以“国民代表”、“被统治者代表”的形象，使贵族阶层企图强迫国王遵守封建法则的自私、狭隘的目的升华为强迫国王按照法律进行统治的宪法要求，从而使王权有限、法律至上原则从“封建形态转变为近代宪法形态”。

1215 年 5 月 17 日，封建贵族得到伦敦市民支持，占领了伦敦。6 月 10 日，英格兰的封建贵族在伦敦聚集，挟持英格兰国王约翰。约翰被迫赞成贵族提出的“男爵法案”（Articles of the Barons）。

在强大压力下，约翰于 6 月 15 日在兰尼米德（Runny Mede）签署《自由大宪章》，其中主要反映西欧封建政治制度的特点，即国王只是贵族“同等中的第一个”，没有更多的权力；而贵族则在 6 月 19 日重申对约翰效忠。最后皇室秘书将国王与贵族间的协议正式登录，即成为最初的大宪章，并将副本抄送至各地，由指定的皇室官员及主教保存。

1215 年大宪章中最为重要的条文是第 61 条，即所谓“安全法”。根据该条的规定，由 25 名贵族组成的委员会有权随时召开会议，具有否决国王命令的权力；并且可以使用武力，占据国王的城堡和财产。这种权力是出自中古时期的一种法律程序，但加之于国王却是史无前例。

英王约翰自始即没有接受《自由大宪章》约束的诚意，特别是第 61 条几乎褫夺了国王所有的权力，更非其所愿。他是在武力逼迫之下才在文件上签字的。就在贵族离开伦敦返回各自封地之后，约翰立即宣布废弃《自由大宪章》。教皇英诺森三世亦训斥《自由大宪章》为“以武力及恐惧，强加于国王的无耻条款”，教皇否定了任何贵族对权力的要求，称这样做破坏了国王的尊严。随后英国重又陷入内战。

1216 年 10 月 18 日，约翰在内战正酣时病死，九岁的亨利三世即位，战事终结。10 月 12 日，皇室大臣以亨利的名义再发出《自由大宪章》，但当中部分条款，包括第 61 条都被删去。1217 年和 1225 年，亨利三世都曾再次发布《自由大宪章》。1225 年的一次由十八岁的亨利亲自发出，并删减至只有 37 条。

亨利三世统治 56 年后，在 1272 年逝世。他逝世时，《自由大宪章》已成为既定的英国法律，日后的国王亦很难像约翰一样将它完全推翻。亨利三世的儿子爱德华一世在 1297 年 10 月 12 日发布最后一次修订的《自由大宪章》，作为“肯定法案”的一部分。

不过，虽说王权有限原则性质转化的实现与反约翰人民起义直接相关，但它充其量不过是一种偶然契机。从根本上说，促成这次转变的更深层次的原因，还在于英国王权与贵族阶层之间的特殊的力量对比结构。在这里，我们不妨同法国作一比较。在中世纪早期，法国国王也是法国的最高领主，但不是最大的领主，许多法国贵族的领地远大于国王领地。而且，法国还盛行这样一条封建原则，即“国王的封臣的封臣不是国王的封臣”，因此，随着土地的层层分封，权力也层层下放，最后国王被架空。这就是说，国王对全国的有效统治和国家的政治统一那时并未建立起来。在这种条件下，许多大贵族有足够的力量可以单独与国王抗衡。因此，法国贵族的反王权斗争多以个别贵族与国王对抗的形式出现，而且贵族们总是把争取完全摆脱国王控制、建立自己的独立王国奉为目标。从性质上讲，这是一种纯粹的领主与封臣之间的封建权益斗争，所以，蕴含在封建契约关系中的王权有限原则始终没有，也不可能突破封建法权关系的外壳，而实现其性质的转化与升华。

与法国不同，英国自诺曼征服后一直保持强大的王权和国家政治的统一。在英国，由于“国王的封臣的封臣仍是国王的封臣”，因此，土地的分封没有导致权力的分割下移，而且，国王本身在领地和经济资源上占有绝对优势。贵族的领地不但数量少，而且分散在各地。这种状况使得英国贵族很难像法国贵族那样割地自守，称霸一方，这就决定了英国任何一个贵族都无力单独与国王抗衡。因此，贵族们通常采取联合一起集体与国王斗争的方式，而且，由于贵族无望建立地方独立王国，所以，便把争取限制王权、强迫国王按照法律和习惯行事奉为集体斗争目标。结果，在原本是封建权益斗争中不自觉地加入了一丝宪法斗争的内容。这样，隐含在封建契约关系中的王权有限原则由一种封建法则向近代宪法原则的转变与升华不仅是可能的，甚至可以说是必然的。历史的必然性和偶然性结合一起，终于导致人类历史上的第一个宪法文件《自由大宪章》，在厚厚的封建胎衣的包裹之下降生在13世纪的英国。

《自由大宪章》全文共63条。有许多内容是保障封建贵族的权益。第1条规定教会享有自由选举教职的权利。第2条规定国王的直接封臣继承封土时应纳继承金的数额。第12、14条规定这些人在何种情况下应纳协助金和盾牌钱，并说明如无他们同意，不得再额外征收。第39条规定未经同等级者的合法裁判，对任何自由人不得施行逮捕、监禁、没收财产、放逐出境等处分。第34条还规定今后不再发出强制转移土地争执案件至国王法庭审理的令状，以免使封建主的此项司法权力遭受损害。第61条规定组织25个大封建主监督《自由大宪章》的执行，他们在发现国王有违反情况时，可使用各种手段包括武力在内胁迫他改正，这就使封建内战取得合法地位。

《自由大宪章》对骑士及自由农民的利益也有一些保障。第15、16条规定不得向他们征收额外的协助金及强迫服军役。一些条文对王室官吏的暴行有所约束，如能实行，当可减轻对自由农民的压迫。《自由大宪章》对市民的利益也有所保障，如第13条规定保证给予伦敦及其他城市以自由。第35条统一度量衡的规定亦有益于商业流通。对于广大的农奴，《自由大宪章》几乎没有给予任何好处，只是第20条附带说明处农奴以罚金时不得没收其农具。

《自由大宪章》的一些条文肯定了亨利二世司法改革所取得的进步。例如，第18条仍规定土地占有案件的诉讼由国王巡回法庭随时审理。第20条规定限制处以罚金的范围。这说明普通法比封建法要优越，它的推行不可阻挡。

【宪法评析】

一、《自由大宪章》奠定了英国近现代宪政的基石

《自由大宪章》的产生是英国宪政的重要开端。第一，它确立了“王在法下”的原则，而所谓“王在法下”又奠定了权力有限的基石。英国自威廉征服以后，王权一直在发展。特别是经过亨利二世的司法改革，王权更为加强，贵族的权势受到贬抑。当时，王权高于法律，没有国王的令状，很多问题就无法解决。《自由大宪章》的签署改变了这一情况。宪章中多次以“朕不得”、“朕仅得”等字眼对王权进行限制，仅“朕不得”一词就出现13次。这种限制有：（一）限制国王的征税权。规定国王在法定情形外征税应取得大会议同意，国王“不得允许任何贵族嗣后征收任何贡金”。（二）宪章还禁止国王强收、任意扣押臣民财产。规定国王及其执行吏不得强扣债务人财产抵债，国王扣留重罪已决犯土地时间不得超过一年零一日。（三）限制国王任命权，规定“除具有法律知识并愿意遵守法律外，朕不得以任何人为法官、监军保安官、郡长或执行吏”；宪章还规定可以用武力强制国王改正违法行为。

可以说，《自由大宪章》是以契约的形式申明法律高于君主并以具体条文约束君权的第一个明确的文件。

第二，《自由大宪章》也成为英国人权保护的重要开端。宪章规定了教会、自由民的广泛权利；确认了教会和臣民享有自由权；城市也具有自由权利并可以保持自身的风俗。宪章阐述了臣民的财产权不容侵犯等。《自由大宪章》是历史上第一个规定臣民自由权利的宪法性文件，它开启了人权保护之端，具有深远的世界影响。《自由大宪章》特别强调，即使国王也没有自行处罚臣民的权力；非经同等身份者的陪审并依国法裁决，不得侵害贵族的人身

和财产（第21、39条）。

第三，《自由大宪章》促进了议会制度的确立。中世纪的英国给近代留下了丰富的遗产，议会制度是政治制度方面最大的遗产。而《自由大宪章》对英国议会的产生起了重要推动作用。

尽管英国议会最早可追溯到由主教、伯爵等显贵组成的大会议，但它仅是国王的一个咨询机构，一切重大决策主要取决于国王的意志。《自由大宪章》颠覆了这个大会议的性质。宪章第14条规定，除了按例征收的税赋外，国王们“如欲征收贡金与免役税，应以加盖印信之诏书致送各大主教、主教、住持、伯爵及显要男爵，指明时间地点召集会议，以期获得全国公意”。该条规定仍被认为是议会拥有财政权的法律依据。

另外，《自由大宪章》也为议会产生提供了理论依据，即国王必须守法，否则臣民们有权强迫他服从。根据《自由大宪章》第61条，英国国民可以用武力迫使国王守法，英国历史上国民多次对违法的国王动武，在削弱了王权的同时加强了大会议的权力。

总之，尽管说《自由大宪章》是“英国自由之神”有过分之嫌，但它作为英国宪法起源的标志是当之无愧的，这也正是英国人民至今仍把它列为所有宪法性文件之首的原因所在。①

《自由大宪章》对世界宪政和法治产生了深远的影响。它首次明确规定了即使是最高权力也要受到法律的约束，明确规定了对个人权利的法律保障。这些观念正是近现代宪法最为核心的理念和特征。并且《自由大宪章》还确立了近现代议会民主制度的雏形。尽管《自由大宪章》的实施充满了曲折和反复，但它所揭示出的理念及其中所规定的基本制度，却对后世宪法的产生和发展的影响和启示不可估量。

二、《自由大宪章》也表明传统和现代之间并不存在截然的鸿沟

《自由大宪章》并非凭空而生，相反它是从英国中世纪的封建制土壤中萌生出近代宪法的幼芽，英国中世纪的许多习惯法和传统，为《自由大宪章》的诞生奠定了坚实的观念和社会基础。

《自由大宪章》的产生告诉我们，人类历史的发展具有不可割裂的连续性、渐进性。人为地否认、割裂这种连续性与渐进性则必然是欲速不达，甚至会遭受历史的反作用乃至报复。世界和中国近现代的激进主义思潮和运动的历史，不止一次地用血的教训警示我们这一点，不容不察。

---

① 程汉大：《大宪章与英国宪法的起源》，南京大学法律评论2002年秋季号，第29页。

然而，我们一贯的思维是近现代宪法是资产阶级革命的产物，要建立新世界，就要打破旧世界等，过分强调不同社会形态、历史发展阶段及不同阶级间的差异性、对立性、不可继承性等僵化观念。《自由大宪章》及英国宪法起源告诉我们必须打破上述概念化的思维定式。

三、《自由大宪章》反映出的妥协精神值得借鉴

《自由大宪章》的产生过程及其基本精神还告诉我们，社会的发展与进步并不一定非得彻底打倒、暴力消灭政治对手才能实现。相反，将暴力限定在必要的范围内，然后通过协商、谈判达成妥协，分享权力，共治互利，不仅可行，而且代价和成本要小得多。相反，完全靠暴力消灭政治对手，不仅代价极大，并确立起以暴易暴的恶例，而且也难以保证新上台者不会更糟。

其实即使是英国，也不乏这样的教训。例如，1640 年革命在英国历史上可谓最为彻底，最后还将英国国王查理一世送上断头台。但是，换来的却是更大的暴君克伦威尔和英国长期的动荡。而真正确立英国君主立宪制的却是不流血的“光荣革命”。

然而，在近现代激进主义思维和革命文化下，妥协和中庸等是被妖魔化的概念，与之相反的革命彻底性和暴力性等概念却被拔高、美化。其实，协商、妥协与分享权力的观念正是宪政形成和良性运行的精神要义。

妥协是求同存异，协商、分享、合作、共赢的方法，是一种更高的政治智慧和境界。例如，美国的建国不是通过武力征服各自分立的各个殖民地，而是通过协商一致制定宪法建立起来的。各个殖民地由独立的主权国家让渡出一部分权力，联合起来组成一个新的国家。又如，在现代宪政国家，政党之间也是在法律框架下平等竞争、轮流掌握权力，而不是必须消灭对方。

【拓展阅读】

1. 程汉大：《大宪章与英国宪法的起源》，载《南京大学法律评论》2002 年秋季号。

2. 雷敦龢：《英国大宪章今译》，《和平丛书》第 26 卷，辅仁大学若望保禄二世和平研究中心 2002 年版。

3. Holt · J. C：Magna Carta. Cambridge University Press. 1992.

4. ［美］爱德华 · S. 考文，强世功译：《美国宪法的“高级法”背景》，上海三联书店 1997 年版。

5. 马克：《英国封建社会研究》，北京大学出版社 1992 年版。

（撰稿：程华、杨俊锋）

第二部分 公民基本权利

一、平等权

9. 美国布朗诉教育委员会教育权平等权案

【案例主旨】

平等是一个永恒的话题。无论是人类发展的历史，还是宪政和人权发展进程无不昭示着：平等既是近代宪法的基本价值之一，又是法律适用的基本原则，还是一项具有具体内容的基本人权。

经过一百多年的发展，平等理论日趋成熟，平等观念已经成为一种普世价值。特别是自20世纪以来，世界各国纷纷将平等权作为基本人权在国家的根本大法——宪法中加以确认，为实现平等提供了更完备的法律保障。1948年的《世界人权宣言》，以及1966年的两个人权公约均将平等权保护列为人权保护的最基本内容。我国宪法第33条第2款亦规定："中华人民共和国公民在法律面前一律平等。"

但是，平等权到底应如何解释？平等权到底具有哪些内涵？这是一个随着时代发展而不断发展的概念。例如，美国最高法院曾经就在判决中认定，将黑人和白人隔离开来，但分别为他们提供同样的设施和条件，宪法平等权的要求就满足了。就是在这样一个时代背景下，本案中的美国最高法院根据社会发展的实际情况进一步发展了平等权的内涵，即在公共教育领域"隔离就是不平等"的，必须取消种族隔离的法律和政策。

本案对于我们理解平等权的内涵，以及确立发展的权利观念是有很大意义的。

【案情介绍】

黑人牧师奥利弗·布朗住在美国堪萨斯州中西部的小镇托皮卡的一个以白人为主的社区。他的女儿琳达·布朗一直和白人邻居的孩子友好相处，一起玩耍。距离奥利弗·布朗家仅7个街区的地方就有一座小学，但是因为托皮卡公立学校系统实行种族隔离政策，这所小学只接收白人学生。这样，年仅八岁的黑人孩子琳达·布朗就不能上近在咫尺的白人学校萨姆小学，而只能每天早起，穿过一个危险的铁路交叉口，再坐校车，到距离自家21个街区的门罗小学读书。

对于父母而言，没有什么事情比孩子的教育更使他们担心，因为能否得到良好的教育几乎决定了一个人一生的成败。奥利弗·布朗不甘心让女儿永远在低人一等的学校中读书，从而影响到孩子未来的成就，于是请求全国有色人种促进会（the National Association for the Advancement of Colored People，简称NAACP）的帮助，决心用法律途径维护女儿的平等受教育权。

在NAACP的帮助下，奥利弗·布朗夫妇根据美国联邦宪法第十四修正案关于平等保护的原则向堪萨斯州联邦地区法院提起诉讼，控告当地公立学校的主管机关——托皮卡教育委员会，要求禁止在该地区的公立学校中实行种族隔离。1951年6月25～26日，地区法院开庭审理布朗案。尽管地方法院的法官承认黑白分校、种族隔离政策会给黑人孩子带来低人一等的自卑心理，影响黑人孩子的学习热情，但是最终根据美国联邦最高法院1896年在普莱西诉弗格森案（Plessy v. Ferguson）中所作出的“隔离但平等”的判决驳回了布朗的起诉。

布朗夫妇决定上诉到联邦最高法院。同时，在南卡罗来纳州、弗吉尼亚州、特拉华州和哥伦比亚市的一些被拒绝进入白人学校的黑人儿童也通过他们的法律代理人请求法院援助。他们的诉讼请求除特拉华州的案件外，均没有获得初审法院的支持。所以，他们也把案件上诉到美国联邦最高法院。而且，特拉华州的格伯哈特诉贝尔顿一案也被移送到了美国联邦最高法院。这些案件涉及一个共同的法律问题：黑白分校是否仍能维持教育机会的平等，是否与宪法第十四修正案中“平等的法律保护”条款相违背。1951年12月，联邦最高法院决定将这些类似的案件一并审理，并与布朗夫妇的诉讼一并作出裁决。因为布朗按照姓氏排在第一，因此统称布朗案。

1954年5月17日，美国联邦最高法院宣布了布朗案的判决，黑人原告的主张获得了支持，“隔离但平等”的原则被推翻了。首席大法官伊尔·沃伦在判决中宣称：“仅仅根据肤色、种族和出身而把黑人孩子与其他同年龄和资格的人分离，会给人产生一种据其社会地位加以判断的等级差别感，这会以一种极难且根本无以弥补的途径影响他们的心灵和思想……低人一等的感觉会影响儿童学习的动机……在公立教育领域中，‘隔离但平等’的理论没有立足之地，隔离的教育设施实质上就是不平等的。因此，原告们以及这些诉讼所涉及的其他与原告们处于相同境遇的那些人，被剥夺了联邦宪法第14条修正案所赋予的法律平等保护的权利……现在我们宣布，公立教育中的种族隔离是违反法律的平等保护原则的。”

【宪法评析】

一、美国《独立宣言》确认的“人人生而平等”原则于内战以后体现在第十三、十四和十五修正案中

美国《独立宣言》中宣称“人人生而平等”是不言而喻的真理。在南北战争结束后，美国通过了三个宪法修正案，即第十三、十四和十五修正案，宣布废除奴隶制度，承认黑人的联邦公民地位，给予平等的法律保护，并且保证了黑人的选举权。依据这些修正案和相关联邦法律，南方的黑人迅速建立了政治组织，积极参加选举，在很多重要的社会和政治问题上发挥作用，维护了自身利益，如他们在战后很短时间内就进入州议会和国会，并把免费、种族混合的公立教育制度推广到了南方。此外，国会在19世纪60年代还通过了一系列民权法令，用以保证刚获得自由地位的黑人在行使他们享有的宪法权利时受到的保护。1875年颁布的民权法特别规定，在为政府提供服务的私营商业部门中实行种族隔离为非法。可以说，从1865年到19世纪80年代初，美国民权运动取得了显著的成就，黑人的权利得以伸张。

二、宪法规定了平等权不意味着在现实生活中就能完全实现，权利需要进一步的争取和发展

1880年后，南方各州重新开始强制推行种族隔离制度，对黑人进行种族歧视，黑人重新开始处于被奴役的地位。美国联邦最高法院在1883年的民权案中裁定，宪法第十四修正案针对的是政府行为，侵犯个人权利的个人行为不在修正案的适用范围之内。这一判决为种族歧视打开了制度化的大门。黑人被禁止进入白人的学校、剧院、公园、旅馆、餐馆或其他白人经常出入的公共场所，火车、汽车、电车等也黑白分座，还有公共场所的厕所和饮水处等也是黑白分开，甚至黑人不得在白人的教堂里做礼拜。

在1896年的“普莱西诉弗格森案”（Plessy v. Ferguson）中，美国联邦最高法院裁定，路易斯安那等州通过的在列车上将白人和黑人隔离的法律并不违宪，由此确立了带有歧视色彩的“隔离但平等”（Separate but equal）原则，进一步认可了种族隔离制度的合法性，也确立了美国教育平等权保护的主导理论，并且成为法院处理公立学校中的种族问题的法律原则。从社会现实来看，表面上虽然黑人孩子不能进入白人学校就读，并不违反无差别待遇，但是实际上却造成了极大不平等的后果。在绝大多数实行黑白分校、种族隔离

的地区，仅就师资配备和教学设施而言，白人学校和黑人学校简直就是天壤之别，不可同日而语。

20 世纪 30 年代，美国联邦最高法院已经开始反思普莱西诉弗格森案中所确立的“隔离但平等”原则。第二次世界大战以后，新的理念开始改变美国的种族意识，黑人的民权运动风起云涌。NAACP 的会员从 1940 年的 5 万猛增至 1946 年的 45 万。随后，NAACP 开始策划一系列诉讼，目标是在一个非种族隔离的基础上赢得教育平等权。其中，1954 年的布朗诉教育委员会案（Brown v. Board of Education of Topeka）宣布在公立学校中的种族隔离制度违反宪法，重塑了教育平等权的内涵，深刻地改变了美国的教育制度，极大地推动了美国社会中的民权运动，成为民权运动和结束种族隔离制度斗争的一个里程碑。

三、教育对个人发展意义重大，是平等权保护的重要内容

在布朗案中，美国联邦最高法院的大法官并没有从理解美国联邦宪法第 14 修正案通过时的背景和原因来解决争议，也没有直接说 1896 年作出的普莱西诉弗格森案的判决——“隔离但平等”直接违宪，而是强调了要着眼于现代教育的发展状况，即对于公共教育，必须根据其全面发展的情况及其在当前美国生活中所处的地位来加以考虑。只有这样，才能确定公立学校实行的种族隔离政策是否剥夺了原告享有受法律平等保护的权利。正是教育在现代社会中的巨大发展和无法替代的作用使得改变“隔离但平等”原则是极其正当的。

教育就是通过向个人传授一定价值观念、文化规则、生产技能和知识来促进人实现社会化的一种活动。通过这种手段，儿童可以接受文化知识和价值，从而开启和发展潜能，适应社会的发展，并且履行公共责任。教育对个人一生的生存和发展至为关键，是培养良好公民职责和权利的基石。如果某个孩子受教育的机会被剥夺了，那么指望他在一生中获得成功是令人怀疑的，因此公共教育应当是政府提供的最重要的一项服务，并且法律应当保障每个公民享有平等的受教育权。

四、教育的平等权不仅包括校舍和课程这些有形要素，也应从社会心理因素衡量国家采取的措施是否也保证了平等，具体来说，种族隔离必定造成种族之间的心理隔阂和不平等

此外，除了承认公共教育极大发展的重要性之外，大法官指出，如果以校舍、课程设置、教师的资历和薪金以及其他有形要素来衡量，黑人和白人学校的差异正在消失，因此不能仅仅着眼于这些案例所涉及的白人和黑人学校在这些有形要素上的平等，我们必须把注意力指向公共教育中的种族隔离

带来的不良后果。

社会学和心理学研究表明，如果把年龄和资质相当的孩子仅仅因为种族和肤色而隔离开来，会使孩子在社会中产生低人一等的自卑感，这会对他们的心灵和思想造成难以弥补的影响。黑白分校的做法在黑人孩子和白人孩子之间造成了实质上的不平等，因此在公共教育领域，没有“隔离但平等”原则的位置，隔离的教学设施注定是不平等的。黑人儿童应当获得进入白人学校的权利。

布朗案聚焦于废除公立学校中的种族隔离政策，从而明确和肯定了美国教育平等和公正的理念，有利于推动教育机会的平等和种族宽容，因此即使从今天看来，布朗案仍是美国宪政史上最有影响力的判决之一。但遗憾的是，布朗案中的法官担心判决对种族隔离地区的压力过大，并没有规定废除种族隔离的具体时间。

1955 年，联邦最高法院下令“以极其审慎的速度”来消除种族隔离。1969 年，联邦最高法院宣布“以审慎的速度”消除种族隔离的时代已经再也不允许了，学校必须立即取消种族隔离制度。之后，联邦最高法院将联邦宪法第十四修正案确立的平等保护原则的适用范围，从布朗案涉及的种族平等扩大到公民政治权利以及刑事被告权利领域，从约束州政府行为扩大到对联邦政府行为的限制。

【扩展阅读】

1．莫顿·J. 霍维茨著，信春鹰、张志铭译：《沃伦法院对正义的追求》，中国政法大学出版社 2003 年版。

2．邱小平著：《法律的平等保护——美国宪法第十四修正案第一款研究》，北京大学出版社 2005 年版。

3．任东来：《吹响结束种族隔离制度的号角——布朗诉托皮卡教育管理委员会案》，载《南京大学法学评论》2003 年春季号。

4．马军武、张桂林：《论平等理念在美国的实践——从“布朗案”看联邦最高法院对受教育权的平等保护》，载《黑龙江省政法管理干部学院学报》2006 年第 2 期。

5．李松锋：《大法官的政治智慧——从布朗案的判决中所读到的》，载苏力主编：《法律书评》（第四辑），北京大学出版社 2006 年版。

6．白雪峰：《美国沃伦法院评述》，载《南京大学学报》（哲学人文社会科学版）2005 年第 4 期。

7. 贾程秀：《沃伦法院对美国社会平等化进程的影响》，黑龙江大学2011年硕士论文。

（撰稿：赵华）

10. 美国贝基入学逆向歧视案

【案例主旨】

平等权意味着对于公民法律上的权利义务应给予平等的确认、分配和保护，平等的情况平等对待，这是一种绝对的社会地位和法律地位的平等，是一种形式上和机会上的平等。美国联邦法院大法官哈伦认为："美国宪法是色盲，它既不知道，也不应该容忍在公民中划分等级。在享有民权方面，所有人在法律面前一律平等……当涉及由国家最高法律保障的民权时，法律只考虑人，不考虑他的背景和肤色。"①

但在立法和司法实践中，法律的平等保护并不禁止分类，因为现实中的、具体的人不可避免地存在着性别、天资、能力、种族等方面的先天差异，"只是敞开机会大门是不够的，我们所有的公民必须有能力穿过那扇大门"②。那么司法机关的职责就要审查这种分类是否合理。并且，这种分类使某些弱势群体成员获得相对优惠待遇，是否以牺牲历史上的强势群体的成员（如汉族、白人、男性等）的利益为代价。

笔者认为，现实中的平等并非意味着无差别，主张平等也不是追求平均主义，而是在一定程度和某些方面承认现实中客观存在的合理差别，相同情况同样对待，不同情况差别对待。平等原则是优先于合理差别的第一原则，合理差别是平等原则的深化和补充，两者的辩证统一实现了真正意义上的平等。

【案情介绍】

艾伦·贝基是一个从小勤奋好学的白人青年，曾进入过全美中学生荣誉奖学金竞赛的决赛。在大学期间，贝基主修机械工程，并以优异的成绩毕业。

---

① Plessy v. Ferguson, 163 U. S. 537 (1896).

② The Negro in 20th Century America – A Reader on the Struggle for Civil Rights, John Hope Franklin and Insidore Starr ed., Vintage Books, 1967, pp. 219 – 219.

在军队服役期间，贝基参加了越南战争，并凭借作战英勇而连升数级成为上尉军官。

1967 年退役后，贝基利用工作之余苦读医学院预科课程，并开始着手准备医学院的入学考试。贝基在医学院的入学考试中取得了非常优异的成绩，考试各部分的正确率都在 90% 以上。但是，成绩优异的贝基连续两年申请公立大学加州大学戴维斯分校时，却遭到了校方的拒绝，而成绩不如自己的黑人学生却被录取了，因为当年医学院的录取名额中有 16 个特别名额专门分配给了黑人等少数族裔学生。贝基在地方法院提起诉讼，控告加州大学在招生时采取的政策带有逆向种族歧视的因素，违反了 1964 年的《民权法》和美国联邦宪法第十四修正案的对于公民平等保护的规定。

1975 年，地方法院判定加州大学为成绩差的少数族裔学生预留招生名额的做法违反宪法，但是并没有判决加州大学戴维斯分校录取贝基。双方继续向加州最高法院和联邦最高法院提出上诉。

1978 年 6 月，联邦最高法院以 5 比 4 一票之差对贝基案作出了一个在美国宪政史上非常罕见的双重判决（Double Decision），路易斯·鲍威尔（Lewis Powell Jr.）宣读了判决：第一，加州大学预留招生名额的制度违宪，加州大学戴维斯分校必须录取贝基；第二，根据学术自由的原则，加州大学为了增强校园学术环境多元化的目的可以采取一些特殊政策，如招录新生时可以参考考生的种族，但是不能把种族作为唯一因素。

【宪法评析】

美国是一个多元化的移民国家，因此种族主义和种族问题始终贯穿这个国家的全部历史，成为这个国家不可分割和不可回避的部分。南北战争废除了奴隶制，美国通过宪法第十四修正案提供一种平等的法律保护，但现实是黑人等有色人种在教育、就业等方面仍然遭受社会的不平等待遇。随着经济的发展和黑人经济地位的提高，声势浩大的民权运动在 20 世纪中叶席卷美国。

民主党总统肯尼迪于 1961 年签署的总统第 10925 号行政命令宣布，美国政府有明确的义务，推动和保证所有人不分种族、信仰、肤色或者民族血统，在受雇于或者申请联邦职位时，在争取联邦政府合同时享有平等的机会。从而为了弥补几百年来白人对有色人种的歧视和伤害，帮助在美国历史上长期受到歧视的少数民族更快地改变在政治、经济、教育和社会等方面的劣势地位，从而在就业和教育等方面享有同白人同等的待遇。这个行政命令标志着“肯定性行动”的开始。肯尼迪之后的另一民主党总统约翰逊陆续颁布了一系列范围更广的民权法案，又称为平等权益法案，为“肯定性行动”提供了法律依据。此后，美国政府又将“肯定性行动”扩展至妇女、退伍军人和残障人士。

具体地说，“肯定性行动”的核心内容就是在升学、就业、晋升、颁发奖学金以及接受政府贷款和分配政府合同时，在竞争能力和资格基本相同或相近的情况下，少数族裔以及妇女有被优先录取、晋升或优先得到贷款和政府合同的权利。

作为美国政府一项重要的民权政策，“肯定性行动”的实施涉及了宪法、传统价值观、政治认同、生活方式、利益再分配等一系列问题，决定了这项行动从一开始就引起了美国社会的极度关注和不断批评。其中，对“肯定性行动”是否合宪，是否构成对白人的逆向歧视（Reverse Discrimination）一直是争议的焦点问题。贝基案是美国司法界判断“肯定性行动”是否合宪的众多案例之一。

如果根据 1964 年的《民权法》第 6 条，贝基案的裁决应当是一件非常容易的事情。《民权法》第 6 条规定，任何人在美国都不能基于种族、肤色和民族、出身，而被排除参与任何接受联邦财政支持的项目和活动，或被拒绝从这些项目和活动中获得利益，或在这些项目和活动中受到歧视。

然而在本案中，大法官意见非常不统一，出现了理论上的严重分歧。

代表保守派的鲍威尔大法官认为，联邦宪法第十四修正案关于“法律平等保护”的规定对所有人意味着同样的东西。也就是说，法律的平等保护必须保持同一个准则，无论应用于黑人，还是应用于白人。如果在招录白人时不考虑种族因素，那么在招录黑人时种族也不应作为考虑因素，否则就是违反了法律平等保护的原则。

代表开明派的布伦南大法官认为，法律平等保护这一条款可以有不同的运用，并产生不同的结果，无须用一种严厉的和非常致命的方式去评判这些优惠政策。加州大学戴维斯分校将招生名额预留给少数族裔学生是为了消除历史上种族歧视的后果。从目的和结果上来看，招生中参考种族因素没有给贝基打上劣等的标记，贝基也没有受到无处不在的伤害，因此这种种族划分并不是建立在“一个种族比另一个种族劣等”这样一个假设前提上，贝基并没有被剥夺联邦宪法第十四修正案的法律平等保护。“平等保护条款”并不意味着对种族因素的反对，而在于对等级制的禁止。

虽然本案中的鲍威尔大法官在判决中对这两种方案进行了折中，但是笔者认为贝基案反映了在一个多元的现代社会，当我们审视法律时，应当赋予平等多元的维度。

1. 机会平等和结果平等相结合。既要保证在宪政的框架下每个人都可以拥有同样的机会和权利进入有利的社会位置，也使所有的人能够有能力去达到这个有利地位。

2. 形式平等与实质平等相结合。既要保证公民在法律地位上的平等，也要承认现实中公民在某些方面存在的合理差别。

3. 抽象平等和具体平等相结合。平等不仅表现为宪法中抽象的权利表述和政治口号，还要关注经济和社会发展现实，在个案中实现平等的诉求。

4. 绝对平等和相对平等相结合。在适当的社会和历史条件下，以普遍平等的理念来指导立法，保证享有权利的主体具有最普遍的广泛性，防止“特权立法”。当法律对某些权利主体进行分类的时候，一定要衡量这种分类的合理性，防止歧视性立法。

【扩展阅读】

1. 任东来：《“肯定性行动”与美国政治》，载《太平洋学报》1996 年第 1 期。

2. 赵薇：《论“肯定性行动”对美国教育和就业的影响》，载《日本学论坛》1996 年第 1 期。

3. 李昌道：《美国平等权措施的宪法正义——析联邦最高法院的两项判决》，载《复旦大学学报》2004 年第 1 期。

4. 蒋先福、彭中礼、王亮：《“肯定性行动计划”的法律学思考——以平等理论为视角》，载《时代法学》2006 年第 3 期。

5. 胡晓进：《“肯定性行为”与逆向歧视——以美国最高法院的相关判决为中心》，载《南京大学学报》2008 年第 2 期。

（撰稿：赵华）

二、人身人格权

11. 美国罗伊诉韦德胎儿生命权案

【案例主旨】

生命权是人的最重要的一项基本权利。生命权是其他权利的源泉，其他权利都以生命权为基础。因此，保障人的生命权无疑是宪法应有之义。但是，作为生命权主体的人，应该如何定义？胎儿是否属于生命主体的“人”？而且，在特殊情况下，生命权保障和其他权利也会发生冲突。其中，最为典型的便是胎儿的生命权与妇女的选择终止妊娠（堕胎）的自由权之间的冲突。如何平衡这两者之间的冲突，是一个非常复杂而棘手的问题。本案就是有关这一冲突最为典型的案例。

【案情介绍】

在美国历史的大部分时间里，堕胎并不是一个大问题。特别是终止早期妊娠，相当常见，没有禁止一说。根据英美普通法传统，在孕妇感觉到胎动前（通常是妊娠的第4~5个月），堕胎是允许的。但是，从19世纪开始，美国开始出现用立法制止堕胎现象。在罗伊诉韦德胎儿生命权案之前，因为宗教信仰、历史传统及习俗的影响，美国近三分之二的州有反堕胎法令，规定除非是为了保存妇女的生命，否则堕胎是违法行为。怀孕的妇女要么冒着生命危险接受非法堕胎，要么被迫接纳一个她无力抚养的孩子，除此之外别无选择。

1969年，一位化名杰恩·罗伊（Jane Roe）的妇女向得克萨斯州刑法提出了挑战。罗伊真名叫诺尔马·麦科维，是一名女招待，时年21岁，不慎怀孕。她薪水微薄，且居无定所，根本不想也无力生育和抚养孩子。但得克萨斯州有项禁止堕胎的法律，极其不近人情。根据该州这项115年前（1854年）的法律，“除非是为了保护母亲的生命”，任何人不得堕胎或协助他人堕胎。慑于法律的规定，没有一位医生愿意为罗伊实施堕胎手术。

1970年3月，她化名为罗伊起诉达拉斯市的检察官韦德，因为得克萨斯州的反堕胎法令使得她不能在本州获得专业的、安全的堕胎，她代表本人和其他妇女指控反堕胎法令违宪。原告罗伊声称：她遭受强奸而怀孕，得克萨斯州法律禁止堕胎，她又付不起钱到那些可以合法堕胎的州进行手术，故不得不继续妊娠；分娩之后，她将孩子交给了不知身份的人收养。经过许多周折，罗伊最后上诉到联邦最高法院。罗伊认为：孕妇有权单独决定在什么时间、以什么方式、为何种理由而终止妊娠，得克萨斯州刑法剥夺了她的选择权，因而违反了联邦宪法。被告得克萨斯州政府主张：生命始于受孕而存在于整个妊娠期间，因此，在妇女妊娠的全过程，都存在保护生命这一不可抗拒的国家利益；宪法所称之“人”（Person）包含胎儿，非经正当法律程序而剥夺胎儿生命行为为第十四修正案所禁止之行为。

1973年，最高法院以6:3的多数意见裁定：得克萨斯州刑法禁止堕胎的规定过于宽泛地限制了妇女的选择权，侵犯了第14修正案的正当程序条款所保护的个人自由，Blackmun大法官代表多数意见作出了支持罗伊的判决。

最高法院第一次认可宪法上的隐私权范围宽泛，“足以包括妇女决定是否终止怀孕的权利”。争论中的一个要点问题是胚胎是否算作潜在的生命。最高法院指出，在胚胎“存活期”以前，各州对潜在生命权益的保护都不是强制性的；在存活期之后各州可以但不必须禁止堕胎，除非出于保护妇女健康和生命的必要。这一裁决推翻了46个州的堕胎法。它肯定了怀孕第一期（通常为前三个月）孕妇做决定的自主性；第二期堕胎，为了顾及妇女的健康，各州可以限制，但不能禁止；到第三期，除非母体有生命危险，各州可以立法限制或禁止堕胎。但事实上，绝大多数州都允许“第三期堕胎”。此案标志着堕胎合法化运动的开端，也成为最高法院后来数十起涉及限制堕胎的案件的先例。

具有戏剧性的是，1987年罗伊表明了她的真实身份，并承认她是“罗伊案”的诉讼工具，并且为争取堕胎合法化而编造了强奸的故事。事实上，她在意外怀孕后处境艰难，没有钱到堕胎合法化的州做手术，只能让孩子出生。孩子一出生就被他人领养，她甚至不知道孩子的性别。对此，威丁顿和科菲两位律师争辩说，尽管孩子已经出生并由他人收养，但这并不改变原告本来拥有的堕胎选择权受到得克萨斯州法律侵犯的事实，至于强奸问题并没有在最高法院审理此案时作为事实和论据。

“罗伊诉韦德胎儿生命权案”后，堕胎合法化一度导致美国妇女堕胎人数的激增。自1973年以来，美国每年有近1500万人堕胎，占每年怀孕妇女总数的1/5。该案给了美国妇女堕胎权，也给了美国社会一个分裂点，引发了美国历史上最为激烈的辩论。自堕胎合法化后，支持生命权的反堕胎人士就一直试图来推翻这一决定。反堕胎的各式各样“保护生命运动”和支持堕胎的捍卫女权团体对此争论不休，甚至出现过2003年9月3日因杀害堕胎医生而被处以极刑的第一人保罗·希尔这样极端的例子。

毫无疑问，堕胎问题已成为美国社会中大是大非的问题。无论是总统竞选，还是国会选举，再从州到地方的选举，政客们都必须在堕胎问题上表明自己的立场。总体来讲，民主党自由派支持妇女的堕胎权，而共和党保守派则对任何形式的堕胎持否定态度。

【宪法评析】

一、生命权尽管是最为重要的权利，但在特殊情况下，也可能受到一定的限制，如为保护怀孕妇女的生命权和选择权而对胎儿的生命权进行限制

如前所述，生命权是一项最为基本的权利，保障生命权自然是宪法重中之重的任务。但是，人的生命权究竟起源于何时？而且，绝大多数权利都有

一定的边界，生命权尽管是最为重要的权利，一般情况下是不可克减的，但在特殊情况下，也会与其他权利相冲突，进而可能要受到一定的限制。保护怀孕妇女的选择权就是一个可能需要对胎儿生命权进行一定限制的典型情况。而该案就是一个极其典型的权利冲突的案例。在美国，天主教徒和新教原教旨主义者们认为，堕胎就是谋杀。然而，其他许多人相信，剥夺一名妇女自己决定是否要生小孩的自由是不符合宪法的。应该说上述两种说法都有一定道理。问题的关键是，如何在个案中解决上述争议。

罗伊案主要涉及美国宪法第九和第十四修正案。第九修正案规定："不得因本宪法列举某种权利，而认为人民所保留之其他权利可以被取消或轻忽。"第十四修正案规定："任何州不得制定或执行剥夺美国公民之特权或豁免权之法律。亦不得未经正当法律程序剥夺任何人之生命、自由或财产。在其辖区内，亦不得拒绝给予法律上之平等保护。"隐私权在美国宪法中虽然没有明确规定，但是根据第九修正案的规定，隐私权被认为属于"未明确列举的权利"内容之一。隐私权作为一项基本的权利，公权力就不得不经正当程序随意剥夺。

二、怀孕的不同阶段其母亲的堕胎权和政府限制堕胎的管理权是不一样的

罗伊案中，案件实际上变成了妇女对于自己受宪法保护的隐私权和自由选择权与州政府保护胎儿的生命权之间的正面交锋。它的核心问题包括：（1）胎儿是否是宪法意义上的人？是否享有宪法第十四修正案规定的生命权？胎儿和其他人是否具有同等的宪法地位，其权益是否同样获得宪法保护？（2）州是否有权限制堕胎？（3）母亲是否有自由决定堕胎的权利？

得克萨斯州政府宣称胎儿虽未出生，但已具有人形，应被视为一个人，享有公民资格，受法律保护，母亲无权作出堕胎决定。Blackmun 大法官代表联邦最高法院多数派作出判决，推翻了州的理论，认为：（1）宪法中的公民不包含胎儿，州不能简单武断地采用一种生命理论（即胎儿的生命开始于受孕及其权利也开始于此）作为限制堕胎的依据；（2）州有一定权力管辖堕胎，但这种权利不是无限制的；（3）对于母亲是否有权决定堕胎，法庭在对立的双方之间作出了平衡裁决，取消州法律对于妇女在孕期的前三个月内堕胎的一切限制，仅维持其对在孕期后六个月中对堕胎所做的限制，以保护孕妇的身体健康。

美国联邦最高法院的此项裁决是个重大的里程碑，它不仅宣布同此案有关的得克萨斯州堕胎法违宪，也推翻了其他各州关于堕胎的法律限制，从而使妊娠早期的堕胎合法化。对于支持堕胎的人士来说，此项裁决虽有未竟之

处，但毕竟是一个重大的胜利，因为它赋予了怀孕妇女在一定时期内的堕胎自由。然而对于主张保护未出生胎儿的权利、反对堕胎的人士而言，这是反堕胎运动的开始。自此，合法及非法的反堕胎事件频繁发生，目的就在于推翻此项判决。

三、我国实行计划生育政策，法律并不禁止堕胎

在我国，像罗伊案这样的争议似乎根本不成问题。人们并没有特别注意到堕胎是一种侵害生命权的行为。而且，我国法律也并不禁止堕胎；相反，我国自20世纪70年代以来，一直实行一胎化的计划生育政策。我国宪法还把计划生育作为基本国策进行明确规定："国家推行计划生育，使人口的增长同经济和社会发展计划相适应"；（第25条）"夫妻双方有实行计划生育的义务。"（第49条第2款）在这种情况下，堕胎行为（不仅包括孕妇自愿选择堕胎，而且还包括执行计划生育政策而进行的强制堕胎）不仅不具有违法性，而且在一定程度上为宪法规范所支持。

但同时，我国宪法虽然没有明确规定生命权保障条款，但根据宪法第33条第3款所规定的"国家尊重和保障人权"以及生命权在人权体系中不言而喻的重要性，不难推导出生命权同样为我国宪法所保护的规范内涵。那么如何平衡妇女堕胎的选择权、计划生育政策与生命权保障之间的关系，恐怕是一个需要认真讨论的重要宪法问题。

【扩展阅读】

1. 方流芳：《罗伊判例：关于司法和政治分界的争辩——堕胎和美国宪法第14修正案的司法解释》，载《比较法研究》1998年第1期。

2. 赵梅：《"选择权"与"生命权"——美国有关堕胎问题的论争》，载《美国研究》1997年第4期。

3. 桑东辉：《从堕胎权之争看美国宪政及美国社会——以"罗伊诉韦德案"为例》，载《中华女子学院学报》2005年第5期。

4. 任东来：《美国宪政历程：影响美国的25个司法大案》，中国法制出版社2004年版。

（撰稿：杨俊锋）

12. 中国孙志刚被收容致死案

【案例主旨】

人身自由是宪法保障的基本人权，是公民行使其他权利的前提。公权力

侵害人身自由有时比普通犯罪造成的后果更严重。公民的人身自由和安全是一项宪法权利，是公民充分行使其他权利的前提条件。人身自由和安全容易受到来自两方面的侵害：普通违法犯罪行为的侵害和国家公权力的侵害。对于前者，公民期望国家依法遏制和控制犯罪，以防止其侵害；对于后者，公民期望以宪法权利制约国家权力的滥用，以保障人身权利。如果国家不能遏制针对公民的违法犯罪，那么人身自由和安全就没有保障，社会就不得安宁。但是，如果公权力被滥用，人身自由就会受到来自国家机关及其工作人员的侵害，人民也不得安宁。因此，各国宪法都将人身自由确定为基本权利，以保障公民不受国家行政、司法机关的违法行为的侵害。① 我国宪法第37条第1款专门规定："中华人民共和国公民的人身自由不受侵犯"。

【案情介绍】

孙志刚（1976年~2003年3月20日），湖北黄冈人，2001年毕业于武汉科技学院艺术系艺术设计专业，2003年2月24日被广州市达奇服装有限公司雇佣。由于刚来广州，他未办理暂住证。3月17日晚上他出门上网，未带身份证。在当晚11时左右，他在路上被查暂住证的警察送往黄村街派出所。在这里，他打了一个电话给朋友，让对方把他的身份证明文件送往该派出所。可是当对方到达派出所之后，才发现孙志刚已被转送往收容站，其收容表格上莫名其妙说其是"三无"人员，符合收容条件，而事实是孙志刚本人有正常住所，有合法工作，有合法的身份证件，并不符合收容条件。3月20日，孙志刚被发现在一家收治收容人员的医院死亡。

官方最早坚持他是因病正常死亡，但《南方都市报》记者陈峰、王雷调查后，发现他是被毒打致死。后官方不得不重新进行调查，最后公布的结果为孙志刚是在医院中被护工和同房病人殴打致死。广州市公安局后来拘捕了乔燕琴等十多名涉案人员，并于同年6月9日一审判决主犯乔燕琴死刑并剥夺政治权利终身，第二主犯李海樱被判处死刑，缓期两年执行；其余十名罪犯分别被判处有期徒刑三年至无期徒刑。另有六名有关官员被控渎职罪，判监一至三年。

此前也发生过收容所员工犯法的案件，但是由于此次受害者身亡，并且其身份不是流浪汉而是大学生，因而产生极大影响。许多媒体详细报道了此事件，并曝光了许多同一性质的案件，在社会上掀起了对收容遣送制度的大讨论。先后有八名学者上书人大，要求就此对收容遣送制度进行违宪审查。

---

① 周伟：《保护人身自由条款比较研究》，载《法学评论》2000年第4期。

2003年5月14日，三名法学博士俞江、滕彪、许志永向全国人大常委会递交审查《城市流浪乞讨人员收容遣送办法》的建议书，认为收容遣送办法中限制公民人身自由的规定与中国宪法和有关法律相抵触，应予以改变或撤销。

2003年5月23日，贺卫方、盛洪、沈岿、萧瀚、何海波五位法学家以中国公民的名义，联合上书全国人大常委会，就孙志刚案及收容遣送制度实施状况提请启动特别调查程序。

同年6月20日，中华人民共和国国务院总理温家宝签署国务院令，公布《城市生活无着的流浪乞讨人员救助管理办法》，并宣布《城市流浪乞讨人员收容遣送办法》废止。

【宪法评析】

一、孙志刚悲剧的原因之一是人身自由受到非法侵害却没有适当的救济途径

孙志刚案是人身自由受到公权力非法侵害的典型案例。孙志刚先是被警察错误地收容，然后又没有任何法定理由地不准保释。在收容救治站，孙志刚因该站工作人员指使被收治人员殴打致死。

孙志刚在被错误收容期间，没有任何维护自己权利的救济方式；对个别警察的错误收容也没有任何内部纠错机制。试想，如果有一项保护人身自由的救济措施，孙志刚或许不会被错误收容；或即使被错误收容，也不至于严重到被殴打致死。

二、问题的关键不仅在于《城市流浪乞讨人员收容遣送办法》是否违法，更在于我国至今没有启动对行政法规的违宪、违法审查

从条文上看，“收容遣送办法”并不是一个任意限制人身自由的法规，而是在执行上出了问题。执法者以自己理解的方式执行法律法规，扩张着公权力却没有受到有效的机制制约。虽然《立法法》对行政法规等的违宪、违法审查作了规定，但这一程序却没有真正启动过，还处于“沉睡”状态。孙志刚案本来可望激活这一制度，让立法者和法学家们尝一尝中国式违宪审查制度的滋味，但国务院的主动纠错推迟了这一进程。

国务院第381号令改“收容”为“救助”，自动纠错避免了人大常委会启动违宪审查的纠错程序。但是，国务院能否主动地全面审查纠正过去颁布的违宪、违法的行政规章？因为现行行政规章中还有不少与宪法、法律相悖的规定。显然，设立违宪审查制度在现阶段对保障公民人身权利具有重要意义，否则，类似的法规仍然能够为滥用公权力者提供种种“法律依据”，就难免不

再发生类似的悲剧。

但是，即使针对法律、法规的违宪审查纠错机制建立起来，对于孙志刚而言，也是迟来的救济。因为被错误收审的孙志刚需要的是及时的、有效的、程序化的宪法权利的保障。当人身自由受到公权力侵害时，防守社会公正最后一道防线的国家职能主体需要发挥个案的违宪审查功能。这是孙志刚案给予我们的红色警示。

三、人身自由不仅需要普通法律的保护，更需要具有最高权威和最高法律效力的宪法的保护

既然保障人权、规制公权力是宪法的本质属性，那么保障人身自由免受公权力的侵害就必然需要宪法发挥作用。在保护人身自由方面，宪法和普通法律的作用是不尽相同的。宪法具有规制公权力的作用，当人身自由受到公权力侵害时必然需要宪法的保护。而普通法律仅限于保护人身自由免受一般违法犯罪行为的侵害。面对普通违法犯罪行为的侵害，公民可以向有关国家机关求助，或依法采取一些行动，如可向110报警求助、可正当防卫，甚至自行将犯罪行为人扭送到公安机关。但面对以执行公务为名的公权力的侵害，公民不可能也不允许采用对待犯罪的方式来求救或自救，那会改变事情的性质，变为抗法行为。因此，应当设置一种对宪法人身自由权利的救助措施，像普通法系的“人身保护令”（habeas corpus）制度，或大陆法系的预审法官审批羁押制度。

这一制度的原理是以公民的宪法权利制约和平衡公权力。违宪审查或宪法诉讼的本质就是平衡权利与权力之间的关系。公民的基本权利是一种防卫权，其设定旨在保障人民免予遭受国家权力滥用之侵害，以对抗国家的侵犯。从英国的《自由大宪章》、《人身保护令》到法国的《人权宣言》、美国宪法前十条修正案的近现代宪法史也证实，保障人身自由是宪法的出发点。普通法律若不能保障人身自由免受公权力的侵害，那么就有必要设置一种宪法保障机制。公民权利需要现实的保障，至于是承袭或借鉴“人身保护令”制度还是预审法官审批羁押制度，则是可以探讨的另一个问题。

人身自由受到公权力侵害时，需要受到宪法及时、有效的保护，而不仅仅是事后的保护，更不能只是纸上的难以实现的保护。人身自由受公权力侵害可分为两种类型：一是立法违反宪法、法律规定，制定了可侵害公民人身自由的法规；二是执法或司法活动违反宪法和法律，侵害了公民的人身自由。立法型违宪，如被废止的《城市流浪乞讨人员收容遣送办法》，执法型违宪，如刑事诉讼中的刑讯逼供和孙志刚案，是执行中的国家机关及受委托的机构将其异化成法外的权力，非法限制人身自由。

目前对立法型违宪审查制度讨论的较多，并可从宪法、立法法中找到一些依据。但对执法型违宪探讨不足。虽然对执法中侵害人身自由的行为可以通过“申请复议”、“申诉”和“行政诉讼”等途径获得救济，但是均属事后救济。立法上不仅不给予及时的救济，而且还限制及时救济。例如，孙志刚在派出所时，警方表示“有身份证也不能保释”；在救治站，医生告知“必须是孙志刚的亲属才能前来保人”。于是，人身自由受到公权力侵害而又没有及时获得法律救助的孙志刚就只有等待厄运的来临。显然，不及时的救济等于认同对人身自由的非法侵害。因此，应当规定凡是限制人身自由的措施，无论是行政的还是刑事的，都必须在尽可能短的时间内（如12至48小时内）提交司法审查。

人身自由还需要宪法和法律的有效保护。不及时的保护当然是无效的，但是及时的保护也未必有效。有效保护需要至少满足三个条件。第一，限制人身自由必须受到公开、公正的司法审查。这个审查应当是强制性的，不论当事人是否申请，提请限制人身自由的行政或司法机关都必须提起。违反者应当受到法律制裁。第二，应当保证当事人有获得律师帮助的权利。第三，对于限制人身自由的措施，法院不仅应当审查事实和证据是否合法、必要和适当，而且还可以应当事人的申请，对所适用的法规做是否违宪、违法的审查。

【扩展阅读】

1. 周伟：《公民人身自由的宪法保护》，载《法学》2003年第7期。

2. 周伟：《保护人身自由条款比较研究》，载《法学评论》2000年第4期。

3. 童之伟：《孙志刚案提出的几个学理性问题》，载《法学》2003年第7期。

4. 江润才：《一个案件引出一部法规——谈孙志刚案的宪法意义》，载《学习月刊》2003年第8期。

（撰稿：杨俊锋）

13. 美国米兰达正当程序权利被侵犯案

【案例主旨】

“你有权保持沉默，你所说的一切都可能成为在法庭上对你不利的证词。”这一句中国观众耳熟能详的对白常常出现在美国影视剧中，它就是米兰达规则的一个重要组成部分。米兰达规则涉及刑事诉讼中被告人的两个非常重要的基本权利，其一为沉默权，其二为拒绝自证其罪的权利。其实，这两个权利本质上是一致的。不可自证其罪的权利常常为各个国家所保障，但沉默权制度则往往被人们视为美国司法制度中特有的地域性制度。尽管米兰达规则已经成为美国司法制度中的一项非常醒目的制度，时至今日，却仍有不少人质疑此规则。在保护罪犯的权利与保护被害人乃至社会之间、在保障权利与限制公权力之间，宪法究竟应当如何取舍？这不仅是美国宪法和刑事司法所要面对的问题，同样也是中国宪法和刑事司法必须深思的问题。

【案情介绍】

1963 年 3 月 3 日深夜，美国亚利桑那州一名 18 岁女孩深夜下班回家。在她行走的过程中，一辆汽车突然停在她面前，一名男子从车中出来，一只手抓住女孩的胳膊，一只手捂住女孩的嘴巴，将其塞入汽车后座，并将女孩手脚捆绑，实施强暴。事后，该男子将女孩放开，女孩立即打电话报警。根据女孩对犯罪事实的描述，警察将本案的重大嫌疑分子米兰达（Ernesto Miranda）捉拿归案。警方将被告人进行排队，让女孩进行现场辨认，女孩当场指出米兰达就是罪犯。米兰达对此亦供认不讳。米兰达写了一份供认书，并在其上签上了自己的名字。法院基于本案事实清楚，证据确实充分，判决米兰达犯劫持罪和强奸罪，分别判处 20 年和 30 年徒刑。米兰达虽供认犯罪事实，但对法院判决感到不满，于是在狱中不断向联邦最高法院提出上诉，终于被最高法院受理。此即后来对美国司法制度影响深远的米兰达诉亚利桑那州案[Miranda v. Arizona，384U. S. 436（1966）]。

米兰达称，当时自己虽对案件供认不讳，但系警方强迫所致。这一理由看起来十分匪夷所思，毕竟，当时警方未采取任何强制性措施，如刑讯逼供之类的做法强迫米兰达招供。米兰达坚持认为自己受到强迫，认为其根据宪法修正案第五条而享有的“不被强迫自证其罪”的权利受到警方侵害。最高法院的法官们经过激烈的内部辩论，以 5 票对 4 票的微弱优势同意了米兰达的申诉意见。最高法院多数意见指出两个重要理由以支持米兰达：其一，宪法规定公民有不被强迫自证其罪的权利，而警方未事先告知米兰达这一权利，可能致使米兰达无法正常行使该权利；其二，虽然在案件侦破过程中，警方未采取任何肉体强制措施，然而警察局本身的氛围对犯罪嫌疑人来说带有强大的压迫感，且警方往往采取复杂的审问策略以诱导犯罪嫌疑人供认犯罪事实。米兰达虽未受肉体强制，但在精神上受到压迫。为防止警方在审问过程中通过刑讯逼供或心理恐吓等方式获取供述，警方在进行讯问之前，应当详细告知犯罪嫌疑人所享有的不自证其罪的权利。据此，联邦最高法院判决，警方在进行正式讯问前，应告知犯罪嫌疑人如下权利：

1. 有权保持沉默，可拒绝回答任何警方所提出的问题；

2. 若犯罪嫌疑人回答问题，则其回答可能成为在法庭上对其不利的证据；

3. 在回答警方所提出的问题之前，有权要求有律师到场；如果犯罪嫌疑人无法支付聘请律师的费用，则法庭可为其指定一位；

4. 在讯问和审判过程中，有权随时中止回答问题。

如果警方未能在审讯之前明确告知犯罪嫌疑人上述权利，则警方所收集的嫌疑人供词不得作为证据采纳。此即著名的米兰达规则，或称米兰达警告（Miranda Warnings）。

联邦最高法院的判决宣布之后，在社会上引起了强烈反响。实际上，在宣判之前，最高法院内部即已经发生严重分歧。怀特大法官明确表示，最高法院的此项规则势必将大量杀人犯、强奸犯送回大街，送回产生犯罪的大环境之中，让罪犯在兴高采烈之时重犯罪行。在司法实践中，如果严格执行米兰达规则，将会使众多犯罪难以查明，罪犯逍遥法外。因此，联邦法院和州法院在后来对米兰达规则追加了几个例外，如“公共安全例外”和“抢救例外”等规则。即便如此，米兰达规则仍饱受质疑。在此后1999年著名的“狄克森诉合众国案”中，狄克森被指控犯有抢劫银行的罪行，但联邦地区法院排除了狄克森的一项犯罪陈述，理由是警方当时未向狄克森宣读米兰达警告。控方对此表示不服，上诉到联邦第四巡回法院，该法院宣称，米兰达规则并非宪法所要求的，因而可以为国会立法所推翻；在本案中应适用《美国法典》第3501条，而非米兰达规则。此案在美国司法界引起轩然大波，因为这等于推翻了最高法院的先例。2000年，最高法院经过激烈辩论，宣布米兰达规则为宪法性判决，国会无权对其加以修改，故应予以维持。此后，2010年发生在纽约的汽车爆炸未遂案更引起了美国人对米兰达规则的进一步反思：是否应对恐怖分子予以米兰达规则保护？对于米兰达规则，争议仍在持续。

【宪法评析】

综观米兰达规则的命运，可以发现，虽然围绕米兰达规则的争议此起彼伏，迄今没有定论，但是，米兰达规则仍不失为美国司法制度中一项别具特色的规则，或者说，在某种意义上已经成为美国的一种独特的司法文化。

一、在美国，米兰达规则属于宪法性解释，是为了保证程序正义，防止刑讯逼供和冤假错案的一项重要措施

诚然，米兰达规则是一项十分重要的原则，但是，人们似乎也对此产生

一定的质疑：为什么只要违背了米兰达规则，由此而收集的犯罪嫌疑人或被告人的犯罪陈述就是无效的？众所周知，在宪政国家，如果一项法律、法规违背宪法之精神及其规则，那么，该法律、法规则是无效的。尽管有些国家未必存在完善而有效的违宪审查机制，至少这一原则是为各国所恪守的。违反米兰达规则的证据被法院判决无效，即与此原则息息相关。其原因有两点：第一，米兰达规则乃是一项宪法性原则。米兰达规则源自美国宪法第五修正案中不得强迫刑事被告人自证其罪的原则。尽管该修正案未对此加以明确规定，但是，由于美国联邦最高法院对联邦宪法享有最终解释权，只要最高法院判决确认米兰达规则与宪法存在关联性，则米兰达规则也就可称为宪法性规则。这也正是美国宪法之所以博大精深而不仅仅限于宪法条文的原因所在。在此情况下，米兰达规则犹如宪法一般，应当为国家权力机关所恪守，违反该规则的行为可视为违宪。第二，米兰达规则并不仅仅是一项保障公民实体权利的原则，更是一项程序性规则。换句话说，是否遵守米兰达规则，是判断警察机关办理案件是否合乎法律程序的一条重要标准，而如果警方办案有违反程序之处，则该行为的合法性将会受到质疑。这不仅是古老的程序正义原则的要求，也是美国宪法第十四修正案的要求。该修正案规定，“无论何州，未经正当法律程序均不得剥夺任何人的生命、自由或财产”，既然米兰达规则业已成为具有宪法效力的程序规则，那么，违反米兰达规则的权力行为也就违反了宪法所规定的正当程序原则，自应无效。这也是为什么如果警方不向犯罪嫌疑人宣读米兰达警告而收集的犯罪嫌疑人的陈述不能作为证据的原因所在。

二、在运用沉默权的时候应当注意平衡犯罪嫌疑人权利与被害人、一般公民的权利之间的关系

米兰达规则最为人们所津津乐道的地方在于确认了犯罪嫌疑人的沉默权。沉默权是世界公认的基本人权——任何人都不得被强迫自证其罪的衍生物，或者说，两者在实质上是相同的。任何人都不得被强迫自证其罪，是一项存世并不久远的人权。在西欧封建时代和我国专制王权时代，有罪推定、强迫犯罪嫌疑人招供以及刑讯逼供等现象屡见不鲜。在绝对的国家权力面前，民众乃是一种客体，普通民众无法与公权力机关的暴力行为抗衡，因而，要求犯罪嫌疑人招供和自证有罪的做法通行于世界。这种恶劣的传统一方面对人权产生了巨大的侵害，导致冤假错案层出不穷，另一方面也是对暴虐的公权力的纵容。自资产阶级革命以来，思想家们和法学家们对此种做法屡有批判。美国宪法的制定者们对英国殖民者滥用权力的做法深怀警惕之心，从而在权利法案中明确规定了不得被强迫自证其罪的权利，毫无疑问，这是一种明显

的进步。在此种背景之下，沉默权制度的应运而生，是对该项人权的进一步发展。犯罪嫌疑人在面对警方时既然可以拒绝回答任何问题，自然也就不可能自证其罪了。米兰达规则在美国司法制度中的地位也与此人权紧密相关。当初发表多数人意见的美国联邦最高法院大法官沃伦正是有感于美国警察滥用权力的现象十分严重，才说服几位同行支持其意见。为遏制刑讯逼供现象，有些中国学者十分向往米兰达规则以及由之确立的沉默权制度。

问题是，沉默权制度在加大对犯罪嫌疑人和刑事被告人权利进行保护的同时，也增加了真正的罪犯逃脱法律制裁的概率。许多重大刑事案件，如强奸案，在犯罪现场可能遗留的证据并不充分，且经常容易被破坏，在这种情况下，纵容犯罪嫌疑人拒绝对其犯罪行为作出陈述，无疑将会使众多刑事案件的侦破难度急剧上升，而这在某种程度上不仅是对犯罪的纵容，也是对一般公民权利保障的漠视。正因如此，米兰达规则在美国也受到了来自方方面面的挑战。在保障犯罪嫌疑人的权利与保障被害人乃至一般公民权利之间，究竟如何寻找到一个适切的平衡点，这不仅是美国人曾经思考和正在思考的问题，也是我们这些向往米兰达规则的中国人应该思考的问题。

三、在运用米兰达规则防范警察权力滥用的同时，要注意确保国家公权力有效发挥其为民服务、维护社会秩序等职能

与沉默权制度的双重功能一样，米兰达规则所依据的程序正义理念同样是一把双刃剑。诚然，由于公权力对公民权利可能造成侵害，尤其是在刑事案件中，警察权力对犯罪嫌疑人权利的侵害可能性非常大，程序正义确实在很大程度上保障了犯罪嫌疑人的权利，问题是，当以米兰达规则为理由而否定所有含有程序瑕疵的犯罪嫌疑人陈述时，势必引发众多问题。不得不承认，警察机关虽应受到严格的程序限制，但是，警察办案时所存在的技术性瑕疵是必然存在的。同样正确的是，在刑事办案实践中，有大量案件必须依赖犯罪嫌疑人的相关陈述方能定案。在这种情况下，若严格恪守米兰达规则，犯罪嫌疑人的权利自然得到了保护，然而，公权力却受到了过分严格的限制，从而导致公权力难以有效为公民服务而背离了公权力存在的目标。正因如此，在美国司法实践中，已对米兰达规则进行了若干必要的限制。即便如此，米兰达规则仍有可能在保障犯罪嫌疑人权利和保障公权力正常行使之间造成十分突出的矛盾。

四、根据国情，以系统性的制度规范和约束警察权，循序有度地推进沉默权在中国的实现

由于米兰达规则出色地保障了一部分特定人群的基本权利，因而在国际上享有盛誉。在当代中国，鉴于有些办案人员刑讯逼供、粗暴办案以及由此

而产生了冤假错案，我国众多学者强烈呼吁引入米兰达规则的部分做法，严格保障公民不被强迫证明自己有罪，并享有沉默权。2012 年 3 月全国人大通过的新修改的《刑事诉讼法》第 50 条规定，“不得强迫任何人证实自己有罪”，这是对一项世界通行的人权法则的正面肯定，在我国人权发展史上自当占有重要的一席之地。然而，修改后的《刑事诉讼法》第 118 条所规定的“侦查人员在讯问犯罪嫌疑人的时候，应当告知犯罪嫌疑人如实供述自己罪行可以从宽处理的法律规定”仍予以保留，如此则造成了一种非常明显的矛盾。无论是人们要求建立沉默权制度的呼声，还是侦查实务人员担心因保障沉默权而导致放纵犯罪、加大侦查难度的现实考虑，都是有道理的。这也就导致了全国人大常委会一方面确实企图推动刑事法治的进步，另一方面却又有所保留。

诚如上文所言，即便是在美国，米兰达规则也受到多方质疑，在我国，人们对此展开更多理性的探讨无疑是必要的。全国人大常委会之所以如此自相矛盾，想来也是难以抉择。但是，不论现实中存在怎样的困境，我们都应该牢记，宪法始终是一部保护公民权利的法，即便该公民具有重大犯罪嫌疑；为抵制被严重滥用的警察权力，切实保障公民抗衡警察权力之权利，无疑是必要的。事实上，美国公民获得的沉默权保障绝非仅仅依靠一个米兰达规则，而是包括辩诉交易在内的多方面制度紧密结合的产物。对于我国而言，重要的并不是引进一个具体的米兰达规则就能解决问题，而是要在立足国情基础上系统借鉴成功经验，建立起相互协调的制度体系，既能够保障人权，也能够保卫国家与社会的整体利益。

【扩展阅读】

1. 朱海根：《米兰达规则的来龙与去脉——兼谈我国沉默权制度的确立》，载中国法院网。

2. 乔治 · C. 托马斯：《米兰达规则走向穷途末路了吗？美国警察讯问规则的历史与未来》，许身健译，载《诉讼法论丛》第 8 卷。

3. 易延友：《沉默的自由》，中国政法大学出版社 2001 年版。

4. 孙长永：《沉默权制度研究》，法律出版社 2001 年版。

（撰稿：杨蓉）

14. 中国“黑监狱”安元鼎非法关押上访人案

【案例主旨】

我国《宪法》第37条规定：“中华人民共和国公民的人身自由不受侵犯。任何公民，非经人民检察院批准或者决定或者人民法院决定，并由公安机关执行，不受逮捕。禁止非法拘禁和以其他方法非法剥夺或者限制公民的人身自由，禁止非法搜查公民的身体。”值得注意的是，宪法对人身自由作出的这一规定，其本意并非针对普通公民，而是针对国家和国家机关。普通犯罪分子对其他公民的非法拘禁和非法搜查可以根据《刑法》的规定定罪量刑，不必动用宪法加以规范。但国家、国家机关，包括立法机关、行政机关通过立法非法限制人身自由，突出表现为警察机关动用强制手段非法限制人身自由则是一个更为复杂、更难纠正，危害也更大的行为。尤其立法机关、行政机关的这一非法行为得到了一定多数群众的支持，其所带来的困扰就更为突出，如重庆的“唱红打黑”就部分反映了这种情况。本案涉及的非法拘禁表面看来是一个保安公司对上访人员的非法拘禁，但其背后则有地方政府拦截、控制上访人员的更深层原因，深入思考本案对于理解宪法人身自由的有关规定，区分宪法与刑法等普通法律的性质和定位的根本性差别有重要意义。

【案情介绍】

2010年9月24日，一家名为安元鼎的保安公司被北京警方查封。该公司董事长张军和总经理张杰被警方传讯，随后被警方刑事拘留。安元鼎公司因涉嫌“非法拘禁和非法经营”两项罪名被立案侦查。此案在当时引起强烈反响，起因于《南方都市报》2010年9月24日的一篇深度报道。

该报道题为《安元鼎：北京截访“黑监狱”调查》。据该报道，安元鼎公司的前身于2004年6月15日注册成功，其名称为北京安元鼎商贸有限公司，初时经营范围十分庞杂，包括研制服装、鞋帽、配饰、安全防护器械、提供安全防护服务和咨询等。很快，投资人发现，企业要想成功发展，就应该专注于某一个可以赚钱的行当。于是，该公司于2005年8月变更为沿用至今的名字：北京安元鼎安全防范技术服务有限公司。自主经营业务更加明确：提供安全防范技术咨询服务，其注册资本和法人代表均无改变。2006年3月，出于某种原因，该公司两名创始人退隐，其后由新的投资人张军等接手，张军任法定代表人。张军在接手之后励精图治，使得安元鼎迅速发展。2007年，安元鼎获得了由12家单位联合授予的中国保安服务“十大影响力品牌”；

2008 年，被北京市保安服务总公司评选为 A 级安保企业。

如果安元鼎仅仅如此也就没有后来的各种事件了。2008 年 5 月，安元鼎公司成立了一个新部门：护送部。新部门的职责很明确：负责为各地政府消除令其头疼的烦事，即帮他们关押、押送上访人员。从此，安元鼎开始走上了一条与其他保安公司不同的道路。护送部的主要业务，即接受各地政府——在当时主要是各地驻京办的委托。为“合法”接受委托，该公司还制定了格式化的《委托书》和《特保护送服务合同》。在京城将各地上访的访民稳住、接到某地“安顿”，然后将访民强行带回原籍。由于访民上访多有不得已的苦衷或隐情，自然不太可能心甘情愿地被安顿或送回原籍，在这一过程中，访民经常会对保安行为有所反抗，由此极易招致保安的殴打。当然，除此之外，一个最重要的事实是，安元鼎公司为了更好地“安顿”这些不安分的访民，设置了数量众多的“黑监狱”，不仅在事实上构成了非法拘禁，而且在拘禁期间实施的暴力、胁迫、辱骂等恶劣行径举不胜举。在众多驻京办被取消之后，各地政府驻京人员其实一仍其旧。由于驻京办不再，地方政府难以再公然将上访人员“分流”、“劝返”，导致类似安元鼎的“黑监狱”十分猖獗。

在安元鼎存在的几年时间中，有众多访民通过各种渠道控诉安元鼎非法拘禁、故意伤害、猥亵妇女、敲诈勒索等罪行，均无下文。即便是 2010 年 9 月 24 日之后，关于安元鼎的新闻亦日渐稀少。据财经网报道，2011 年 1 月 4 日，安元鼎公司办理了变更登记，更名为中京保安服务（北京）有限公司，原投资人虽退出，但大量原从业人员仍重操旧业。据新京报报道，2011 年 8 月，警方查封了昌平区北七家镇南七家庄村一处“黑监狱”，13 名遭非法关押的人被解救。“黑监狱”仍不时浮现在公众视野之中。

【宪法评析】

一、安元鼎设立“黑监狱”收押上访群众是严重侵犯公民人身自由等宪法权利的行为，其背后有地方政府的客观需求及暗中支持

作为一家保安公司，安元鼎所具备的基本功能是为雇用单位提供保安服务，而绝无限制人身自由的权力，更无肆意殴打、侮辱他人等权力。实际上，安元鼎涉嫌犯罪是没有疑问的，问题是，追究了安元鼎的责任人是不是就解决问题了？在案件的背后，是谁雇用了安元鼎？又是出于什么原因雇用安元鼎？维护社会稳定是一个国家的基本需要，但维护社会稳定就可以侵犯公民人身权利吗？如果人身权利被随意侵犯，那维护社会稳定的最终意义又何在？

近年来，我国的“黑监狱”事件屡有报道，安元鼎乃是个中翘楚。这起

案件之所以突出，是因为我们可以从中看到安元鼎所犯下的各种罪行与地方政府之间存在千丝万缕的关系，甚至可以说，安元鼎之所以能够如此明目张胆，正是地方政府基于维护社会稳定和上级考察政绩的要求而拦截和控制访民造成的。

二、对“和谐社会”的误读和自上而下压制性的维护社会稳定是导致某些地方政府截访以及安元鼎事件的根本原因

维护社会稳定工作的重要性是不言而喻的，对此，从中央到地方、从政府到民间都已达成广泛共识。中共中央有关“和谐社会”的提法，从某种意义上说与维护社会稳定之间有着密切的关联。所谓和谐，是指社会中少一些矛盾与冲突，多一些稳定与团结，这与传统中国人的价值观一脉相承，也符合社会发展的潮流。然而，在自上而下的压力型体制之下，和谐与稳定俨然成为衡量地方政府政绩的标准，而地方政府在短期内不可能通过经济发展、推动民生工程等长期手段保障社会和谐，缓和社会矛盾，反而由于众多地方政府缺乏民意基础，不屑于用法治手段解决社会矛盾，导致社会矛盾越来越激化，群体性事件和群众上访事件屡见不鲜。为做出政绩，维护社会稳定，某些地方政府常常使用两种手段：一为收买，即发现上访“闹事”者，则许以经济利益，让其不再上访；二为压制，即通过各种强制手段，包括截访、压制舆论、实施劳动教养等方式迫使上访者无法行使其信访权利。这两种方式都在很大程度上消耗了政府资源，使得我国“维护社会稳定”的经费不断飙升。但问题在于，前一种方式常常不问上访者的权利诉求是否正当而予以经济补偿，往往导致更多人通过此类方式向政府施压而谋取利益，后一种方式则是对人权的极大侵害。这两种方式都不可能达到“维护社会稳定”的目的，反而会使社会矛盾愈加激化。安元鼎事件正是在这样的背景下出现的。

可以说，安元鼎等“黑监狱”的出现，正迎合了某些地方政府“维护社会稳定”的需求，因而其迅速发展也就不难理解了。这里，我们会发现几个十分耐人寻味的现象。其一，地方政府与安元鼎签订合同，委托安元鼎将访民“护送”回原籍。且不说政府将这种限制人身自由的公权力委托给保安公司来行使，是对公权力行使规则的极大违背，我们还需要问一句：地方政府难道就有权将访民强制“护送”回原籍吗？信访既然是公民的一项权利，公民行使此项权利，即便在形式上“越级”了，但公民也仅仅是以此方式表达自己的利益诉求，并未危害社会秩序，因而不可能是“非法”的。地方政府的“截访”行为不管从规范层面还是从事实层面来看，都是不合法的。其二，通过强制手段而展开的维护社会稳定从本质上来说是与人权保障的宪法要求相违背的。“黑监狱”是地方政府对安元鼎等的违法“授权”所致。“黑监

狱”的存在与难以控制的地方政府警察权力息息相关，而警察权的滥用势必是对人权的一大威胁。地方政府的“截访”行为通常都还与劳动教育相联系，公安机关有时会采取劳动教养的办法控制顽固的上访人员。劳动教养制度之所以为众多学人和百姓所反对，正是因为这一制度非常容易为地方政府所利用而任意侵害公民权利。因此，建立在强制手段基础之上的维护社会稳定势必是违宪的，也与当代政治文明的发展方向背道而驰。安元鼎仅仅是这一现象的反映，而非其本质。其三，一些更引人深思的问题是，在安元鼎等“黑监狱”中被关押的访民曾经向多方求助，却始终石沉大海，而且在安元鼎事件之后，“黑监狱”并未消失，其阴影始终挥之不去。这些状况反映了许多更深刻的问题。国家的相关部门对“维护社会稳定”过程中的截访、“黑监狱”等问题并非毫不知情，但并未采取有效措施予以处理，究其原因，也是因为国家相关部门对层出不穷的各地上访事件不胜其扰。国家相关部门既然不能冒着被谴责的风险采取直接行动限制访民人身自由，便只能纵容地方政府，而地方政府又将这个烫手的山芋交给保安公司，保安公司又因为是接受了地方政府的委托而有一种“合法”的假象。从这个意义上来说，“黑监狱”的生存土壤可谓深厚，虽一把野火烧掉了安元鼎，类似问题的“春风吹又生”自可断言。

三、信访制度本身是我国民主法治不健全的产物，它无法解决原本应靠民主宪政和法治解决的问题

从根本上说，信访制度并不是一个好的制度。信访制度在我国历史上长期存在，原本是君主、中央官僚集团借以回应民意、监督地方官僚的一种方式，从某种意义上说乃是官僚集团内部保持平衡的一种工具，其目的原本并不是保障老百姓的权利。当代中国的信访制度虽披上了现代的外衣，然而本质依旧没有变，信访制度在当代中国的存在，至少说明以下几件事情：其一，民主政治欠缺，公民无法通过制度化渠道表达自己的利益诉求；其二，法治欠缺，公民无法通过正当司法途径顺利解决纠纷；其三，人权保障欠缺，公民的表达自由等权利在很大程度上受到限制；其四，清官情结依旧存在，众多公民缺乏公民意识。而公民的频繁上访，对政府而言实属难以承受的负担。在这种背景之下，国家有关部门和地方政府，一方面在表面上维持信访制度，另一方面却拦截、控制访民。不管怎样，我们必须认识到，保障公民的基本权利，乃是各级政府不可推卸的责任，政府不论通过何种不正当方式侵犯公民的上访权利和其他权利，都是现代宪法和宪政理念所无法容忍的恶行。

人民迫切要求政府以人为本，以百姓为本，以民生为本；人民迫切需要国家、社会的稳定。但也绝不能因“维护社会稳定”而肆意践踏公民的权利。

安元鼎事件的根本原因在于我国民主、法治的不健全；只有进一步发扬民主，健全法制，加强对各级政府的监督，才能从根本上杜绝各式各样的安元鼎事件的发生。

【扩展阅读】

1.《安元鼎：北京截访“黑监狱”调查》，载《南方都市报》2010年9月24日。

2. 马望原：《谁的安元鼎？谁家的稳定？》，载 http://www.aisixiang.com/data/36315.html。

3. 陈行之：《安元鼎：权力黑化的一个标本》，载 http://www.chinaelections.org/newsinfo.asp? newsid=187970。

4. 斯伟江：《安元鼎的四只脚》，载《南方都市报》2010年9月25日。

（撰稿：杨蓉）

15. 美国辛普森杀妻因程序不当证据可疑被判无罪案

【案例主旨】

刑事诉讼历来与宪法有着密不可分的关联，恰如一些学者所言，刑事诉讼法就是所谓的“小宪法”。在刑事诉讼中，有几个非常著名的原则常常为人们所记取，如“无罪推定”、“疑罪从无”等。这些原则时时警示着人们，在处理刑事案件中，由于国家始终处于强势，而被告人则处于弱势，为维护被告人的基本权利，必须对被告人权利予以更多的保障。正因如此，在刑事诉讼中，若控方宣称某些证据能够证明被告人有罪，则这些证据必须超越合理怀疑（beyond reasonable doubt），而一旦这些证据有可怀疑之处，则需要对被告人进行倾斜性保护。在美国宪法理论中，由此形成了众多旨在保障被告人权利和程序正义的众多证据规则，如“米兰达规则”、“毒树之果”理论，以及“面条里只有一只臭虫”原则。辛普森案在美国司法史上是一个十分经典的案例，它给予我们的启示是多方面的，其中不仅包括如何完善证据规则，也包括告诫我们，如何对被告人进行严格保护。

【案情介绍】

辛普森（Orenthal. James. Simpson）是美国著名的黑人橄榄球明星。这位与众多黑人一样出身寒微的少数民族分子凭借后天的努力，一跃而成为美国人心目中的体育巨星。不仅如此，辛普森在此后还进入影视界、广告界发展，成为美国家喻户晓的人物，他不仅是黑人们心目中的英雄，也为白人所瞩目。正是在这样的背景下，发生在1994年的一桩凶杀案引起了广泛关注，此后的法庭审判被称为“世纪审判”。

1994年6月12日深夜11时50分，一对夫妻深夜散步在洛杉矶市西区邦迪街，意外发现一只纯种日本狼狗狂吠不止，爪子上还沾染了血迹。这对夫妇意识到出现了紧急状况，遂打算敲开路边一家住户的门，借用其电话报警。该住户还以为有人寻衅滋事，在不敢开门的情况下打了电话报警。警察在到现场后才发现了惊人的一幕：一男一女两名受害人的尸体倒在血泊之中。经初步核实，警方确认女子是尼科尔·布朗，系本案主角辛普森的前妻；男子是罗纳德·戈德曼，为附近一家意大利餐馆侍者，与尼科尔有着十分亲密的关系。查明初步情况后，警局考虑到应通知辛普森其前妻被害、孩子安然无恙的情况，并应保证辛普森之安全，一名名为福尔曼的白人警察自告奋勇意图带队前往辛普森家。后专司调查凶杀案的瓦纳特警长便带领福尔曼等四人前往辛普森家，此后，福尔曼在辛普森的越野车上发现血迹，于是警方在未获得搜查令的前提下，强行进入辛普森的住宅，并在辛普森的室内发现沾染被害人血迹的右手黑色手套、沾有血迹的袜子等证物。6月13日正午12时，自称有事外出的辛普森按照警方要求来到洛杉矶西区警局，在了解到现场血迹情况后自愿提供自己的血液以配合调查。得到血液样本的瓦纳特警官却未将血液交给警署化验室，而是携带血液样本重返第一犯罪现场。17日，检方根据以下情况决定对辛普森提起公诉：其一，现场残余的毛发、部分血迹经DNA化验，认定系出于辛普森；其二，辛普森家中发现的手套、袜子均染有辛普森以及两名被害人的血迹。7月22日，洛杉矶最高法院伊藤法官正式宣布受理辛普森案，由陪审团审判。11月3日，12名陪审员组成陪审团。1995年1月24日，正式开庭审理。

检方认为，辛普森案证据确凿，且辛普森具有杀人的动机、时间。据查，辛普森曾数度对前妻尼科尔施以家庭暴力，并曾扬言杀死尼科尔；案发当时，辛普森无法证明自己不在现场；第一犯罪现场——尼科尔家中以及第二犯罪现场——辛普森家中发现多处血迹，经查实，皆与辛普森及两名被害人的DNA特征相吻合。多个间接证据共同指向辛普森。

辩方则认为，该案存在重大疑点：第一，警方在未获搜查证的情况下，擅自进入辛普森家中进行搜查，已构成程序违法；第二，警方在保护证据时举止失当，随意将尼科尔房中的一条床单盖住尼科尔尸体，殊不知辛普森虽与前妻离婚，但仍有来往，床单上可能沾有辛普森的毛发等物，有可能污染现场；第三，验尸官和法医姗姗来迟，现场证据存有明显不足；第四，从辛普森家中搜查的物证显然有瑕疵，袜子两边血迹相同证明袜子沾染血迹之时并未被辛普森穿在脚上；沾染血迹的手套远比辛普森的手要小很多；辛普森家中虽发现几处血迹，然而，在客厅、过道、地毯上却没有血迹，颇为不合常理；第五，检方所提供在案发现场所收集的据称是辛普森的血液证据具有重大嫌疑，辩方专家指出血液中含有防腐剂（EDTA），系出自实验室；第六，检方警察证人福尔曼具有种族歧视倾向，有可能诬告辛普森。

根据辩方质疑，陪审团于10月3日最终判决辛普森无罪释放。此后不久，尼科尔和戈德曼的亲属向法院起诉，要求辛普森进行民事赔偿，法院判决辛普森向两位被害人亲属赔偿3300余万美元。

【宪法评析】

一、刑事诉讼事关人的生杀予夺，必须采取比民事诉讼更为严格的诉讼程序和证据标准

同一案件，在刑事与民事判决中出现明显相左的结果，不能不引人深思。如上所述，辛普森输掉了民事官司，证明法官已确认辛普森确有杀人之行为。辛普森案轰动一时，也有不少美国人相信，辛普森确实是杀人凶手，直到今天，仍有许多人相信辛普森案事实清楚，辛普森当系罪犯无疑。辛普森是不是凶手是另外一个问题，根据现场证据瑕疵，持辛普森犯罪意见者有之，持警察甚或他人栽赃嫁祸意见者有之。这个问题这里不予讨论，我们所需要关注的问题是，辛普森案对于我们的宪法观念具有什么样的启示。

首先，正如我们所看到的那样，对于同样一起案件，刑事审理判决辛普森无罪，而民事审理却判决辛普森进行天价民事赔偿。对于同一案件，法庭所认定的案件事实却大相径庭，这意味着，在刑事与民事案件的审理过程中，对于证据的认定标准是完全不同的。之所以出现此种情况，是因为刑事案件事关刑事被告人的重大权利，因而不能不慎之又慎。出于保护被告人权利的目的，各国刑事诉讼法常常对刑事案件中的证据课以极其严格的限制性要求，超越合理怀疑或排除合理怀疑即是此种要求的具体体现。在刑事诉讼中，尽管某些证据看起来铁证如山，但是，如果被告人及其辩护人可以对证据提出任何具有合理依据的怀疑，那么，证据的证明力即会大打折扣，甚至不会为法官或陪审团所采用。例如，一般说来，犯罪现场发现的凶器上若沾有被告人的指纹，则其证明力十分明显，但是，如果辩方能够提出合理怀疑，确认凶器曾经被转移位置，甚至为其他人所接触，则可以减损该物证的证明力。

当案件中的所有证据虽指向被告人，但无法排除合理怀疑时，则陪审团判决辛普森无罪也就在情理之中了。相反，在民事诉讼中则不存在如此严格的限制，因而只要证据能够具有“高度盖然性”，证明被告人有高度可能性而非绝对可能性做了某种行为时，法官即可认定事实存在。在刑事诉讼中，如果对证据存在合理怀疑，尽管其他证据可能一致指向被告人，法官和陪审团仍可认定被告人无罪。在刑法理念中，这种做法被称为“无罪推定”、“疑罪从无”。

毫无疑问，这是与保障被告人权利息息相关的。刑事诉讼兹事体大，动辄剥夺公民人身自由，甚至在大部分国家还可能剥夺公民之生命，如果不对刑事证据进行极其严格的限制，势必具有高度可能性使得无罪公民承担刑罚之惩罚，而这在当代宪政理念中是不可容忍的。宪政理念以保障公民权利为基本出发点，因而对限制和剥夺公民权利的公权力行为进行了严格限制，在刑事诉讼中尤其如此。一旦对证据的证明力存在合理怀疑，也就表明被告人可能是被冤枉的，在这种情况下，宪政理念必然以保障权利为优先考虑的事项，强调“宁可放纵千人，不可冤枉一个”。宪政之有别于专制，由此可见一斑。

二、必须高度重视程序正义，依靠严格的程序规范警察权等公权力的行使，以防其滥用

在本案中，警方的行为具有多个十分重大的程序瑕疵。其一，在未获得法院搜查令的情况下强行进入辛普森住宅进行搜查，这属于非常典型的程序违法。其二，瓦纳特警官在携带辛普森血液样本的情况下返回案发现场。如我们所知，美国宪法对程序正义高度重视，该宪法第十四修正案规定：“无论何州均不得制定或实施任何剥夺合众国公民的特权或豁免的法律；无论何州未经正当法律程序均不得剥夺任何人的生命、自由或财产；亦不得拒绝给予在其管辖下的任何人以同等的法律保护。”正当程序原则由此成为美国宪法中一项十分重要的原则。程序之所以重要，不仅在于程序正义是保障实体正义的手段，更在于程序正义本身即是保障法治得以实施的首要条件。法律之实施虽然以实现法律效果为根本目的，但是，如果实施法律的程序不公开、不透明或者可能包含滥用公权力的可能性，那么，即便法律实施效果与法律的初衷相同，也不能得到公众的支持。实际上，程序正义的目的主要有两个，一是严格保障公民权利，二是严格控制公权力。在程序正义理论指引下，美国刑事司法实践中出现了数个令人耳熟能详的原则。例如，“毒树之果理论”——有毒的树上即便长出了果实，也不能采用，换句话说，即便呈堂证据是确凿无疑的，但是，如果警方在调查证据时采用了非法手段，则该证据

无效；“面条里只能有一只臭虫”——人们在吃面条时，只要看到一只臭虫就会将整碗面条倒掉，而不会寻找第二只臭虫，这意味着，如果警方所提供的证据中有一条是非法获取的，那么，其所有证据的效力将受到严重质疑，乃至弃而不用。

刑事司法中的程序正义原则直指警察机关的滥用公权力。在当代社会中，国家权力对公民权利的危害性远比个别犯罪人的犯罪行为更大，因而，如果警察滥用权力，其结果将非常严重。在这种情况下，宪法理念要求严格控制公权力之滥用，对刑事司法过程中的众多非法证据予以排除，更不用说严厉禁止刑讯逼供。否则，将会对公民权利造成极大侵害。毫无疑问，这种对程序正义的严格恪守必然会放纵一部分犯罪嫌疑人逍遥法外，毕竟，警察不可能将所有案件都调查得清清楚楚、证据确凿，但是，宪政理念所追寻的终极目标是公民权利，而其所防范的主要对象则是国家公权力。在这种情势下，宪政势必要在放纵罪犯与保障公权力之间作出权衡，鉴于国家权力具有较大的危害性，宪政必然在立场上偏向于保障公民权利、限制国家权力。

三、宪政的要求是宁可放纵了某些罪犯也要严格程序以控制警察权等公权力的滥用，因为政府滥用权力的危害远甚于个别犯罪

辛普森案给予我们的启示其实不止于上述两点，其中还隐含许多值得我们深入思考的因素。其实，不论是对刑事案件采用十分严格的证明标准，还是恪守程序正义的原则，本身都是一把双刃剑。在美国刑事司法实践中，便出现了众多关于米兰达规则等刑事规则的反思。如果过分强调程序正义的严格性，或在实践中对警方因微小程序瑕疵而收集的证据弃而不用，其结果必然会损及实质正义，造成对大量罪犯的放纵。在我国，严格执行这些规则可能会与老百姓朴素的正义观念产生一定的冲突。然而，对于我国来说，严格的证据规则和程序正义理论却又是十分必要的，原因即在于，在我国的刑事司法实践中，警察权力滥用的情况未能得到彻底遏制，刑讯逼供的情况至今仍时有发生，诸如佘祥林案、赵作海案等冤假错案。为此，我们不妨换个角度来思考：为了减少冤假错案的发生，防止司法机关威信的下降，即便我们放纵某些罪犯又如何？毕竟，在宪政的时代中，最为危险的并不是一两个犯罪的公民，而是无处不在、无孔不入又难以受到监督的国家公权力。

【扩展阅读】

1. 林达：《辛普森案怎么引起了我的兴趣》，载林达：《历史深处的忧虑》，生活·读书·新知三联书店 1997 年版。

2. 林达：《辛普森案续集》，载林达：《总统是靠不住的》，生活·读

书·新知三联书店 1997 年版。

3. ［美］亚伦·德肖维茨著，高忠义等译：《合理的怀疑：从辛普森案批判美国司法体系》，法律出版社 2010 年版。

（撰稿：杨蓉）

16. 中国李久明被刑讯逼供案

【案例主旨】

我国《刑事诉讼法》第 43 条规定："审判人员、检察人员、侦查人员必须依照法定程序，收集能够证实犯罪嫌疑人、被告人有罪或者无罪、犯罪情节轻重的各种证据。严禁刑讯逼供和以威胁、引诱、欺骗以及其他非法的方法收集证据……"《最高人民法院关于执行〈中华人民共和国刑事诉讼法〉若干问题的解释》第 61 条规定："严禁以非法的方法收集证据。凡经查证确实属于采用刑讯逼供或者威胁、引诱、欺骗等非法的方法取得的证人证言、被害人陈述、被告人供述，不能作为定案的依据。"上述两条规定确立了一项重要的刑事诉讼证据规则，即禁止刑讯逼供，因刑讯逼供等方式而获取的证据在刑事诉讼中应予排除。上述规定虽然已与国际标准接轨，然而，在现实生活中，大量刑讯逼供事件的存在以及由此而产生的冤假错案的泛滥，不禁让人怀疑这些规定是否真的被严格执行了。这不仅是对法律的违反，也是对犯罪嫌疑人人权的严重侵犯。李久明本是一名警察，尚且不能幸免于刑讯逼供，一般犯罪嫌疑人的权利保障现状更堪忧虑。

【案情介绍】

2002 年 7 月 12 日凌晨 2 时许，住在河北冀东监狱家属区友爱楼 6 号楼 309 室的一名女警王丽（化名）深夜起床关窗，陡然看到一名蒙面歹徒站在阳台上。王丽刚开始喊叫，就被歹徒扼住脖子并用凶器乱刺。同是警察的王丽的丈夫郭某闻声赶来，与歹徒搏斗，但在赤手空拳的情况下多处负伤，重伤在地。歹徒见此情形，从阳台逃走。郭某夫妇被送往医院抢救，双双脱离危险。唐山市公安局南堡分局办案人员到医院询问案件情况，郭某夫妇怀疑此案是冀东监狱二支队政治处主任李久明所为。

李久明，1965 年出生，二级警督，时任冀东监狱二支队政治处主任。李久明之所以被怀疑，是因为其与王丽的妹妹王红（化名）有暧昧关系。李久明虽有家室，但与王红有婚外情，王红曾多次要求李久明与其妻子离婚，未获许诺，遂多次采取烧李家防盗门、打恐吓电话等方式发泄私愤。李久明不堪其扰，曾要求王红的姐夫郭某及其姐姐王丽劝阻王红的行为。郭某夫妇怀疑，李久明可能因此事而对他二人采取伤害行为。唐山市公安局南堡分局得知这一消息后，在没有掌握任何犯罪事实和犯罪证据的情况下，径直搜查李久明的住宅及其办公室，搜出钢珠枪一把。2002 年 7 月 16 日，南堡分局以李久明涉嫌非法持有、私藏枪支罪将其刑事拘留。2002 年 8 月 26 日，李久明被正式逮捕。但南堡分局拘留和逮捕李久明的本意，并不为其私藏枪支。在李久明被关押期间，南堡分局数名民警对李久明实施了令人发指的刑讯逼供行为，试图强迫李久明承认深夜杀人的犯罪事实。

据李久明回忆："在这七天八夜里，王建军、杨策等人每次都是酒后刑讯逼供，采用的手段是灌凉水、灌芥末油、灌辣椒水、用打火机烧、打耳光等。他们买来十瓶芥末油和一包辣椒面，用芥末油和辣椒面兑上水灌我；把芥末油抹在我的眼睛上、鼻子里；把水瓶放在头上让我顶着，掉下来就灌凉水。一次，他们往我肚子里灌了一箱矿泉水……""在生不如死的情况下，我只好被迫承认。因我并未实施犯罪行为，只好在审讯人员的诱导下不断修改笔录。"

2003 年 6 月 24 日，唐山市人民检察院以故意杀人、非法持有枪支罪对李久明提起公诉。在法庭审理过程中，辩方律师提出数点质疑：其一，李久明的供述与警方现场勘验笔录严重不符；其二，李久明根本缺乏作案动机，其与郭某夫妇并无矛盾；其三，李久明没有作案时间，一是李久明妻子证实其整晚在家，二是查李久明通话记录，其在案发当晚 2 时许与王红曾经五次通话，从常理推断，根本不可能做出杀人之犯罪行为；其四，李久明被刑讯逼供证据确实，有许多证人可以证实，因而其供述应不予采信。辩方据此认为，李久明杀人一案证据严重不足，事实严重不清，应当判处无罪。但这些合理意见未被采纳。2003 年 11 月 26 日，唐山市中级人民法院在严重缺乏物证的情况下，主要凭借李久明的供述，一审判处李久明死刑缓期两年执行，剥夺政治权利终身，附带民事赔偿 102976.58 元。李久明不服，提起上诉。

2004 年 7 月 8 日，浙江省温州市中级人民法院依法对流窜大半个中国实施盗窃、抢劫、强奸、杀人的蔡明新判处死刑立即执行。宣判后，蔡明新表示认罪服法。就在执行死刑的前夕，蔡明新承认：2002 年 7 月 12 日，他曾窜入河北省唐山市南堡开发区冀东监狱家属院友爱楼 6 号楼 309 室盗窃并杀人后成功脱逃。此案突然由此峰回路转。南堡分局局长王建军、副局长杨策根据温州方面要求，前往温州审问蔡明新，但良久没有下文。直到一位知情人士匿名将内部消息透露给李久明的亲戚之后，辩方律师才出面调查此事。但唐山公检法机关在确认案件事实之后，迟迟未给温州方面以任何反馈意见。后来，著名法学家夏家骏教授得悉此事后上书中央领导，中央领导作出重要批示下达给河北省委之后，李久明才最终重见天日，此时，他已被关押了867天。

【宪法评析】

一、刑讯逼供不仅残害普通群众，也一样会殃及警察；推动刑讯逼供的根除是包括警察在内的所有公民的责任

这是一起非常典型的刑讯逼供案件。本案之所以引起人们的广泛关注，还有一个非常戏剧化的原因，即被冤枉的对象本身就是一名警察。它给予人们的警示作用是：连警察都无法幸免于刑讯逼供，普通公民的权利在面对警察的肆虐权力时，又将如何保障？这充分说明，我国的宪法和刑事诉讼法对犯罪嫌疑人的权利保护存在重大缺陷。

二、我国法律规定了比较详细的规则以防范刑讯逼供，但在实践中刑讯逼供仍屡禁不止

在当代各国，无罪推定是一个非常重要的刑事法治原则，我国刑事诉讼法也对此有着明确的表述。现行《刑事诉讼法》第12条规定：“未经人民法院依法判决，对任何人都不得确定有罪。”这一条规定确认，只有法院有权决定犯罪嫌疑人是否有罪。[①] 该法第162条第3项规定：“证据不足，不能认定被告人有罪的，应当作出证据不足、指控的犯罪不能成立的无罪判决。”这一条规定贯彻了“疑罪从无”的原则。换言之，只要法庭和控方没有足够的证据证明被告人有罪，即便被告人在事实上可能是罪犯，也只能判决其无罪。这两条规定明白无误地说明，我国刑事诉讼法已经确认了无罪推定原则。所谓无罪推定，按照法国人权宣言的说法，即“任何人在未经判定有罪之前均应假定其无罪，即使认为非逮捕不可，但为扣留其人身所不需要的各种残酷行为都应受到法律的严厉制裁”。可见，无罪推定至少包含两个层面上的意思：第一，未经法院判决，不得确认犯罪嫌疑人有罪；在法院作出有罪判决之前，必须推定犯罪嫌疑人无罪，并对其权利给予法律上的严格保障。第二，在法院宣判之前，不得对犯罪嫌疑人采取任何“酷刑”或来自身体和心理上的强制手段以迫使犯罪嫌疑人供认“犯罪事实”。易言之，即禁止刑讯逼供和其他带有胁迫、诱导、欺骗等特征的讯问方式。对此，我国于1986年加入的《禁止酷刑和其他残忍、不人道或有辱人格的待遇或处罚公约》第15条规定：

---

① 对于该条规定是否体现了“无罪推定”原则，仍存有争议。

“每一缔约国应确保在任何诉讼程序中，不得援引任何已经确定系以酷刑取得的口供为证据，但这类证据可用于被控施用酷刑者刑讯逼供的证据。”因刑讯逼供而获取的证据必须加以排除，这已是一项公认的证据规则，其宗旨则在于严格保障犯罪嫌疑人的基本权利，并对公权力进行控制。

无罪推定对人权保障的意义是十分明显的。法院在确认被告人有罪之时，当会对被告人课以刑罚措施，这些措施常常是以合法方式对公民基本权利的侵害。但在法院宣判以前，由于被告人或犯罪嫌疑人在法律上应当被推定无罪，因而法律对公民权利所规定的种种保障措施均应对其适用。并且，由于在刑事侦查过程中，国家权力可能对公民权利造成危害，因而法律还必须对处于国家公权力威胁之下的犯罪嫌疑人和被告人给予更加严格的保障。由此，在刑事诉讼的整个过程中，不仅应当保障公民“不自证其罪”的权利，也应当对因刑讯逼供等措施而获取的非法证据予以排除。

三、刑讯逼供在我国屡禁不止的根本原因在于符合现代宪政理念的司法独立尚未建立起来

第一，我国《刑事诉讼法》虽然规定了“未经人民法院依法判决，对任何人都不得确定有罪”，但仅仅意味着只有法院才有确定有罪的权力，并未明确肯定在未经法院判决之前推定无罪。这也就为“有罪推定”留下了不小的制度空间。第二，虽然《刑事诉讼法》第43条规定：“审判人员、检察人员、侦查人员必须依照法定程序，收集能够证实犯罪嫌疑人、被告人有罪或者无罪、犯罪情节轻重的各种证据。严禁刑讯逼供和以威胁、引诱、欺骗以及其他非法的方法收集证据……”《最高人民法院关于执行〈中华人民共和国刑事诉讼法〉若干问题的解释》第61条规定：“严禁以非法的方法收集证据。凡经查证确实属于采用刑讯逼供或者威胁、引诱、欺骗等非法的方法取得的证人证言、被害人陈述、被告人供述，不能作为定案的依据。”但是，在司法实践中，刑讯逼供屡禁不止，因刑讯逼供而产生的犯罪供述屡屡为司法机关所采信，原因何在？其实，个中缘由并不复杂，若一言以蔽之，即司法不独立。在司法独立的情况下，法院自然可以依据法律，严格排除非法证据。但是，在我国现行司法制度下，法院并没有真正独立。在人事权与财政权方面，司法机关受制于行政机关；在组织和政治领导方面，司法机关受制于党委。当党委以及其下属的政法委对某一“重大案件”作出统筹安排时，司法机关根本无力反抗，在此情况下，即便司法机关认为检方所提供的证据有重大瑕疵，也不能加以排除。在案件审判之前，法院与检察院、公安机关乃至党委召开联席会议或者非正式“碰头”的现象仍然存在，在这种情况下，法律所规定的“无罪推定”难以起到应有的作用。

四、我国依法治国和宪法至上仍难建立起来则是司法不独立和刑讯逼供得以泛滥的更深层次的原因

究其原因，我国对犯罪嫌疑人和刑事被告人权利保障的乏力，一方面固然因为法律有所缺失，更重要的一方面在于，我国政治体系在相当大的程度上仍崇奉“人治”而非“法治”。例如，在本案中，李久明最终沉冤得雪不是因为法院在二审中采纳了辩方的意见，而是因为：首先，一位法学专家向中央领导进言；其次，中央领导作出重要批示；最后，河北省委高度重视。在这一系列非法制化的程序之后，李久明才得以重见天日。在这一过程中，不是法律在起作用，而是某些重要领导人的意志在起作用。不妨假设，如果中央领导没有被惊动，李久明案会不会呈现出另一派光景。

可见，刑讯逼供的泛滥源于对犯罪嫌疑人和刑事被告人的“有罪推定”，这种有害的观念并不是当代中国所独有，而是数千年中国文明一直传承下来的陈腐理念。

为减少乃至消灭刑讯逼供，必须在理念和制度上均有所突破才行。在理念上，我们应坚信：

第一，人权为公民所不可或缺的基本权利，应当予以严格保障，即便该公民处于刑事诉讼的过程之中；相反，警察权力应当受到严格限制，防止人权受到侵害。

第二，践行法治，强调法律至上，司法机关除了宪法和法律，没有任何上级。

第三，恪守“无罪推定”原则，强调公民在未经法院判决之前应被推定为无罪的普通公民。

第四，反对任何滥用公权力的刑讯逼供行为和其他诱导、欺骗、胁迫等旨在获取口供的公权力行为。

在制度上我们应当：

第一，应完善宪法和刑事诉讼法之规定，有选择地引入沉默权制度。

第二，保障在公安机关讯问犯罪嫌疑人时，犯罪嫌疑人请求律师在场的权利。

第三，严格保障律师权利，防止公安机关以不正当理由拒绝律师在场。

第四，在完善非法证据排除规则时，实行举证责任倒置的做法，即要求控方证明其所提供的证据合法，而不需要辩方证明控方的证据非法；等等。

李久明案虽然最终得以翻案，李久明在饱受摧残之后迎来了阳光，但是，迟来的正义是非正义，在长达 800 多天暗无天日的生活之后，这最终的正义究竟是一出喜剧，还是一出悲剧？当我们仍然忧虑于现实生活中可能出现的

和未被发现的各种刑讯逼供现象和冤假错案，当我们仍然对李久明、杜培武和佘祥林们的遭遇备感辛酸时，更需要深入思考，如何在当代中国建立起保障公民权利的“无罪推定”制度和“非法证据排除”制度，以及如何在泱泱中华确立法律至上的“朗朗乾坤”。

【扩展阅读】

1.《特别关注：“李久明特大冤案”始末》，载工人日报天讯在线网 2005 年 2 月 28 日。

2.［意］贝卡利亚著，黄风译：《犯罪与刑罚》，中国大百科全书出版社 2005 年版。

3. 樊崇义、刘涛：《无罪推定原则渗透下侦查程序之架构》，载《社会科学研究》2003 年第 2 期。

4. 孙长永：《侦查程序与人权》，中国方正出版社 2000 年版。

（撰稿：杨蓉）

17. 中国深圳将卖淫女公开示众侮辱人格尊严案

【案例主旨】

人格尊严是个人最为重要的基本权利之一。“人格尊严”一词是我国宪法的特有用语，国外宪法和国际人权公约上则一般使用更为宽泛的“人的尊严”。《世界人权宣言》开篇即强调：“对人类家庭所有成员的固有尊严及其平等的和不可剥夺的权利的承认，乃是世界自由、正义与和平的基础”；“人人生而自由，在尊严和权利上一律平等。”即使是违法犯罪分子，其人格尊严也应受到尊重。对此，《公民权利和政治权利国际公约》明确规定：“所有被剥夺自由的人应给予人道及尊重其固有尊严的待遇”，并将它列为不可克减的权利。

我国现行宪法第 38 条规定：“中华人民共和国公民的人格尊严不受侵犯。禁止用任何方法对公民进行侮辱、诽谤和诬告陷害。”对宪法规定的人格尊严，一般认为它包括公民个人的名誉权、荣誉权、姓名权、肖像权、隐私权等人格权利。

【案情介绍】

2006 年 11 月 29 日，深圳市福田警方召开广场大会，对于专项行动中抓获的100名涉嫌操纵、容留、强迫妇女卖淫，路边招嫖卖淫嫖娼，派发色情卡片等违法犯罪人员进行了公开处理。当事人全部身着黄衣，面戴口罩，面部除双眼外全被遮住，现场有逾千人围观。警方分别读出他们的姓名、出生日期和籍贯，宣布各人行政拘留15天。每读出一人的资料，警察便押身边的"犯人"上前一步确认身份。此事一经报道，备受舆论关注。据报道，涉嫌卖淫嫖娼等涉黄违法犯罪活动的人员被全副武装的民警押解到现场。公处大会吸引了千余名当地群众前来观看。福田公安分局副局长井亦军宣布处罚决定时，"现场不时响起掌声"。

这起事件一度引起了媒体和公众的广泛关注和讨论，并造成较为不良的社会影响。但类似涉嫌侵害人格尊严的事例仍时有发生。例如，2009年10月底，郑州市公安局开展打击涉黄涉赌专项行动，随后一些卖淫女的裸照被公布。2010年6月，武汉警方实名公布了涉黄人员姓名和年龄，如"小姐"廖某20岁，嫖客陈某31岁，二人被处以一年收容教育。2010年7月3日晚，清溪镇三中派出所在"创平安、迎亚运"专项整治行动中，抓获了4名涉嫌卖淫嫖娼的违法人员。7月5日，本地媒体发布了这一消息，并公布了涉嫌卖淫女子的照片。尤其是其中一组卖淫女赤脚游街的照片更引起热议。从相片所见，两名穿着时尚的涉嫌卖淫女，不但赤脚，且戴着手铐，背后还用绳牵着，像是在指认现场。

2010年7月，公安部针对2010年发生的两起事件专门下发通知指出，广东、湖北两地基层公安机关在办理治安案件工作中发生的上述问题，反映出当前一些地方基层公安机关和民警片面追求打击效果、轻视保障人权的观念根深蒂固，不能正确、公开、公正、文明、理性执法，执法方式严重违反国家规定，侵害了违法人员的人格尊严。

通知最后要求，各地在执法办案过程中，要严格按照法律及相关规定的要求，切实改进方式方法，坚决纠正简单执法甚至粗暴执法的问题。既要严格、公正，又要理性、平和、文明、规范；既要坚持执法公开，又要充分尊重和保障人权。在查处卖淫嫖娼违法犯罪活动时，要坚决制止游街示众等有损违法人员人格尊严的做法，努力实现执法的法律效果、社会效果和政治效果的统一。

2010年11月28日，公安部会同人力资源和社会保障部、卫生部、全国妇联，再次下发通知，坚持严格、公正、规范执法，坚持理性、平和、文明执法，注意保护卖淫妇女人身权和健康权、名誉权、隐私权，不得歧视、辱骂、殴打，不得采取游街示众、公开曝光等侮辱人格尊严方式羞辱妇女，要严格做好信息保密工作。

【宪法评析】

一、人格尊严是人区别于动物的道义上、法律上的标准，具有普适价值

无论公民的职业、职务、政治立场、宗教信仰、文化程度、财产状况、民族、种族、性别、年龄等有何差别，其人格尊严都没有任何差别。人格尊严与公民作为人的属性相关联，要承认一个人是人，就得承认其具有人的尊严；蔑视和剥夺一个人的人格尊严，无异于将其贬低为奴隶和畜牲。所以，《世界人权宣言》和1966年联合国两大人权公约都规定，对任何人不得加以侮辱性的待遇。在宪法上，人格尊严不仅是最高价值，而且是绝对的价值，它在任何情况下都对国家产生拘束力，在任何情况下都不得被克减、限制或剥夺。即使对于被判处死刑的人，也不能限制或剥夺其作为一个人的人格尊严。

人格尊严之保障在我国刚刚起步，1982年之前我国各时代的宪法均未规定人格尊严不受侵犯。鉴于"文化大革命"期间个人受政府和他人恣意迫害、丧失做人尊严的严重后果，现行宪法成为中国历史上第一部赫然写着"公民的人格尊严不受侵犯"的根本大法。当然，在有关宪法上的具体人格权方面，我国现行宪法对生命权、名誉权、隐私权等诸多的具体人格权未一一列举，此种状况更需经由对宪法基本权利规范的具体解释，发挥人格尊严条款的漏洞填补作用。

之后，《民法通则》将人格权作为一项重要的私权作了保护规定，如生命健康权、姓名权、肖像权、名誉权和荣誉权等，且在民事诉讼中普遍推行精神损害赔偿。2001年《最高人民法院关于确定民事侵权精神损害赔偿责任若干问题的解释》新增了身体权、人格尊严权、人身自由权、隐私或者其他人格利益。在此，"人格尊严"这个一般人格权概念的提出引人注目，为民法保护一般人格权提供了明确依据。

二、我国《宪法》第38条禁止用任何方法侵犯公民人格尊严

私法领域人格尊严救济制度的发展，推动我们尽快确认并保护宪法上人格尊严这个一般人格权。将《宪法》第38条"中华人民共和国公民的人格尊严不受侵犯。禁止用任何方法对公民进行侮辱、诽谤和诬告陷害"明确为一项独立的基本权利条款是很有必要的。它作为确立公民在与国家的关系上享有人格尊严的依据，由此可提炼出宪法上的一般人格权概念。《宪法》第38条的规定表明，国家不得以任何方式剥夺和限制公民的人格尊严。其他基本权利条款多规定"禁止非法侵犯"，即有可能通过制定法律来限制；而第38条的用语却是"禁止用任何方法"侵犯，从法律解释学上看，禁止用任何方

法侵犯公民的人格尊严的表述，意味着公民享有的人格尊严这个基本权利，“除非国家发动修宪，否则不会受到任何限制”，即它为“宪法保留”事项，与一般的“法律保留”事项明显有区别——对于公民的人格尊严，人大也不得制定法律加以限制。因此，作为从属于宪法的国家行政机关，深圳警方对从事卖淫嫖娼的公民予以公开示众，这种剥夺公民人格尊严的行为，无论是基于何种理由，都是对《宪法》第38条规定的不侵害义务的违反。

卖淫嫖娼确为不良社会现象，属于我国立法明确禁止的行为。不否认打击卖淫嫖娼会有净化社会环境的作用，但是打击行为本身已经起到了这种作用，不必也不得游街示众。涉黄违法，被处以治安处罚或收容教育，违法者已经接受法律制裁了，公安机关凭什么再来一个“二次惩罚”？

三、我国宪法以外的其他法律和规范性文件也明确禁止游街示众等侵害人格尊严的行为

有舆论认为，让涉黄人员曝光，既给其以惩罚，又能教育群众，还可震慑潜在的违法者，可收到多重社会效益。但是，公开处理这种做法除显示公权力的强大与政府扫黄决心之外，无疑残酷剥夺了弱者最后一丝人格尊严，或使当事人陷于绝望而自弃，或羞辱难当而蓄意报复，势必加大改造他（她）们使其重新融入社会的难度。这种执法方式暗示人们，对于违法犯罪的人是可侮辱其人格的。

更重要的是，这种行为直接与《宪法》第38条的规定相违背。除了宪法的规定之外，其他相关立法及规范性文件也都明确禁止示众等侵害人格尊严的行为。例如，《刑事诉讼法》明文规定，“执行死刑应当公布，不应示众”（第212条第5款）。既然死刑犯都不允许示众，那么性质要轻微得多的涉黄违法行为人与犯罪嫌疑人就更不能示众了。《治安管理处罚法》虽然没有明确禁止示众，但重申了宪法确认的“尊重和保障人权”以及“保护公民的人格尊严”的原则。除此之外，早在1988年6月，最高人民法院、最高人民检察院、公安部联合发布的《关于坚决制止将已决犯、未决犯游街示众的通知》专门明确指出：“近来有少数地方将已决犯、未决犯游街示众，这种做法是违法的，在国内外造成很坏的影响，必须坚决制止……现再次重申：各地公安机关、检察机关和审判机关务必严格执行刑事诉讼法和有关规定，不但对死刑罪犯不准游街示众，对其他已决犯、未决犯以及一切违法的人也一律不准游街示众。如再出现这类现象，必须坚决纠正并要追究有关领导人员的责任。”

该通知已经具体到“一切违法的人”“一律不准游街示众”，话已至此，实在想不出立法还有什么进一步细化的空间或必要。因此，2010年公安部专

门发通知要求，各地在执法办案过程中，要严格按照法律及相关规定的要求，在查处卖淫嫖娼违法犯罪活动时要坚决制止游街示众等有损违法人员人格尊严的做法。这一通知实际上是前述通知的进一步强调。

需要注意的是，禁止示众、公布涉黄违法者信息与治安管理处罚中的公开原则并不冲突。公开不等于示众。显然，此“公开”一词非公开示众、公开处罚之意，而是要求警方遵循正当程序，防止少数执法人员“暗箱操作”。而且，公开也有例外，即不得侵害国家机密、商业秘密和个人隐私。例如，《治安管理处罚法》第80条明确规定：“公安机关及其人民警察在办理治安案件时，对涉及的国家秘密、商业秘密或者个人隐私，应当予以保密。”因此，“公开”必须有一个度。“公开”的形式不能侵犯公民的人身权、名誉权、隐私权等私权利，尤其是带有歧视性质的“游街示众”是绝对不允许的。而像武汉在大街小巷实名张贴卖淫嫖娼者名单更是一种变相羞辱。即使涉黄者涉嫌违法甚至犯罪，但其基本人权却并没有自动消失，人格权利不能被侵犯。

公安机关作为执法机关，更应该模范遵守法律条款。即使涉黄人员构成违法，即使需要把公开作为一种宣传手段，也应隐去真实姓名。否则，不仅不能收到宣传效果，反而有损于自身形象，并置自身于违法的境地。

【扩展阅读】

1.《武汉沿街实名公开“小姐嫖客”名单，此行为或违法》，载《长江商报》2010年7月17日。

2.《公安部通知禁止将卖淫嫖娼人员游街示众》，载《大河报》2010年7月26日。

3.《公安部建议将卖淫女改称失足妇女，严禁游街示众》，载《新京报》2010年12月12日。

4. 夏泽祥：《“深圳妓女示众事件”的宪法学分析》，载《山东社会科学》2007年第11期。

5. 石毕凡：《作为宪法权利的人格尊严及其规范意涵——以“深圳卖淫女示众事件”为例》，载《现代法学》2008年第5期。

（撰稿：杨俊锋）

18. 中国延安警察非法侵入住宅查获夫妻看黄碟案

【案例主旨】

住宅不受侵犯，又称住宅自由权，是指公民生活、居住、休息的场所不受非法侵入或搜查的权利。它是人身自由所衍生出的一种权利。一般认为，住宅不可侵犯的宪法权利是普通法“每个人的住宅是自己的城堡”传统的延续。宪法保护公民住宅不受侵犯也被视为立宪主义的核心要义之一。几乎所有国家的宪法和国际人权公约都对住宅权保障进行了专门的规定。我国现行《宪法》第39条规定：“中华人民共和国公民的住宅不受侵犯。禁止非法搜查或者非法侵入公民的住宅。”

【案情介绍】

2002年8月18日晚11时许，陕西省延安市万花派出所民警接到群众电话举报，称辖区内一所私人诊所中播放黄碟。这家私人承包的诊所有三间屋子，临街的那间是诊室，另外两间，一间是简易的病房，一间是张某和新婚妻子李某的卧室。这家私人诊所和一般的私人小诊所一样，24小时营业，既做经营用，又做生活用房。派出所遂派三名“民警”前去调查，三人穿警服，但均无警号，其中二人是协警，另一人虽通过警察录用考试，但手续未办理完毕。三名“民警”到达现场后从后面的窗子（该窗已拉上窗帘，或许无意留有一小缝被警察观测到）看到里面确实有人在放黄碟。即以看病为由敲门，住在前屋的张某父亲开门后，警察即直奔张某夫妻卧室，一边掀被子，一边说，“有人举报你们看黄碟，快将东西交出来”，并试图扣押收缴黄碟和VCD机、电视机。张某阻挡，双方发生争执，张某抡起一根木棍将警察的手打伤。警察随之将其制服，并将张某带回派出所留置，同时扣押收缴了黄碟、VCD机和电视机。第二天，在家人向派出所交了1000元暂扣款后张某被放回。

10月21日，张某突然又被宝塔公安分局治安大队带走，随即以“涉嫌妨害公务”被刑事拘留。10月28日，宝塔公安分局向宝塔区人民检察院提交材料，报请检察院批准逮捕张某。11月4日，宝塔区人民检察院以“事实不清，证据不足”为由作出不予批捕张某的决定，发回公安分局补充侦查。11月5日，被刑拘16天的张某被宝塔公安分局以取保候审的形式释放回家。12月5日，宝塔公安分局以“案件撤销”为由，解除了对张某的取保候审，1000元暂扣款同时返还当事人。

夫妻家中看黄碟，民警上门来抓人。此案传出后，一下子轰动全国，成了人们关注的热点。一些法学专家还专门针对这一恶劣侵犯民权事件组织讨论，与此同时，全国上百家媒体更是云集延安，关注着案件的进展。迫于全国舆论的强大压力，2002年12月31日下午，由延安市宝塔区政法委张副书记、宝塔区政府办公室雷主任和宝塔区信访局陈局长组成的专门协调小组向当事人赔礼道歉；一次性补偿当事人医疗费及误工费人民币29137元。2003

年1月14日，宝塔公安分局正式免除了警方当事人之一——万花派出所所长贺宏亮的职务；同时，该所警长尚继斌被调离万花派出所，调往其他派出所待岗，其他两名协警也被公安机关辞退。至此，历经半年的“黄碟事件”终于画上了一个句号。

但是，在新闻媒体的炒作下，新婚夫妻张某和李某成了全国著名的“黄碟夫妻”，从而站在了风口浪尖之上。张某和李某夫妻俩做梦也不会想到自己有朝一日会变成全国人民关注的新闻人物。一场突如其来的“黄碟事件”最终给了张某夫妇一个公正的结果。但由此带来的如此高的“知名度”却彻底打破了他们生活的宁静……

【宪法评析】

一、住宅的保护不仅涉及严格意义上的居所，还涉及所有类型的房子，而不管其法律地位（所有、租赁、合法或非法占有等）或者使用的性质（主要住所、周末住宅等）

也就是说，“住宅”不仅限于居住者作为自己的区域所占据的场所，也可以是为他人所占据的场所。而且，不问其房屋、建筑物等的所有关系如何，借用人供其日常生活的借用屋，也是其住居。从法律解释学意义上说，现实生活中人们的住所、居所，可以是提供个人休息的营业场所、公司里的办公室、临时居住的房屋、暂住的旅馆房间、学生的寄住公寓，这一点在各国的学说与判例中均得到承认。

反观本案，据说警察强行进入的场所，本是当事人所经营的诊所，同时兼具了其夫妇二人新婚住所的功能。尽管派出所所长辩称作为诊所应认为是公共场所，但即使他们所进入的场所是以诊所的功能为主的，而且即使作为诊所具有随时开放的性能，但当他们进入的那一刻，张某夫妇是将其作为私生活的空间加以使用的，更何况警方长驱直入的是不具有诊所功能的后屋地带，即这对新婚夫妇的卧室。

二、对住宅的侵犯或搜查，不仅指的是直接侵入住宅的物理空间内部，也包括对住宅的偷听、窥视等行为

依照传统观点，对住宅权的侵犯必须以物理性的，也即有形接触或侵入为构成要件。但随着时代的发展，上述要件中对“侵犯”的物理性规定，被扩张解释为对于住宅内部私人谈话的偷听或利用电子设备窥视、窃听住宅内部的私人生活均属于对公民住宅权的侵犯，而不再必须限于有形的物理接触或侵入为限。本案中，据报道警方事后辩称他们在进入住宅前，为核实情况，曾从窗户缝里看到房内的电视机中正在播放着淫秽录像。警方这一说法的本

意可能在于缓解他们侵犯行为的严重性。然而，如果上述的户外窥视行为属实，那么其侵犯住宅的行为其实恰恰可认定为自窥视的那一刻开始。

三、特殊情况可以强行进入公民住宅，但要限于收集犯罪或违法证据等情况并满足正当的法律程序

当然，在宪法上，卧室也不是公权力的绝对禁区。像其他许多宪法权利一样，住宅不受侵犯的权利也具有内在界限，公权力可以在特定要件下强行进入公民的住宅，包括强行进入卧室。众所周知，这种要件主要有两个方面：一是实体性要件，即必须为了履行某些特定的公务，主要限定于收集犯罪或违法的证据、查获犯罪或违法的物品、阻止犯罪或违法的活动或拘禁犯罪嫌疑人或违法人员等活动；二是程序性要件，即必须严格依照正当的法律程序。

就此而言，本案的关键显然在所谓的“黄碟”上，即案中的黄碟是否属于犯罪或违法的物品或证据，持有或观赏该黄碟的行为是否属于犯罪或违法的行为。这首先涉及警察强行进入卧室的规范依据问题。在宪法学上，确认这一点具有重要意义，因为如果没有这种规范依据，那么就意味着警察的行为属于违法行为，这就无须引出宪法判断；而如果存在某种规范依据，那么则可分析和判断该种规范依据本身是否违反了宪法中的有关条款。

就规范依据而言，根据《治安管理处罚法》第68条的规定，只有“制作、运输、复制、出售、出租淫秽的书刊、图片、影片、音像制品等淫秽物品”的行为才是法律禁止的。实际上，即便遍查我国打击淫秽色情物品的相关法规，其共性也都是将制作、贩卖、传播淫秽物品的行为定性为违法犯罪进行处罚，而对仅仅观看的行为并没有处罚的规定。因此，本案当事人仅属单纯持有和观赏黄碟的行为，并不构成违法或者犯罪。因此，该案中警方进入当事人住所的行为首先在实体上就缺乏法律上的根据。而且从程序方面讲，警方对张某夫妇调查和进入张某夫妇住所的行为也并无正式的法律手续。程序上也同样是不合法的。

四、在不违反或削弱国家实施公权力的目的的情况下，在多种选择方案中，政府首先应该选择那些对人民权利侵犯最轻的方法

作为一起由举报引发的普通治安案件，即使存在违法嫌疑，也只是一起普通的治安案件，按照“不用大炮打麻雀”的比例原则，公共权力必须按照那些对公民权利限制最少的方式来行使，即在不违反或削弱国家实施公权力的目的的情况下，在多种选择方案中，首先应该选择那些对人民权利侵犯最轻的方法。

基于利益衡量，张某夫妻的看碟行为如果超出了住宅安全权的界限，对公众造成了妨碍，可以通过事后的警告以及其他措施达到制止的效果，而且

看碟行为也不构成紧急状况存在的理由，种种迹象表明，强制措施的采取超出了比例原则的要求，违反了依法行政的程序规则以及实体要求。按照一般规则，接到报警后，如果通过排查、聆听等其他调查途径不能核实是聚众观看或者传播淫秽物品的行为，就应该撤回。无罪推定的规则在这起案件中是应该适用的，只有在民警有了足够的证据证明在诊所中确实存在着聚众观看等严重违法行为，才能采取相关的后续强制措施，而不是在核实了不存在聚众传播的情形之后仍然采取进入的手段，这种进一步行为的采取无法在法律上寻找到支撑点。

当然此案中值得欣慰的是，在公安机关对张某进行刑事拘留之后，检察院依法履行了自己的监督职能，没有批准逮捕张某。这体现了权力制约的重要性，也防止了对当事人身自由权的进一步侵害。

【扩展阅读】

1.《家中看黄碟，民警上门查》，载《华商报》2002 年 8 月 20 日。

2.《夫妻家中看黄碟事件：公民权利终于得到保护》，载《华商报》2003 年 1 月 5 日。

3. 林来梵：《卧室里的宪法权利》，载《法学家》2003 年第 3 期。

（撰稿：杨俊锋）

三、政治权利和自由

19. 美国强迫向国旗敬礼被判违反信仰自由案

【案例主旨】

表达自由，是指公民通过口头、书面或印刷品等手段表达各种思想和见解的自由，不仅包括传统的言论（口头和书面的）自由，也包括通过影视作品、录音方式、电子出版物和其他媒介表达思想的自由。表达自由是宪法规定和保障的公民最重要的权利之一。

美国联邦宪法第一修正案规定：“国会不得制定关于下列事项的法律：确立国教或禁止信教自由；剥夺言论自由或出版自由；或剥夺人民和平集会和向政府请愿申冤的权利。”在西方的传统中，表达（expression）一直被等同于言论（speech），因为表达无非就是用说话、文字、印刷等方式来表达思想、意见等纯属观念性的东西。早期的自由主义把行为排除在表达自由之外，主张纯粹的意见表达（通过说话、文字或印刷的方式）不应该受到压制，而行为则可以且应当受到法律的制裁。

在美国的司法实践中，1965年大法官戈德伯格在“考克斯诉路易斯安那州案”（Cox v. Louisiana）中代表联邦最高法院发表判决意见时说：“我们强烈反对这样的观点……即第一修正案和第十四修正案给予了通过诸如游行、示威、在街头或高速公路上设堵等行为来表达意见的人与通过纯粹的语言来交流意见的人同样的自由。”[①] 在此，联邦最高法院明确提到了“行为”（conduct）与“纯语言”（pure speech）的区别，而且明确表示：行为不能与纯语言获得同样的第一修正案的保护。这一“言论—行为”的两分法成为最高法院判决类似案件的基本原则。

但是长期以来，这一“言论—行为”两分法的原则遭到了学界的很多批评，因此联邦最高法院在接下来的众多案件中引入了新的概念来弥补两分法的不足，进一步明确了哪些行为在第一修正案的保护范围之内。在1943年的向国旗敬礼案中，联邦最高法院对“言论”进行了扩大解释，明确了象征性表达也是一种意见交流的方式，属于“表达自由”的范畴，禁止政府用言语或者行为强迫公民表达他们的信念。

【案情介绍】

第二次世界大战前夕，美国一些州制定了州法，要求本州所有公立学校的学生在每日升旗典礼时向国旗敬礼，并宣誓效忠国家。鉴于当时的形势，各学区均将这种活动看成是爱国主义教育的一种主要形式。但是，对于耶和华见证会（Jehovah's Witnesses）的信徒来说，这种法律要求的活动是不可接受的，因为该派教义禁止信徒崇拜除上帝以外的其他偶像。

12岁的莉莲·戈比蒂斯和10岁的威廉·戈比蒂斯是宾夕法尼亚州东部矿区迈诺斯威尔（Minersville）小学的在校学生。他们的父母是耶和华见证会的教徒，由于受到父母和教会牧师的影响，他们拒绝参加升旗仪式，拒绝向国旗敬礼。威廉和莉莲的父亲找到学校，表示向国旗敬礼的确是爱国情操和公民良好素质的表现，但是这与他们的宗教信仰不符。他们很爱美国，但是也崇敬上帝，希望学校不要强迫他们的孩子去从事违背他们宗教信仰的行为。学校认为，爱国主义教育对孩子有益无害，不能通融也不能有例外，因此要求两个孩子退学。从公立小学退学后，父亲戈比蒂斯却无法将他们送入私立

---

① Cox v. Louisiana, 379 U. S. 536 (1965), http://laws.findlaw.com/US/379/536.html.

学校，后来求助于美国公众自由联盟（the American Civil Liberties Union），试图依赖法律途径争取孩子的宗教信仰自由和受教育的权利。

在美国公众自由联盟的支持下，戈比蒂斯向宾夕法尼亚州的联邦地方法院控告迈诺斯威尔小学侵犯他们的宗教自由权利，这项权利受到联邦宪法第一修正案保障，即国会不得制定法律确立国教或者剥夺信仰自由，并要求学区尊重宗教信仰，不得以学生参加升旗仪式作为上学的前提条件。联邦地区法院判决戈比蒂斯胜诉，指出“向国旗致敬不能作为学童到该校上学权利的一个条件”。学校不服，上诉到联邦第三巡回上诉法院，结果仍然维持原判。迈诺斯威尔学校不服判决，上诉至联邦最高法院。

1940 年 6 月 3 日，联邦最高法院以 8:1 的悬殊票数判决宾夕法尼亚地方教育当局胜诉。①随后，这个基于政治和国际形势而非宪法基础所作出的判决招致社会一致诟病，对美国传统的自由权利和社会发展产生了恶劣的影响，攻击耶和华见证会的事件数不胜数。

1943 年，弗吉尼亚教育局诉巴内特（West Virginia State Board of Education v. Barnette）② 一案上诉到联邦最高法院，统称国旗致敬第二案。在本案中，沃尔特·巴内特的两个女儿都被学校除名了，因为她们拒绝向国旗致敬并且背诵效忠国家的誓词。这一次，联邦最高法院的法官们改变了在戈比蒂斯一案中的立场，宣布巴内特胜诉。

【宪法评析】

当今世界各国宪法都把言论自由放在权利体系的中心位置加以保护。但是，这种言论自由是否包括“象征性言论”的行为，各国的做法则是仁者见仁，智者见智。20 世纪中叶，美国“戈比蒂斯和巴内特”两个案件表明，美国的司法实践逐渐将具有“行为”和“言论”双重特征的“象征性言论”（symbolic speech）纳入“言论”的保护范畴，极大地扩展了美国联邦宪法第一修正案的保护范围，也丰富了宪法中“言论”这一概念。从外在形式上来看，“象征性言论”体现为一种行为，如向国旗敬礼和宣誓；但是从内容上来看，“象征性言论”表达了某种思想或者观念，重在实现人与人之间的交流。对“象征性言论”的保护，彰显出美国宪法第一修正案的核心思想，即公民的言论自由是表达思想和感情的自由，而不是语言表达的方式。同时，美国

---

① Minersville School Dist. v. Gobitis, 310 U.S. 586 (1940), http://laws.findlaw.com/us/310/586.html.

② West Virginia State Board of Education v. Barnette, 319 U.S. 624 (1943), http://laws.findlaw.com/US/319/624.html.

联邦最高法院同意，“象征性言论”自由的行使也应当遵从宪法对言论自由规定的一般限制，即明显而即刻危险原则。

在戈比蒂斯一案中，美国联邦最高法院支持了学区要求学童向国旗敬礼并且宣誓的做法，因为这一行为有助于促进参加仪式的孩子内心的爱国情操和意识。法兰克福大法官认为，美国联邦宪法第一修正案规定的宗教信仰自由并不是没有任何限制的，法庭需要决定当裁判宗教信仰相关问题时应采纳的标准。法庭倾向于一种平衡理论，即在保障国家世俗的利益与孩子的宗教信仰自由之间保持平衡。在本案中，学区致力于维护国家统一的行为应比学生拒绝向国旗敬礼的权利要重要，因为国家统一是国家安全的基石，国旗是国家统一的象征。如果允许学童拒绝向国旗敬礼或者宣誓将会削弱这种集体爱国主义行为的效果，进而危害国家统一和安全。而且当个人的宗教信仰同政治社会的利益相抵触时，公民并不能豁免向国旗敬礼这一政治责任。虽然法院并不认为强制学童向国旗敬礼是最好的增进国家统一的办法，但是学区开除学童的做法并不违宪。此外，他认为家长在塑造孩子宗教信仰方面的作用最大，家长在无损于自己权利的范围内，应劝说自己的孩子理解州教育管理部门倡导效忠的正确性和明智性，这才是宗教宽容最生动的一面。

唯一提出反对意见的是哈兰·斯通（Harlan Stone）大法官，他认为法庭有责任使政府利益和公众自由权利之间保持一种理性的关系。州教育管理机关试图按照自己的意图强迫这些孩子表达一种他们不愿意表达的情感，这种强迫行为违反了孩子们内心最深刻的宗教信仰自由。政府这种压制宗教信仰自由的做法将危害社会道德和公共安全。宪法对公众自由的保证，实际上就是对人们心智和心灵自由的保证，对合理表达这种心智心灵的自由和机会的保证。

在1943年的弗吉尼亚州教育委员会诉巴内特案中，联邦最高法院以6:3多数裁定弗吉尼亚州有关法律违宪，并且侵犯了学童的言论自由和宗教信仰自由的权利，完全推翻了戈比蒂斯案中维护爱国主义立场和判决。与戈比蒂斯案着眼于美国联邦宪法第一修正案保障的宗教信仰自由原则不同，新任大法官罗伯特·杰克逊（Robert H. Jackson）起草的多数意见，从言论自由这个基本权利来论证强迫向国旗敬礼和宣誓的行为是违宪的。

首先，杰克逊大法官认为向国旗敬礼和宣誓这一象征性“语言”是一种意见交流的方式，属于联邦宪法第一修正案规定的言论自由的保障范畴之内。“象征是一种朴素但很有效的交流思想的方式。使用徽章或旗帜来表示某种制度、思想、体制或人格，是心智与心智之间（交流）的捷径。”[1] 象征可以由许多方式来表征，从某种意义上来讲，任何能够传播思想、观念、意见的表达都是象征，因此语言本身也是一种象征。“我们发现那些能够在人与人之间传播思想的工具拥有特殊的地位。如能把这些归于一个特别的名称之下会很便利，对于诸如语言、语言的安排、图像、姿势，以及绘画或模仿的声音等等，我们用象征这个术语来称呼它。”[2] 因此，语言和其他象征符号一样，“是活生生的思想和肌肤，它们在不同的环境里被使用时会在表现形式和内容上大异其趣”[3]。

象征符号应当得到第一修正案的保护这一思想基本上在最高法院和法律界成为一个原则。学术界一般也把象征表达与传统的纯语言表达相提并论，如凯尔文、爱默生、尼默等人。尼默在他著名的论文《第一修正案下的象征性表达意谓》中总结说：“象征性表达不应该有特殊的地位，它应当与语言同样受到第一修正案的对待。”[4]

其次，大法官指出，既然向国旗致敬被视为一种思想交流，属于表达自由的范畴，那么只有在言论表现出明显和即刻的行动的危险，并且州被授权对这种危险加以预防和惩罚时，对表达自由的检查和压制才为宪法所容忍。但是，在本案中，西弗吉尼亚州在不能断定在向国旗致敬仪式中消极对待会产生明显和现存的危险的时候，就强制性地要求公民向国旗致敬，这就意味着公共权力会迫使公民表达非其所想的言论，显然是违反言论自由原则的。

最后，大法官回顾了有限政府和保障权利的重要性。有限政府并不是软弱的政府，权利的保障能够减少公民对政府的恐惧和猜忌。通过我们更好地生活在政府的统治之下，政府权威获得了更大的支持。免费的公共教育，如果忠实于世俗教诲和政治中立，它就不会成为任何阶层、信条、政党和宗派的党徒或者敌人。但是，如果要强加某种意识形态训练，每一个政党、教派都会寻求对教育体制的效果的控制，如果做不到这一点，他们就会去削弱它的效果。因此，任何官员，不论职位高低，都不能规定在政治中、在国家主义中、在宗教中或者在其他发表意见的事务中什么是正统的，也不能强迫公

---

① Lackland H. Bloom Jr.，“Barnette and Johnson：A Tale of Two Opinions”，note 25，*The Constitution and the Flag*，Michael Kent Curtis，Garland Pub，vol. 2，p. 420.

② C. Ogden & I. Richard，“The Meaning of Meaning”，*The Constitution and the Flag*，Michael Kent Curtis，Garland Pub.，p. 61.

③ Calvin R. Massey，“Pure Symbol and the First Amendment”，*The Constitution and the Flag*，Michael Kent Curtis，Garland Pub，p. 253.

④ *The Constitution and the Flag*，Michael Kent Curtis，Garland Pub，p. 89.

民通过言辞或行动来坦白自己的忠诚。

【扩展阅读】

1. The Constitution and the Flag, Michael Kent Curtis, Garland Pub, 1993.

2. 杰罗姆·巴伦著，刘瑞祥等译：《美国宪法概论》，中国社会科学出版社 1995 年版。

3. 任东来、陈伟、白雪峰著：《美国宪政历程：影响美国的 25 个司法大案》，中国法制出版社 2005 年版。

4. 《西弗吉尼亚教育局诉巴内特案法庭意见之背景介绍》，载 http://www. americancorner. org. tw/zh/basic - readings - in - us - democracy/46. html。

5. 《强迫的意见统一只会统一到坟墓中去》，汪庆华译，载 http://www. univs. cn/newweb/univs/znufe/law/2004 - 09 - 19/323933. html。

6. 邵志择：《表达自由：言论和行为的两分法——从国旗案看美国最高法院的几个原则》，载《新闻与传播研究》2012 年第 1 期。

（撰稿：赵华）

20. 美国焚烧国旗被判定属于宪法表达自由权案

【案例主旨】

在现代宪政国家，言论自由是一项非常重要的公民权利。在宪法理论中，言论自由常常需要进行扩张式理解，即可以将某些虽未通过语言，但是通过行为或其他方式所表达的意见也纳入言论的范畴，并对其进行保护。这种扩张式的言论自由，又可称为表达自由，或“象征性言论”的自由。但是，由于言论自由本身存在一定的风险，尤其是那种以行为表现出来的表达自由更有可能与国家利益、社会利益相冲突。当这种冲突发生之时，究竟是保护言论自由，还是保护公共利益，历来都争论不休。美国 1989 年判决的焚烧国旗案（Texas v. Johnson，491U. S. 397，1989），便集中表现了这种冲突。

【案情介绍】

1984 年，美国共和党在得克萨斯州达拉斯举行全国大会，在此期间，一名叫约翰逊的反对里根当局的示威者与其他人一道上街游行，并高喊其政治口号。示威者来到市政府门前，约翰逊取来一面美国国旗，在其上浇上煤油，并点火焚烧。与此同时，他们还大声歌唱：“美国——红、白、蓝，我们对你吐痰。”得克萨斯州警方在了解到这一事实后，根据得克萨斯州法律，认为约翰逊的行为违反法律之规定，起诉到州法院。法院判处约翰逊服刑一年，并处2000美元罚金。约翰逊不服，向得克萨斯州刑事上诉法院提起上诉。上诉法院认为，对损坏国旗的行为进行处罚违反了美国宪法第一修正案之规定，因而判处得克萨斯州法律违宪。美国宪法第一修正案规定：国会不得制定关于下列事项的法律：确立国教或禁止宗教活动自由；剥夺言论或出版自由；剥夺人民和平集会和向政府诉冤请愿的权利。得克萨斯州法院不服，向联邦最高法院提起上诉，联邦最高法院以5∶4的微弱优势维持得克萨斯州上诉法院的判决。

布伦南大法官代表多数意见认为，第一修正案所规定的言论自由并不仅限于口头或书面语言，也包括某些表达观念的行为。人们在表达自己的政治见解之时，有时并不需要以语言的形式作出，而是需要以行为的方式作出。如果对这些行为进行限制，就等于限制了公民的言论与表达自由。从这个意义上说，对损坏国旗之行为进行处罚，本身即是对表达自由的一种限制与剥夺，因而是违背宪法的。那么，焚烧国旗是不是一种政治见解的表达呢？得克萨斯州认为，焚烧国旗的行为不仅危害社会秩序，也损害了一种观念，即国旗是民族和国家的象征，焚烧国旗意味着损害民族团结，因而是有害的，应予以禁止。布伦南大法官指出，约翰逊焚烧国旗的行为是和平的，并未损害社会秩序。同时，得克萨斯州政府认为国旗是民族和国家的象征，焚毁国旗即是破坏民族团结，乃是得克萨斯州政府的一种政治观点的表达，而焚烧国旗本身也是一种政治见解的表达。但是，政府的观点并不能强加到其他公民身上。政府固然可以保护国旗，但不能以刑事法律的形式对公民通过损坏国旗的方式表达反对政府的意见之行为进行惩处，否则即是对公民表达自由的限制。布伦南大法官指出，即便在社会上存在某些令人厌恶且大部分人无法同意的观念，政府也无权禁止人们表达这种观念，这正是宪法第一修正案的基本原则。

伦奎斯特大法官对多数意见表示异议。他认为，国旗是国家的象征，它不代表任何政党的观点，也不代表某种特定的政治哲学，它仅仅是国家的象征而已。简单来说，国旗并不是一种观点。按照伦奎斯特大法官的这种看法，焚烧国旗也就不能视为政治观点的表达，而是对国家象征的侮辱，因此是对公共利益的侵害。伦奎斯特大法官认为，自由并不是绝对的，它应在不同的场合受到不同的限制，不能一概加以保护。而约翰逊焚烧国旗的行为也不是他表达意见的必要手段，因此并不能予以保护。斯蒂文斯大法官同样持异议，他认为，作为一种公共利益，国旗的价值是不可估量的，如果对亵渎国旗的行为予以支持，就等于贬损了国旗的价值，因而是不合适的。同时，尽管禁止焚烧国旗对言论自由会产生一定的限制作用，但是，相对于保护国旗这一公共利益而言，此种限制是微不足道的。

【宪法评析】

一、宪法保护言论自由，包括象征性言论；受宪法保护的言论尤其着重于政治性言论和少数人的言论

言论自由当然应该受到限制，这一点是毫无疑问的，即便在十分强调言论自由的美国，言论自由也曾经受到过非常严格的限制。然而，自美国第一修正案诞生以来，对言论自由的保护便从来没有中断过，尽管在程度上有所起伏。当然，言论也分为不同的类别，有些言论的价值高些，而有些则低一些。例如，同是言论的淫秽言论和政治言论显然不能同日而语。对于社会发展来说，政治言论的价值非常高。这倒不是说政治言论一定会推动社会的发展，事实上，由于人类从来都不可能掌握全部真理，因而某一个时代人们所公认的价值往往有可能被时间证明是错的。文艺复兴就提供了几个非常著名的例子，如布鲁诺遭受火刑事件。因此，某一个政治言论即便为社会所普遍反感，也有可能是对的，故而决不能因大多数人反对这些言论就禁止这些言论的表达。更进一步，即便某些令人讨厌的政治言论——如宣称某个民族的优越性或宣称发动战争——确实是错的，人们也应当有权表达这些政治见解，因为真理总是在相互辩论的过程中才会越来越明朗。基于这些理由，美国宪法对政治言论进行强有力的保护，联邦最高法院确立一项重要的宪法原则，即对与政治言论相关的法律和政府行为进行最严格的审查。事实上，当代民主的一个重要特征即是保护少数人的表达权，以此防止多数人暴政。

问题是，言论自由有时候的确会危及社会秩序和公共利益，这一点是毫无疑问的，因此，即便立法机关也无权颁布剥夺言论自由的法律，法院也必须在言论自由和他人权利、公共利益等其他价值之间达成一种平衡。在本案中，联邦最高法院有四名大法官以国旗代表了公共利益为理由，反对多数派的意见，足见对于这一问题，人们是有共识的，即在言论自由与公共利益之间，确实需要一种权衡的技巧。至于在特定场合，究竟是言论自由重要，还是公共利益重要，则是一个应当予以具体分析的问题。

二、基于特殊公共利益可以限制言论自由，但公共利益并不等同于政府利益和国家利益

首先，公共利益并不完全是政府利益。在当代中国，仍有相当一部分人将国家利益、政府利益和公共利益相提并论，这是一个典型的误解。实际上，

政府与人民和社会之间存在天然的分隔，因而政府的利益常常与公共利益不一致。即便在民主国家，这种不一致也非常常见，虽然议会建立在民选的基础上，但议员未必真的代表了民意。在这种情况下，政府利益往往有可能会背离公共利益。因此，在宪政国家，批评政府的言论常常不仅不是违背公共利益的，恰恰相反，可能是有利于公共利益的。对此，宪政国家的政府往往对反对派言论进行严格保障，对于国家的健康发展来说，反政府言论是必不可少的，反对政府并不意味着背叛国家和人民，也不意味着有违公共利益。当然，对此也不能推导至极端。例如，政府所颁布的法律虽然只能代表多数人的意见而不是所有人的意见，但公民皆有义务遵守法律。不过事无绝对，一些新自然法学派的学者，如德沃金即强调公民有反抗不公正法律的自由。

其次，公共利益也不完全是国家利益。诚然，对于一个国家来说，民族团结、国家统一都是非常重要的国家利益，但是，这种对于国家的看法常常也只是代表了某一种特定的政治哲学，尽管这种政治哲学可能为多数人所赞同，但未必就是不刊之论。例如，当代人大多倾向于承认国家是一种必要的恶，那么，否认国家的价值、主张无政府主义的言论就与国家利益不太一致了。在这种情况下，反对国家、反对国家之外在象征的言论或行为也并不能完全加以禁止，因为这种言论或行为尽管与国家利益不完全相符，却与人类所孜孜以求的其他价值，如个性解放、社会团结等息息相关，而这些正是公共利益中不可或缺的部分。此外，由于国家与社会常常处于相互分立的立场上，国家的利益并不总是与社会的利益一致，在某些情况下，社会利益也有可能凌驾于国家利益之上。因此，并不能不假思索地将国家利益视为限制言论自由的手段。这一点在本案中就得到了较好的体现。当然，对于这一点，我们也不能推至极端。宪政国家固然可以容忍反国家甚至反人类的言论，但绝不会容忍实际行为。而在特定的历史时期，由于国家利益极有可能受到侵害，对言论自由进行限制无疑是正当的。

三、在何种场合偏重保障公共利益，在何种场合倾向于保护言论自由，需要立足于本国传统、国情和特定场景加以具体分析

在美国，由于自由主义传统深厚，对于反政府乃至反国家、反社会的言论，美国人也可以容忍；而在经历了法西斯统治的德国，却对反民主、反宪政的言论并不宽容。设想，如果焚烧国旗案发生在中国会出现何种结果？几乎可以肯定的是，由于我们更加倾向于保护集体的、公共的利益，因而对于此种行为的容忍度势必比较低。

一个更为有意思的现象是，尽管言论自由的价值为各国所公认，但各国政府对批评政府的言论仍心怀戒惧。这也是一种可以理解的现象，虽然每个

人都会说“忠言逆耳利于行”，但真正虚怀若谷听取批评的人并不在多数。因此，从宪法层面保障言论自由也就显得十分重要了。即便如此，在特定情况下，政府也会以公共利益为挡箭牌，为自己压制言论自由的行为辩护。事实证明，当一个政府具有高度信心时，就越容易宽容外界的批评；而当一个政府对批评言论过分敏感时，足以证明政府的软弱性。如是，我们不妨假设，在公共利益与言论自由之间，其实并没有太多的矛盾。言论自由虽在一定程度上有违公共利益，但在很大程度上恰恰是公共利益的表现形式之一。以公共利益代表者自居的各级政府，何不拿开这块挡箭牌，听听社会的声音。

【扩展阅读】

1. 张千帆：《西方宪政体系》（上册），中国政法大学出版社 2004 年版。

2. 强世功：《言论自由与公民宗教——从焚烧国旗案看美国自由派与保守派之争》，载《清华法学》2008 年第 1 期。

3. 邵志择：《表达自由：言论与行为的两分法——从国旗案看美国最高法院的几个原则》，载《美国研究》2002 年第 1 期。

（撰稿：杨蓉）

21. 美国《纽约时报》诉萨利文新闻自由案

【案例主旨】

新闻自由在我国主要体现在《宪法》第 35 条规定的出版自由中。我国《宪法》第 35 条规定：“中华人民共和国公民有言论、出版、集会、结社、游行、示威的自由。”新闻自由是人民监督政府行为的主要途径，因此也常常受到政府的压制。政府经常采用两种手段来压制新闻自由：诽谤控诉和危害国家安全控诉。即便在英美等民主发达国家，新闻自由也经历了漫长、曲折的发展历程。本案就是新闻媒体刊发政府机关滥用职权的内容而引发的诽谤控诉。在这起案件中，美国联邦最高法院创造了“公众人物”这一概念以与普通诽谤诉讼进行区别。《纽约时报》诉萨利文案以及随后判决的一系列案件提高了“公众人物”赢得诽谤诉讼的难度，这使得民众以及新闻媒体对政府官员、演艺明星、球星等“公众人物”的报道几乎达到了无所顾忌的程度，甚至报道的内容与事实有较大的出入也不必承担责任，除非原告能证明“实际恶意”的存在。深入研读本案对于理解新闻自由和我国《宪法》第 35 条的规定有重要意义。

【案情介绍】

20世纪五六十年代，美国的黑人民权运动风起云涌，影响巨大。为了争取更多的社会支持，1960年3月，黑人民权领袖马丁·路德·金等4名牧师联络64位著名民权人士购买了《纽约时报》的一个整版篇幅，刊登了题为《请倾听他们的呐喊》的政治宣传广告，为民权运动募集资金。文中猛烈抨击了南方政府镇压民权运动的现象，特别谴责了亚拉巴马州蒙哥马利市警方以“恐怖浪潮”对待非暴力示威群众的行为。

萨利文（L. B. Sullivan）是蒙哥马利市的民选市政专员，负责当地的警察局。他写信给《纽约时报》和署名人士，要求撤回广告。在遭到拒绝后，他便向蒙哥马利郡巡回法庭控告黑人牧师和《纽约时报》严重损害了他作为警方首脑的名誉，且所言多与事实不符，犯有诽谤罪，要求50万美元的名誉赔偿。在他的带头下，其他一些被批评的官员也纷纷效法，控告北方自由派的新闻媒体，要求巨额赔偿。一时间，《纽约时报》总计被要求索赔达500万美元之巨。

根据亚拉巴马州的法律，除非被告能证明自己所陈述的事实属实，否则就要对错误的陈述所造成的诽谤承担赔偿责任；而原告无须证明实际损失的存在，也能获得惩罚性赔偿金。据此，蒙哥马利郡巡回法庭陪审团判决《纽约时报》支付原告50万美元的名誉损失费。

两年后，《纽约时报》上诉至亚拉巴马州最高法院。《纽约时报》诉称，对报纸诽谤罪的裁定违反了联邦宪法第一修正案对言论自由的保护，但是并未获得州最高法院的支持。

《纽约时报》继续上诉到美国联邦最高法院。1964年3月，联邦最高法院以9票一致否决了亚拉巴马州最高法院的判决，认为萨利文没有充足的证据证明《纽约时报》怀有恶意诽谤萨利文，虽然广告内容不是非常准确。但是，《纽约时报》只是在行使舆论监督权，说法上的一些错误不能代表媒体有诽谤的故意。在批评政府官员时，媒体应该有一定的豁免权。

【宪法评析】

一、新闻自由是民主制度的基石，是区分民主与专制国家的重要标志

新闻界在西方被誉为“无冕之王”，被认为是民主制度的基石。新闻自由被看作除了立法、行政和司法之外的第四种权力，是区别民主和专政国家的明显标志。因此，罗杰·希尔斯曼说，不管民主的定义是什么，没有新闻自由，民主本身就无法存在。传统意义上的新闻自由是指一种消极的防御权利，

用以保障新闻媒体免受政府控制的独立性。随着20世纪70年代政务信息公开的发展，新闻自由的含义也随之扩大，不仅包括消极权利，还包括新闻机构获取政务信息的积极权利。

从现实来看，现代社会中媒体高度发达，多元而自由的媒体资讯，充分保障了公民的“知情权”，并时时刻刻地将政府处于媒体的监督之下，从而使民主政治制度的运行更加完善。同时，我们也不得不承认，新闻自由获得的宪法保障是一种相对保障，现代政府要谨慎处理涉及新闻自由的案件，特别是用健全的法律机制来平衡媒体和公众对于公共事务的讨论和官员个人名誉权之间的关系。

即便是在以拥护新闻自由而著称的美国，在1964年之前，带有诽谤性的言论也不受美国联邦宪法第一修正案的保护。当时，美国对于诽谤性的言论采取了“真实抗辩原则”或称为“可证实抗辩原则”（Defence of Truth），也就是说涉及他人名誉的诽谤诉讼的被告，必须承担举证责任，证明其所言为真实情况，否则不能避免诽谤的诉讼。但在司法实践中，很难区分“事实”和“表述”的关系，被告也很难履行这个举证责任。

在涉及新闻自由和官员名誉权的案件中，1964年的《纽约时报》诉萨利文案是一个里程碑式的案例。通过《纽约时报》诉萨利文案及其后续判例，美国联邦最高法院确立了“实际恶意原则”（actual malice），使得新闻自由获得了最高程度的尊重。“实际恶意原则”，是指凡报道和批评政府官员执行公务的言论，即便侵害了被报道者，原则上都为宪法上言论自由所保护，而且即使其言论内容不实，只有在原告负责举证媒体“明知不实而故意报道，或过于轻率疏忽未尽媒体查证事实真伪”的“实际恶意”时，媒体的诽谤性言论才会受到制裁。

二、宪法言论自由权允许对公共问题不受约束的讨论，甚至允许对政府官员进行猛烈的、尖刻的批评，即便有些陈述错误也应忍受，除非这些言论具有“实际恶意”，否则便不能惩罚和限制

在1964年之前，涉及公民名誉权的案件并不是宪法案件，法官也多适用普通法的“真实抗辩原则”（Defence of Truth）加以判定某种言论是否构成诽谤。该项原则要求发表言论的人承担证明事实真相的责任，并且被假定怀有恶意。被诽谤的原告并不需要证明自己所蒙受的名誉权的实际损失，只要诽谤性言论成立，原告即可获得赔偿。

1964年，以倡导公众自由、保护个人权利而闻名的大法官布伦南（William. J. Brennan, Jr.）撰写了联邦最高法院对本案的判决。

首先，布伦南大法官将传统上属于普通法范畴的诽谤责任纳入宪法层面

来考虑，并且扩展和丰富了美国宪法第一修正案的涵盖范围。

布伦南大法官指出，本案的核心问题是如果亚拉巴马州的做法适用于公职人员起诉那些批评其执行公务行为的批评者的话，那么联邦宪法第一和第十四修正案所保护的言论自由和新闻自由是否会因此受到损害。他认为，亚拉巴马州的关于诽谤言论的规则违反了美国宪法第一修正案，因为这一做法（即批评者必须承担举证责任证明其言论符合事实，否则便承担诽谤责任）有利于取缔对政府官员过于严厉的批评。

美国联邦宪法第一修正案的“精髓是保证‘公民批评者’批评政府的权利”。“宪政体制的基本原则，是保护自由讨论政治问题的机会，限制政府权力，使得政府顺应人民的愿望，并通过合法手段得到改革；这种机会对共和国的安全是必不可少的。”因此，公民“关于公共问题的讨论应当是不受约束的、生动活泼的和完全公开的，而且可以对政府的公职人员进行猛烈的、尖刻的和令人不快的尖锐批评”。正如政府关于可以享有豁免权一样，“公民批评者”也必须享有一定的豁免权。

“本案中的政治广告，就是对当今一个重大的公共问题表示不满和抗议，它显然应该得到宪法保护。”宪法对言论自由的保护并不取决于人们发表的观念和信仰是否是真理、流行或者具有社会效用，而在于维护民主政治的正常发展，促进公民积极参与公共事务的讨论。“自由辩论中，错误的陈述是不可避免的；要使表达自由获得所需的‘呼吸空间’，我们必须忍受这些错误。”如果对于错误言论施加限制，那么公民在发表言论前将倾向于自我审查，不免产生寒蝉效应，将会削弱公民参与政治生活和讨论的积极性。

其次，关于如何平衡新闻自由和官员名誉权的关系问题，布伦南大法官阐述了“实际恶意原则”及其法理基础。他说，宪法不允许利用传统的诽谤理论，把对政府的非个人攻击演变为对负责官员的诽谤。宪法保护所要求的是这样的联邦规则，即公共官员因其公务行为遭到谎言诽谤，他不得从中获得因此导致的受损救济，除非他能够证明发表言论者存在实际恶意（Actual Malice）。所谓实际恶意，是指“被告明知陈述错误，或者毫不顾及陈述是否错误”。这也就意味着，政府官员不但要在法庭上证明新闻媒体的报道失实，还要同时证明新闻媒体怀有“实际恶意”，以及言论对其名誉缺失造成了实际伤害，法庭才会判决媒体承担诽谤责任。

三、不仅政府官员，凡是对因公共事务而涉及的明星、球星等公众人物的评论和批评也受到宪法言论自由权的保护

根据这一宪法判例的精神，在 1967 年的 Curtis Publishing Co. v. Butts 案中，联邦最高法院认为，不仅是政府官员，凡就公共事务而涉及公众人物的

诽谤性言辞同样适用宪法言论自由的保障。但是，对于举证责任，由于公众人物并不直接行使政府权力，因此公众人物只需证明媒体行为已经严重违反通常的标准即可获得赔偿，并不适用“真正恶意原则”的举证标准。

四、对于非官员和非公众人物的评论和批评则要受到更多的限制，只要这些评论有所过失就要承担相应的责任

在1974年的盖茨诉罗伯特·威尔奇出版社案（Gertz v. Robert Welch, Inc.）中，联邦最高法院适时地限制了“实际恶意原则”的适用范围和具体标准，即“实际恶意原则”并不适用于非官员和非公众人物寻求赔偿的诽谤案，即使被指控为诽谤的陈述涉及“公共关注”的事情。本案中，法庭放弃了“纽约时报案”中对“公共利益”的考虑，转而回归对“身份”的认定来决定案件结果。当私人诉称受到诽谤时，原告只需证明被告行为有所过失，即可获得实际损失的赔偿。如果能证明媒体心怀恶意，则可获得惩罚性赔偿。这一判决结果，显示了联邦最高法院在维护公民名誉权方面作出的修正。

【扩展阅读】

1. 任东来、陈伟、白雪峰著：《美国宪政历程——影响美国的25个司法大案》，中国法制出版社2005年版。

2. 韩大元、莫纪宏主编：《外国宪法判例》，中国人民大学出版社2005年版。

3. 安东尼·刘易斯著，何帆译：《批评官员的尺度——〈纽约时报〉诉警察局长萨利文案》，北京大学出版社2011年版。

4. Constitutional Law For a Changing America - Rights, Liberty and Justice, Lee Epstein, Thomas G. Walker, Co. Press, 2009.

5. Make No Law: the Sullivan Case and the First Amendment, Anthony Lewis, 1st Vintage Books ed., 1992.

6. 萧翰：《诽谤诉讼中的新闻自由——评纽约时报诉萨利文等媒体诽谤案》，载 http://www.21ccom.net/articles/sxpl/sx/article_201004208175.html。

7.《新闻自由与个人名誉的艰难平衡：美国媒体中的诽谤诉讼》，载 http://www.chinalawedu.com/news/16900/171/2005/11/ma36041304411115002165695_177011.html。

（撰稿：赵华）

22. 中国几起跨省抓捕打击言论出版自由案

【案例主旨】

我国现行《宪法》第35条规定："中华人民共和国公民有言论、出版、集会、结社、游行、示威的自由。"第41条规定："中华人民共和国公民对于任何国家机关和国家工作人员，有提出批评和建议的权利；对于任何国家机关和国家工作人员的违法失职行为，有向有关国家机关提出申诉、控告或者检举的权利，但是不得捏造或者歪曲事实进行诬告陷害。对于公民的申诉、控告或者检举，有关国家机关必须查清事实，负责处理。任何人不得压制和打击报复。"上述两条规定从规范层面上保障了公民的言论自由与批评权。然而，在现实生活中，公民正当行使其言论、批评权利时，却常常面临来自公权力的危险。一系列有关跨省追捕的案件说明，要保障公民的言论自由，我们仍有很长的路要走。

【案情介绍】

王帅案：2008年5月28日，河南省灵宝市政府以建设五帝工业聚集区为名，"租"用了大王镇农地28平方公里，其中大部分是基本农田，约3万余农民将失去土地。市政府书面公告了地上附着物数量及补偿金额，以每年1000元/亩的价格租地，30年为限。为促使农民尽快清理，政府承诺，在规定时间前清理完毕者，便可得3%地上附着物补偿金额的奖励。大部分农民为得到奖金，将土地上的果树、小麦等迅速清理了。但有几个村民研究了土地法，发现以租代征是国家正在严厉打击的违法行为，遂先后在三门峡、郑州上访。政府为安抚农民，将租价提高到1年1200元/亩，终于达成协议。

王帅是大王镇南阳村人，事件发生时正在上海上班。他在电话中得知此事后，感觉政府所为明显违法，就上三门峡市土地局、河南省国土厅网站查批文，并通过网络在线信访多次向河南省国土厅递交举报信，但一直没有结果。万般无奈之下，王帅在网上发了一篇题为《河南灵宝老农的抗旱绝招》的帖子，并贴上照片，引起广泛关注。2009年3月6日，王帅正在上班期间，被灵宝市警察抓捕回灵宝，王帅被关押8天之后，当地警方以王帅罪名不成立，将其释放，并给王帅国家赔偿783.93元。

吴保全案：吴保全系内蒙古乌海市人。十几年前做服装生意时，与鄂尔多斯的康树林相识。后来，吴保全迁家至青岛，做起了营养师，并开有一间小公司。两人常有联系。2007年9月6日，吴保全在与康树林电话聊天中得知，康树林的农村老家被政府强行征地，低价买进，高价卖出，村民们诉苦无门。吴保全建议，何不把这些情况发到网上，以引起有关部门重视？但康树林没有电脑，也不会上网，吴保全主动提出帮忙发帖。第二天，题为《领导：你要杀你的农民姐弟?》的帖子出现在网上。帖子出现后，回帖寥寥，不料9月16日，3名鄂尔多斯警察出现在面前，当晚坐飞机将吴保全带离青岛。到达鄂尔多斯后，吴保全连夜受审，被告知因在互联网上公然侮辱诽谤他人罪而被处以行政拘留10天。第二天，康树林也被抓，同样被行政拘留10天。吴保全获释后，继续在当地了解情况。2007年10月至11月，吴保全以网名“找我吗”在大律师网、文学博客网、记者网等发表题为《鄂尔多斯市浮华背后的真实情况——一些不敢公示的秘密》的帖子，抖出了很多问题。2008年3月，《网络报》刊载了题为《一块别墅土地3280倍升值之旅》的长篇报道，细述鄂尔多斯康巴什新区违规征地的前前后后。采访过程中，当事记者李江涛曾找到吴保全了解情况。2008年4月27日，吴保全在沈阳被鄂尔多斯警方抓捕。9月23日，法院开庭审理吴保全案，公诉方起诉吴保全“辱骂诽谤他人及政府”，判处一年徒刑。吴保全不服，提起上诉，鄂尔多斯市中级人民法院裁定发回重审，却在事实、证据未作改动的情况下被改判两年徒刑。吴保全再次上诉，鄂尔多斯中级人民法院维持原判。此案件由于关注度极高，后又进入鄂尔多斯中院再审程序。法院再审后作出判决：“被告人吴保全犯诽谤罪，判处有期徒刑一年零六个月。”吴保全表示不再上诉。

王鹏案：王鹏曾多次以多种形式举报其大学同学马晶晶在公务员招考中作弊。据王鹏所言，2007年6月在学校统计就业率时，马晶晶将就业单位填写为共青团银川市委，然而宁夏回族自治区公务员考试在2007年7月10日才开始报名，直到此时马晶晶方报考银川团市委学校部科员一职。马晶晶最终被录取。而公开资料显示，马晶晶的父亲马崇林现任宁夏回族自治区扶贫办副主任，母亲丁兰玉现任吴忠市委常委、市政协主席。2010年11月23日，当时在甘肃省图书馆工作的王鹏被宁夏吴忠市利通区公安分局以涉嫌诽谤罪刑事拘留。12月2日零时，宁夏吴忠市市委、市政府通报，决定纠正利通区公安分局跨省刑事拘留王鹏错案，相关领导被免职。

【宪法评析】

上述几起案件都与跨省（市）抓捕有关。顾名思义，跨省抓捕，即甲省警察越出其管辖行政区划之范围，而对身处乙省的某公民实行抓捕行为。跨省抓捕当然涉及很多原因，诸如因罪犯在逃等原因而异地追捕等，然而近些年来，跨省抓捕却有了一个相当一贯的解释，即对在外地行使言论自由的公民进行抓捕的行为。在网络上，“谢绝跨省抓捕”俨然已成为一个热词，诸网友以此调侃虽让人会心一笑，其后的社会问题却不能不引人深思。

一、言论自由、批评建议权是我国宪法规定的公民权利，也是发展公民批判精神，培养公民意识的关键

我国《宪法》第35条规定：“中华人民共和国公民有言论、出版、集会、结社、游行、示威的自由。”第41条规定：“中华人民共和国公民对于任何国家机关和国家工作人员，有提出批评和建议的权利；对于任何国家机关和国家工作人员的违法失职行为，有向有关国家机关提出申诉、控告或者检举的权利，但是不得捏造或者歪曲事实进行诬告陷害。对于公民的申诉、控告或者检举，有关国家机关必须查清事实，负责处理。任何人不得压制和打击报复。”这两条规定确认了公民享有两个互有联系的基本权利，即言论自由和批评建议权。在宪法理论上，言论自由和批评建议权的价值是不言而喻的。由于任何人都不可能掌握全部真理，任何人都需要从外界听取反对的声音和意见，以完善自我。对于政府而言，这一点尤为重要。现代国家不仅在宪法层面对政府作出了践行民主政治的要求，即要求政府建立在民意的基础之上，还要求国家保障公民的言论自由，确保公民有权发表各种言论，对政府作出批评建议，而压制言论自由，势必导致一些负面结果。对此，密尔曾有过非常精彩的探讨：“第一，如果某一观念被迫保持缄默，就我们所能确知的范围而言，该观念可能是正确的。否认这一点便是假定了我们自己的一贯正确性。第二，即使被迫保持缄默的观念是错误的，它也可能并且极为普遍地包含着真理的一部分；因为任何主题之一般的或者占优势的观念很少是或者从来不是全部的真理，所以只有通过对立观念的碰撞，才能使真理的剩余部分有机会得到补足。第三，即使公认的观念不仅是正确的，而且是全部的真理，除非它被容许去遭受并且实际遭受到了猛烈而又真挚的争议，否则它就会被那些接受它的人大多数以一种偏见的方式来维持，而对它的理性基础则很少会理解或感受到。第四，学说本身的意义将会处于被丢失或者被弱化的危险之中，并且会失去对其品性和行为的重大效果：教义变成了单纯形式上的声明，它对于善是无效果的，但是它又妨害着基础，阻止着真正的和诚挚的信念从理性或个人体验中生长出来。”

尤为重要的是，在现代社会，民主政治要求公民具有高度的公民意识，即权利意识、参与意识、公德意识等众多与公共性相关的意识，而这种意识是建立在个人的独立判断、自由言论之基础上的。公民只有在有权行使言论自由的条件下才能发展其个性，产生批判精神，并在此基础上产生公共参与意识。否则，缺乏批判意识的公民必然不是合格的公民，只能在某种意义上

成为“臣民”。正因如此，对政府以及政府官员的批判也是推动政府进步的一种强有力的动力。我国宪法确认了公民的言论自由和批评建议权，并明文规定禁止“压制和打击报复”，其意义十分明显。

二、言论自由是有界限的，但限制公民言论自由的措施应受到严格的控制

宪法不仅在规范层面上确认了言论自由和批评建议权的意义，且通过禁止打击报复的方式对言论自由进行保护。当然，言论自由并不是毫无限制的。我国宪法明确规定，“中华人民共和国公民在行使自由和权利的时候，不得损害国家的、社会的、集体的利益和其他公民的合法的自由和权利”。这就是对言论自由的限制。因此，当行使言论自由与其他利益产生冲突时，对言论自由进行限制是必要的。然而，言论自由是公民的一项基本权利，其意义十分重大，因此各国宪法在对言论自由进行限制时，也对这些限制措施进行了限制。例如，美国宪法第一修正案规定，“国会不得制定关于下列事项的法律：确立国教或禁止宗教活动自由；剥夺言论或出版自由；剥夺人民和平集会和向政府诉冤请愿的权利”。与此同时，当言论自由与其他权利产生冲突时，由于言论自由的价值非常重大，各国宪法也常常对言论自由给予倾向性保障。而如果言论自由针对的是政府或政府官员时，则需要受到更为严格的保护。在美国，《纽约时报》诉萨利文案即确认了如下规则：如果政府官员宣称自己的名誉因公民诽谤而受到损害，他必须证明该公民具有实际恶意。这几乎免除了公民批评政府和政府官员的责任，从而将言论自由的范围进一步扩大。

然而在当代中国，跨省抓捕案屡见不鲜，对言论自由造成深刻的负面影响。公民行使其言论自由和批评建议权，对政府和政府官员进行批判，乃是一个合格公民基本素质的一种体现，政府若能够从善如流，积极听取公民的正确意见，对公民的错误意见进行客观回应，则势必会提升政府形象；反之，一味压制公民言论不仅是对公民权利的极大侵害，也是对自己形象的贬低，造成一种“心虚”的外部形态，从而严重影响政府权威。换句话说，政府权威的低下绝不是公民的批评造成的，而是政府自己的不当乃至不法行为造成的。跨省抓捕是警察权的滥用，这种滥用已经对公民言论自由造成了强有力的压制，其后果是公民在行使言论自由时，不得不小心谨慎，长此以往势必迫使公民有怒不敢言，而将社会矛盾长期积压，若在特定时间集体爆发，后果将不堪设想。

一个很有意思的现象是，政府常常以诽谤罪对批评者进行打击报复。在吴保全案中，甚至出现了生造“诽谤政府罪”的事情。如我们所知，政府并不是人，因此没有名誉可言，因此不可能出现诽谤政府的罪行，而政府出于

对批评者的憎恶以诽谤罪加以惩处，本身即是一种违法行为。即便公民是对官员进行批评，如在王鹏案中，王鹏对马晶晶的批评和举报，也是公民正当行使其权利的行为，法律理应加以保障。纵然这种举报可能有所不实，但在政府没有证据证明公民的举报是别有用心、捏造事实的情况下，公民的言论自由和批评建议也应受到严格保护，否则，等于要求公民在批评建议前查清事实，找出证据，而这一工作是政府机构的事，公民不可能有这样的精力和资源，因此，要求公民的批评建议需证据确凿，等于从根本上堵死公民行使言论自由和批评建议权的途径。从这个意义上说，只要是针对政府和政府官员的批评建议——即便与事实不完全相符，也应加以保护，除非政府能够证明公民确实有所恶意。唯此，才能对言论自由进行保护。正因如此，有众多学者呼吁废除刑法中的诽谤罪。

三、通过跨省抓捕来限制言论自由是对公民宪法权利的粗暴干涉，反映了我国宪法仍未对公权力的滥用形成有力的约束

有些跨省抓捕以喜剧收场。例如，在王帅案和王鹏案中，在网络舆论的强大压力下，地方政府只好承认错误，这本身也意味着言论自由的巨大胜利。然而，在人们对跨省抓捕进行围剿的同时，跨省抓捕现象仍屡见不鲜，这又是一出悲剧了。究其原因，一是宪法难以从根本上约束公权力，宪法所规定的公民基本权利无法得到有效落实；二是地方政府的警察权力仍旧过于肆无忌惮。但我们也期待着公民的言论自由能够得到最大程度的保障，毕竟，随着网络时代的到来，言论的威力已经势不可当，其中虽间杂负面效果，却终究代表了一种积极的发展趋势。

【扩展阅读】

1. 郑金火：《信守诽谤罪构成的法律底线——从“王鹏案”说起》，载《法学》2011 年第 5 期。

2. 刘哲：《王帅不是第一个，也非最后一个》，载《检察风云》2009 年第 10 期。

3. 人民网：《宁夏吴忠“跨省刑拘王鹏”错案》，载 http://legal.people.com.cn/GB/43027/209118/。

（撰稿：杨蓉）

四、经济、社会和文化权

23. 中国重庆“最牛钉子户”房屋拆迁案

【案例主旨】

私人财产权是个人基本权利之一。我国现行《宪法》第13条第1款明确规定：“公民的合法的私有财产不受侵犯。”但同时，出于公共利益的需要，国家可以在予以公正补偿的情况下征收私人财产。如何规范征收权的行使，以实现公共利益与私人财产权的平衡，是保障私人财产权的关键所在。

【案情介绍】

2007年3月初，网上各大论坛一个“史上最牛的钉子户”的帖子被竞相转载，由此重庆钉子户事件开始进入公众的视野。据报道，事件所涉房屋地址为重庆杨家坪鹤兴路17号，该地处九龙坡区商业核心地段，紧邻杨家坪步行商业区和轻轨杨家坪站，有住宅204户、非住宅77户。

据当地政府介绍，这些住宅户全部为非成套住宅，无厨无厕，无天然气和下排水系统，其中有159户面积不足35平方米，最小的不足8平方米。而且该片区80%的房屋系20世纪四五十年代修建，多数为穿透夹墙等简易结构建筑，年久失修，危旧破烂。经专业技术部门鉴定，72.2%的建筑系危房，并多次发生火灾和垮塌事故，近10多年来被市、区两级列为消防安全、房屋安全重点监控及整改片区，安全隐患极为严重。同时，该地段是连接步行商业区内外的重要通道，人、车流量较大，在未实施拆迁以前，人行道路狭窄且破损严重，最窄处不足1米，导致交通拥堵。广大群众急切盼望对该片区实施改造。市、区人大代表、政协委员也多次呼吁政府加大力度。为消除该片区安全隐患、确保人民群众的人身和财产安全、提升杨家坪中心区域城市形象而早日对鹤兴路进行彻底改造。

按照杨家坪步行商业区城市建设总体规划，2004年，重庆智润置业有限公司与重庆南隆房地产开发有限公司以联建的方式启动了对该片区的改造，开发建设“正升——百老汇广场”项目。该项目原国土批准用地面积为2.35万余平方米，其中实施杨家坪环道、大件路、轻轨、公交换乘站等市政设施建设用地约1万平方米，办公、商用、住宅综合建设用地为1.3万余平方米。该项目建成后，对提升城市形象、完善城市功能、繁荣杨家坪商圈具有十分重要的意义。

2004年8月31日，开发商取得拆迁许可证，启动拆迁。此后经过开发商和被拆迁户协商，至2006年8月，该片区281户中有280户接受了安置补偿方案，同意拆迁，但17号房屋业主杨武与开发商虽经多次协商却未能达成一致意见。2007年1月11日，开发商向重庆市九龙坡区房管局（以下简称房管局）申请行政裁决。当日，房管局即裁决被拆迁方在15日内自行搬迁并将房屋交由开发方拆除。但杨武并没有按该裁决书履行义务，房管局遂于2007年2月1日向九龙坡区人民法院提交了《先予强制执行申请书》，申请法院强制拆迁。法院受理该申请，于3月19日举行听证会后作出《重庆市九龙坡区人民法院非诉行政执行裁定书》，裁定杨武在2007年3月22日前履行房管局裁决书第三项所确定的义务，即自行搬迁并将房屋交付拆迁人拆迁，逾期不履行，法院将依法强制执行。但杨武并没有履行该裁定，经法院多次组织协商仍未与开发商达成协议。3月30日，法院发出执行公告：责令被执行人杨武在4月10日前自行搬迁，若到期仍不履行，法院将择期依法实施强制拆除。

4月2日下午，在九龙坡区委负责人进行相应工作的前提下，开发商和被拆迁人杨武的代理人吴苹在九龙坡区法院的主持下，最终达成异地产权调换安置的和解协议：杨武位于鹤兴路片区17号的房屋评估价为247万余元，此外开发商还补偿杨武房屋装修费10万元、搬家费2万元和屋内设备费2222元，总计近260万元；由于开发商提供的位于沙坪坝区的异地安置房价值为306万余元，故杨武需补足46万余元的结构价差。同时，双方还就因断水断电断交通给杨武造成的营业损失达成了赔偿协议，杨武获得90万元赔偿。协议达成的当天下午，杨武从开发商专门制作的梯子走下“孤岛”，当天晚上10时36分，“孤岛”在机器的轰鸣声中颓然倒塌，至此旷日持久的拆迁矛盾终于化解，备受关注的重庆钉子户事件以和解的方式成功解决。

【宪法评析】

一、根据宪法，我国城市的土地属于国家所有，私人只能拥有土地的使用权，但国家不能随意收回私人拥有的土地使用权

本案是有关私人财产保障与征收之间关系的典型案例。首先应当指明的是，由于按照宪法规定，我国城市的土地属于国家所有，私人只能拥有土地使用权。进而人们认为，既然城市土地是国家所有，那么国家当然可以决定是否“收回”土地，而无须和土地使用权人商量。但在法理上，其土地的所有权人是无权随意收回使用权人的土地使用权的，因为土地使用权也是一种重要的财产权，是一种独立的、可以对抗所有权的物权。国家要单方决定强制“收回”私人的土地使用权，只能以公共管理者的身份，动用征收权才能

为之。因此，在我国，各级政府单方强制“收回”城市中私人土地使用权的行为，应该也属于（土地）征收的范畴。

私人财产是一项重要的基本权利，而在其中土地与房产更是私人安身立命的根本，且本身往往价值极大，因此更是私人极为重要的财产。但同时，和其他权利一样，国家也可以为了公共利益而对私人财产进行适当的限制。国家对于私人财产的限制主要有三种：征收赋税、用途管制和征收征用。其中，征收征用是对私人财产最为直接、重大的限制。因此，宪法对于私人财产保障就主要体现为对征收（或征用）权的规范与控制。

二、国家征收征用私人财产包括土地使用权必须出于公共利益的需要

在为了维护重大的公共利益所必需的情况下，对私人财产进行征收是古今中外都允许的普遍情况。但同时为了保障私人财产，各国宪法一般又对征收征用规定严格的条件予以限制。

只有对私人财产的征收征用是出于公共利益的需要才能被允许。而且，征收私人财产所要实现的公共利益不能是一般的公共利益，还必须符合三个方面的要求。首先是重大性，要求征收所要实现的公共利益不能是泛泛而言的公共利益，而必须是重大的公共利益。例如，铁路建设，如果不征收私人土地，将会导致铁路线路被迫改道，进而导致铁路建设极大的不经济和不合理。不能是“用大炮打蚊子”，即不能为了微小的公共利益就去征收私人财产。其次是必要性，即征收必须对于公共利益的实现是必要的，是不得已而为之。例如，财产所有权人不同意资源交易，而如果不进行征收公共利益将遭受重大的损失。最后是直接性，即要求征收是直接为了公共利益。尽管现代各国立法不再要求征收必须只能是为了严格意义上的公共工程建设的需要，而是也允许征收过程中有一定的商业利益的因素，但征收必须是直接为了公共利益，而不能是附带性地为了公共利益。尤其不能打着公共利益的幌子，把征收私人财产作为实现商业利益的工具。

如何保障征收出于公共利益？最起码应当从程序上予以保障。也就是说，征收必须有民意代表机关即议会的授权，同时在作出征收决定时，必须保障当事人的参与和抗辩权。

在本案中，当地政府的征地行为之所以会被质疑，尤其是被被征收人（即俗称的被拆迁人、拆迁户）所抵制的重要理由，是因为人们认为其征地并不是为了公共利益的需要，而是为了开发商商业利益以及个别官员的私利。本案中，当地政府确定进行土地征收并进行改造的理由是提高这个区域内民众的居住状况，“消除该片区安全隐患、确保人民群众的人身和财产安全、提升杨家坪中心区域城市形象”。从这个角度来讲，本案中的征收行为符合公共

利益的要求。

而反对者也有明显而充分的质疑理由。因为这个地方的改造本身就是由重庆智润置业有限公司和重庆南隆房地产开发有限公司这两家房地产公司主导的。他们在其中肯定大有利润可赚，否则怎么会这么积极?!

应该说，两方说法都不能说没有道理。那么到底该案中的征收行为是否是为了公共利益呢?!显然这个问题是无法从实体上来判断的。那么问题究竟出在哪里呢?

从根本上讲，如前所述，要判断征收行为是否符合公共利益，一个基本的形式标准是，征收行为要由民意代表机关即议会来授权。所谓的公共利益，并不是抽象的，而正是由民众的共同利益所构成的。议会本身作为民众选举出来的专门代议机关，经过充分的辩论与表决，可以在很大程度上代表民众的利益，这本身就是一个反映和判断公共利益的最常规途径。而且，在作出征收土地的决定时，民众尤其是被征收人还有权参与并对征地决定是否符合公共利益进行充分的讨论和抗辩。

我国也有专门的代议机关，即各级人民代表大会，而且按照我国法律规定，人大在各级政权中居于核心和至上地位。然而在现实中，由于我国人大制度本身还有待完善，导致人大的民意代表性及其地位与作用还较为有限，进而无法发挥应有的作用。

就本案而言，该地区为进行城市改造而实施的征地行为，按理说属于该地区甚至整个城市的重大事项，是否要进行改造并进行征地，应该由该地区甚至是市人大充分讨论，来判断其是否是出于公共利益的需要。然而，事实上当地人大却没有发挥上述应有的作用。而且，在作出改造和征收土地决定时，民众尤其是被征地的当事人并没有机会参与，对征地行为是否符合公共利益提出辩论和质证。其实，就此而言，上述问题在我国普遍存在，而不仅存在于本案中。这是人大制度与城市土地征收制度还不完善所造成的。这就是尽管当地政府认为本案中所实施的征收完全是为了公共利益，但民众和被征收人不认同的根本原因所在。更何况，本案中的征收行为是由商业房地产公司直接参与甚至是主导的，就更容易引起人们的怀疑。从这个意义上也更应该通过上述程序来证明征收是否为了公共利益。

三、对私人财产包括土地使用权的征收征用必须遵循正当的法律程序

任何对私人权利的限制行为都必须遵循正当程序。正当程序的要义有二：第一，要求决定者要中立，不能自己做自己案件的法官；第二，要听取当事人的陈述、申辩。而就征收行为而言，正当程序要求征收的决定者（裁决者）要中立于用地方和被征收人；而且要在执行征地决定前必须先行支付补偿。

如前所述，由于人们认为既然城市土地是国家所有的，所以国家在收回土地时自然不需要通过什么程序和民众商议。因此，我国相关的法律制度并没有规定政府在决定“收回”私人的土地使用权时的参与和抗辩权。这是导致征收行为频频遭受抵制和抨击的重要原因。而且，按照正当程序的要求，确定是否进行征收以及补偿标准的主体应当具有中立性，这样才能体现公正，作出的决定才具有公信力，才能让民众和被征收人信服和认同。但是，我国的征收决定和补偿标准的确定，都是由行政部门内部决定，民众没有参与和抗辩的权利。民众对于补偿标准和开发商达不成一致的，按照本案发生时正在适用的《城市房屋拆迁条例》的规定，也只能找地方政府的建设部门裁决。

然而，征地决定本身就是政府的意志，这些行政部门本身就是政府的下属机构，由他们来决定是否进行补偿，裁决补偿是否公平，自然难以让民众和被征收人信服和接受。而本案中就很典型地反映了这一问题。

按照正当程序的要求，补偿应当在执行征收即进行拆迁之前就应当履行，否则就不得执行。然而，按照当时的《城市房屋拆迁条例》，竟然可以先拆迁后进行补偿。这不能不说是一个大问题。因此，后来取代该条例的《国有土地上房屋征收与补偿条例》修改了这一规定，显然是一个极大的进步。

四、对私人财产，包括土地使用权的征收征用应当给予公正补偿

所谓公正补偿和最低标准，乃是按照被征收财产的公平市场价格予以补偿。补偿标准的确定应该在征收决定作出时一并作出，并必须在执行土地征收决定之前予以履行。而且如果当事人不服的，可以向法院提起诉讼，请求法院重新确定。而在法院作出判决之前，征收决定应当停止执行。

在中国，由于征地而引发的纠纷和矛盾极为普遍和激烈。其根本原因就在于我国现行征地制度及其他相关制度还很不完善，以致私人财产权利得不到有效保障，同时也导致征地行为不能得到民众的理解和支持。本案之所以发生，原因也在于此。

房地产中最重要的是土地。而土地征收的目的也是土地，而不是房屋。房屋只是决定土地价值的变量之一。因此，评估土地征收补偿的正确办法是应该把房屋和土地结合在一起综合确定补偿标准。补偿是否公正是征收的关键，也是绝大部分征收争议的核心。在我国，由于立法者认为土地是国家的，因此当国家“收回”私人的土地使用权时，给多少补偿乃至是否补偿，都应当是国家说了算。因此，对于土地使用权的补偿较低甚至不予补偿。与此同时，我国的《城市房屋拆迁条例》、《国有土地上房屋征收与补偿条例》则只规定了对房屋的补偿，这实际上是不公平的。因为百姓所获得的土地使用权也是付出了极大的代价获得的（如买房者在支付买房款中就包含着土地使用

权的价值，城市房屋之所以贵，很大程度上是由于地皮价格较贵）。这是我国城市土地征收补偿百姓不太满意的重要原因之一。

按照我国城市土地征收制度，被征收人对于补偿标准不满意的，裁决权在建设部门。而即使可以到法院，法院也无权重新确定补偿标准。相反，法院在城市土地征收中最重要的角色是执行行政部门的征收决定。这显然颠倒了行政权和司法权的性质和职能，导致征收行为无法获得有效的司法审查，征收争议无法通过司法途径获得解决。

再者，按照当时的《城市房屋拆迁条例》，如果被征收人对于建设行政部门的补偿裁决不服，向法院提起诉讼的，原则上不影响征收决定的执行。这显然与法理不合，不利于私人财产的保护。

当然，在本案中，当地政府和法院表现出了极大的克制和包容精神，这反映了他们对于私人财产的尊重，这是值得肯定和鼓励的。但是，如果要从根本上解决上述问题，实现私人财产和公共利益的平衡，还需要进一步完善我国的土地征收制度。

【扩展阅读】

1. ［美］路易斯·亨金等著，郑戈等译：《宪政与权利》，三联书店 1996 年版。

2. Nichola. S. Mercuro (ed.), *Taking Property and Just Compensation*, Kluge Academic Publisher, 1992.

3. 叶百修：《从财产权保障观点论公用征收》，自刊本 1989 年版。

（撰稿：杨俊锋）

24. 美国宾夕法尼亚煤业公司诉马洪财产征收案

【宪法主旨】

美国宪法第五修正案明确规定："未经正当补偿，不得将私人财产收归公用。"这就要求政府在征收私人财产时，必须予以正当补偿。在传统意义上，征收私人财产，指的是直接取得私人财产并将其转作公共用途。这种传统意义上的征收应当依照宪法予以补偿，是无须讨论的。但征收是否应限于此种情形？这却是一个值得讨论的问题。

在理论上，基于财产权的社会义务，以及政府（通过警察）进行管制与征收是两种不同的行为，前者无须补偿，后者则需要补偿。但在有些情况下，因限制强度过大而致使私人财产受到特别损害，即国家限制私人所造成的损失如已超过其所应尽的社会义务而形成一种“特别牺牲”时，基于“公平负担”的法理，自然应给予一定的补偿，才合乎公平。① 发生在1922年的美国宾夕法尼亚煤业公司诉马洪财产案就是这样一个标志性的案例。

【案情介绍】

宾夕法尼亚煤业公司将其地面地产权益转让给他人，但明确保留开采该地产之下所有煤藏的权利。受让人根据1922年宾夕法尼亚州通过的一项法律（该法律规定如果采煤会损害地面建筑，那么便不得进行开采）诉请禁止会导致地面和其房屋塌陷的开采行为。宾夕法尼亚煤业公司则诉至联邦最高法院，请求宣布该法无效。

这一案件涉及的法律问题是：该法是否构成未经公正补偿便取得矿业公司财产，即采矿权是否被违宪地征收，因为该法并未规定进行补偿。

作为联邦最高法院的判决多数意见的执笔人，霍姆斯大法官声明：“一般原则起码是，虽然财产可在一定程度上被管制，但是，如果管制得太过分（go too far），那么该管制就应被视为征收。”霍姆斯断定宾夕法尼亚州法律的管制属于过分的管制。因为这一管制导致财产所有人利用财产获利的权利的价值被实质性地缩减。“导致商业意义上的采煤不可实施的行为便具有与为了宪法上的目的（公用）而征收或消灭开采权几乎同样的效果。”② 进而，宾夕法尼亚州的上述法律被宣告无效。

【宪法评析】

一、公民在行使财产权时应负有一定的社会义务，因而政府在一定条件下可以征收征用，但应限于为公共利益而为，且通常要给予公平的补偿

从社会连带的观点来看，私人在行使权利时，依法律负有一定程度的社会义务，所以，如果国家对私人财产权利的限制造成损失时，如该损失属于社会义务的范围，个人自应忍受。自魏玛宪法开始，西方的宪法上也明确规定了私人财产权负有社会义务，为公共福祉的需要由立法加以限制。

在美国法上，有一个重要的概念是警察权（police power）（请注意，它与汉语中常用的警察权是不同的）。最广义的警察权包含最高主权者基于统治行为所拥有的权力，也即公权力。然而，从联邦和州政府行使征收权取得私人

① “Eminent Domain”, *American Jurisprudence*, Volume 26, 27, Second ed. the Lawyers Cooperative Publishing Company, 1966, p. 638.

② Pennsylvania Coal v. Mahon Co. ,260 U. S. 393 ,43SCt158 ,67LEd ,322(1922).

财产必须加以补偿的规定可知，“警察权”一语已经很少被广义地使用，而是一般限于为了保护公众健康、安全或一般福利，用以规范人们行为，不包括应予补偿的征收的权力。[①] 也就是说，一般对私人财产权的警察权管制与征收是不同的两种权力。前者是国家在不给予所有者补偿而仅仅在其分享警察权行使所带来的共同利益的情况下，可以对其财产的享用进行规制，或者针对特定健康、安全事项，剥夺所有人从其财产的行使中获益的权利。[②] 与之相应，征收征用权是出于公共目的，在给予公正补偿的基础上收归公用或损害（damage）私人财产的一项主权权力。

这起案件是有关管制性征收的标志性案件。从理论上讲，为了公共用途而征收私人财产和为了维护公共利益而对私人财产的使用进行限制是两种不同类型的行为。前者是对私人财产的占有，进而应当予以补偿；而后者则仅仅限制私人财产的使用，是不需要补偿的。但在实践中，有些限制私人财产使用的行为如果不予以补偿，就会造成私人财产遭受不公平的损失。那么如何解决这一问题呢？这正是本案所要面临的问题。

二、征收征用不仅包括政府直接取得财产所有权，也包括因政府行为导致的公民财产利益的减少

通过本案的判决，实际上使征收的概念得以扩张。原来狭义的征收概念显然已经不能为私人提供应有的救济，必须对原来狭隘的征收概念进行改造，才能适应新的形势。于是，法院突破了征收征用乃是取得私人财产权尤其是土地所有权这种形式化的征收概念，而是基于特别牺牲、公平负担原则，从宽泛的意义上来阐释宪法上征收的含义，认为宪法不经公正补偿即不得征收条款的目的是“禁止政府强迫某些人单独承担按照公平和公正的原则本应完全由全体公众承担的公共负担”[③]。进而，征收含义被革命性地扩张了，将国家对于财产权所进行的过度限制也纳入征收征用的范畴之内。

由于这种征收是通过具有强制力的法规的管制作用而间接地、在效果上拘束财产，而非直接移转财产的所有权，因而在美国被称为管制性征收

① DMandelker & R Cuningham, *Planning and Control of Land Development*, pp. 50 - 51 (3 ed 1990)，转引自谢哲胜：《财产法专题研究》（二），中国人民大学出版社 2004 年版，第 165 页。

② Hartman v. State Corp Comm’n, 529 P 2d 134 (Kan1974); Gibbons v Missouri K&TRCo, 285P1040 (Okla1939).

③ ArmstrongvUnitedStates, 364US40, 49 (1960).

(Regulatory takings)。[①] 这种管制性征收的实质是对于财产的使用权的过分限制乃至剥夺，进而使私人承受了特别的损失——基于公正而言，这种负担本应由社会全体来承担。

从广义上来讲，公权力行为只要在效果上剥夺了财产所有人在其财产上所有法定利益或在某些情况下其大部分利益，就应认为该行为构成了征收征用。征收征用并不一定是政府取得财产所有权，只要存在着政府破坏或在实质上减损财产权人的权利或其财产上利益的事实，就足以构成对财产的征收。[②]

由此可以看出，为有效保障私人财产权，西方国家宪法上的征收这一概念的含义被极大地扩展，已远远不限于为公用而剥夺土地等不动产这一传统意义上的范围。这使国家对私人财产权的过度限制措施也可能被视为征收。这样，征收这一概念似乎成了一个无处不用的“万金油”。其深层次的根据在于特别牺牲与公平负担的法理。由是观之，从广义上讲，所谓的征收与其说叫作征收，倒不如说是“致使私人承担特别损失的合法公权力行为”。国家对于私人财产权的剥夺、限制行为，只要构成特别牺牲，即使为公益所必需且依法作出，也应对私人予以公正补偿，从而使私人财产权保障落到实处。

三、我国需要扩大征收征用含义的范围，进而扩大征收补偿的范围，同时更需完善相关法律制度

反观我国，对于征收征用的认识非常狭隘，一般上只能涵盖西方宪法上狭义上的“征收”；另外，我国学界在讨论宪法私人财产权保障条款时，仍然普遍照搬西方国家宪法的私人财产权保障、征收征用和补偿的规范结构。这种认识上的偏差必然造成私人财产权保障的疏漏。许多严重侵损私人财产的公权力行为，按西方征收征用理论，完全应被认定为征收征用，进而应由国家承担的给予私人正当补偿的责任，却由于我国学界对于征收征用概念的认识褊狭而被忽略，既致使私人的财产损失得不到应有的救济，也导致国家对于私人财产的重大的限制、剥夺行为受不到应有的约束。

同时我们还不难看出，财产权的宪法保护其实不是一种简单的法律实践，它本身就涉及非常复杂的宪法运作问题，离不开宪法上所设立的财产权保护条款之外的其他具体制度的有效配合。就此反观当下的我国，我们不要天真地期望通过在宪法文本中插入一套宪法条文就可以建立起有效的财产权宪法保护机制，也不要误认为在修宪中引入私人财产权保护条文就会导致所有制

① Theodore J. Novak Brian W. Blaesser Thomas F. Geselbracht: Condemnation Property: Practice And Strategies For Winning Just Compensation, Rudnick & Wolf, 1993, p. 42.

② United States v. Generalmotors Corp, 323 U. S. 373, 378 (1945).

的变更。相反，财产权宪法保护的实际命运如何，具体内容怎样，不能单靠一套宪法条文，更要看对这种条文的解释和运作。宪政发达国家尚且如此，迄今仍没有建立实效性的违宪审查制度或宪法诉讼制度的中国更不可能例外[①]。

【扩展阅读】

1. 谢哲胜：《财产法专题研究》(二)，中国人民大学出版社2004年版。

2. 林来梵：《美国宪法判例中的财产权保护——以Lucas v South Carolina Coastal Council为例》，载《浙江社会科学》2003年第5期。

3. Pennsylvania Coal v. Mahon Co., 260 U. S. 393, 43SCt158, 67LEd, 322 (1922).

(撰稿：杨俊锋)

25. 中国私塾"孟母堂"被叫停案

【案例主旨】

我国《宪法》第46条第1款规定："中华人民共和国公民有受教育的权利和义务。"基于其规定的主要内容，我们可以称其为"受教育条款"。在学理上，这种在一个条款中既规定公民的基本权利，同时又课以公民义务的条款被称为"权义复合条款"。基于这种"权义复合条款"的特殊性，《宪法》第46条第1款中的受教育权利也就具有了复合性之特征，而兼具义务的性质。

【案情介绍】

"孟母堂"是一家成立于2005年的全日制私塾学堂，是由家长们自愿组成的现代家庭教育模式，并由家长代表延请教师授课。就读此处的少年儿童，平时以记诵中国古代经典和英文经典为主要方式，另外重组教材，编排数理课程，再辅以瑜伽、太极之类修身养性的运动。2006年7月24日，"孟母堂"被上海市教委定性为违法办学，并责成当地教育行政部门对该学堂紧急叫停。

上海市教委发言人指出"孟母堂"的四大问题为：首先，根据相关法律

---

① 林来梵：《美国宪法判例中的财产权保护——以Lucas v South Carolina Coastal Council为例》，载《浙江社会科学》2003年第5期，第34页。

规定，该学堂举办者应到所在的地区教育行政部门办理有关手续，经审批、登记获得办学许可证后方可办学。但该学堂未提交任何办学申请材料办理申请，更未获得办学许可，属违法办学。其次，家长把适龄子女送到该学堂接受教育，而未按规定把子女送到经国家批准的教育机构接受义务教育，属违法行为。因为根据法律规定，凡具有中华人民共和国国籍的适龄儿童、少年，不分性别、民族、种族、家庭财产状况、宗教信仰等，依法享有平等接受义务教育的权利，并履行接受义务教育的义务。再次，对于孟母堂的读经教育内容和方式，上海市教委也认为与《义务教育法》相关规定不符。最后，上海市教委认为孟母堂未经有关物价部门审核，擅自向学生家长收取高额费用，属违规收费。

但"孟母堂"则认为，"'孟母堂'不是办学，只是现代在家学习或在家教育的一种形式。既然不是办学，也就无所谓违规和违法"。

【宪法评析】

一、我国宪法受教育权的主体是全体公民，但实践中主要的关注对象是适龄儿童和青少年

我国宪法中的受教育权主要规定在《宪法》第46条中。《宪法》第46条规定："中华人民共和国公民有受教育的权利和义务。国家培养青年、少年、儿童在品德、智力、体质等方面全面发展。"

从宪法条文的规定来看，《宪法》第46条第1款规定了受教育权的主体是全体公民，也即每一个具有中国国籍的人都有受教育的权利；而《宪法》第46条第2款则强调国家对青年、少年、儿童等特定主体的受教育权的重视。从关系上看，二者之间是一般和特殊的关系。由于年龄层次的不同，受教育权也相应地分为不同的层次，每个层次的公民都有自己特殊层次的权利内容。具体内容可以简述如下：学龄前儿童有接受学前教育的权利；适龄儿童有接受初等教育的权利和义务；公民有接受中等教育、职业教育和高等教育的权利和机会；成年人有接受成人教育的权利。

虽然宪法条文规定的受教育权的主体是全体公民，但是在实践中，宪法中受教育权之主体的"主体部分"大多均由适龄的儿童和少年构成。之所以在众多的受教育权主体中强调适龄儿童、少年的受义务教育权问题，主要是因为：

第一，相比较成人而言，适龄儿童、少年的经济独立性、生活自主性较差，如果不将其视为一项基本的宪法权利来加以保障的话，则他们的受教育权极易受到侵犯。

第二，从接受教育的最佳时期来看，儿童和青少年时期是人生中接受教

育的黄金时期。世界观的形成、人生观的树立以及知识技能的确立，大多都是在这个时期完成的。因此，能否保障青少年儿童在这个时期接受良好的教育，直接关系到他们的未来和国家的前途。正是基于这种考虑，我国宪法中虽然明文规定受教育权的主体是全体公民，但是在实践上，在义务教育层面，主要关注的还是适龄儿童和少年的受教育权问题。因此，如果说受教育权的主体是全体公民的话，那么受义务教育权的主体就仅仅局限为适龄儿童和少年了。

因此，《义务教育法》第1条即开宗明义地要求："为了保障适龄儿童、少年接受义务教育的权利，保证义务教育的实施，提高全民族素质，根据宪法和教育法，制定本法。"

所以，"孟母堂事件"中的学生作为适龄学童，也自然享有宪法中的受教育权无疑。受教育权兼具自由权和社会权（或者称为消极权利和积极权利）的双重性质。首先，受教育权作为一种自由权，它首先要求国家应该秉持一种消极尊重的态度，只有在必要的场合和特定的条件下，国家权力才能成为保障教育自由的一种力量，在绝大多数情况下，国家权力应该对教育自由持一种宽容的态度。其次，受教育权作为一种社会权，要求国家对该权利的实现负有主动保护、积极干预的义务。

二、未成年人的受教育权的责任主体是父母或者监护人，他们有一定的为孩子选择受何种教育的权利，在未成年人义务教育中政府的主要责任是保障其实现

受教育权的主体一般限定为适龄儿童和少年，但是由于其还是未成年人，对自己的受教育权还未有清晰的认识，当自己的受教育权受到侵害时，自己也无法采取有效的途径予以保护。因此，未成年人的受教育权自然应由其监护人来监督和帮助其行使。这其中就蕴含着未成年人的监护人享有根据实际情况来帮助其监护的未成年人选择接受何种教育的权利，这当然也包括在本案中，学童的父母作为其监护人选择让子女到孟母堂这种民间私塾接受教育的权利。

当然，父母的选择权的行使并不是毫无限制的，其最起码的底线是不能以其选择权来侵害未成年子女的受教育权。而且，我国宪法同时规定公民受教育也是一种义务。一般而言，义务教育的指向对象应当是公民，其主体部分也应当是适龄儿童或少年。但基于同样的道理，由于适龄儿童或少年属于未成年人，因此受教育义务所约束的对象就主要转化为其监护人。《义务教育法》第11条也明确规定，"凡年满六周岁的儿童，其父母或者其他法定监护人应当送其入学接受并完成义务教育"。并且还特别强调："国家培养青年、少年、儿童在品德、智力、体质等方面全面发展"，实际上这不仅意味着施加给国家保障青少年和儿童全面发展的义务，同时根据公共权力权责一致的原

理，也同时意味着赋予国家干预青少年及儿童教育的权力。

当国家基于国民整体素质的考虑而对父母的选择权的结果表示怀疑或担忧的时候，国家可以定期检查这种教育的内容和教育的实施状况，对于达不到国家整体国民教育素质要求的教育机构，可以饬令整顿或者按照国家标准来进行，否则就可以强行关闭或通过其他方式进行整饬。

在宪法文本中，公民的“受教育的义务”也主要体现在《宪法》第46条第1款中。但在实践中，一般认为，受教育义务的义务主体不是适龄儿童，而是其父母或其他监护人与政府。

宪法中“受教育的权利和义务”要求国家积极实现其教育权益的义务。具体来说，受教育权就是国家尊重公民受教育的权利，并且为了使公民不分贫富均能接受与其能力相适应的教育，在立法及行政上有责任采取各种必要的措施促进教育的机会均等，甚至提供一定程度无偿性的义务教育。

在“孟母堂事件”中，国家有关教育机关对“孟母堂”以及其教育水准的关注，无疑可以看作履行政府义务的一种积极行为，值得肯定。但是，这并不意味着国家强行勒令关闭“孟母堂”就具有当然的合理性。

当学生家长想把子女送到学校接受教育的时候，政府机关必须能够保障这些符合入学条件的孩子能够入学接受免费的义务教育。按照我国《义务教育法》规定，义务教育的免费是指不再收取学费和杂费。但是，这里规定的“不收学费、杂费”是否意味着可以收取其他费用，如名目繁多的课本费、资料费、校服费、补课费等？从《义务教育法》的立法本意来看，义务教育这个概念本身就意味着这些费用如果是完成教育必不可少的，那就只能是政府的义务，如果不是必不可少的，那就涉嫌乱收费，政府更有义务加以管制，不管哪种情况，父母都不应当为这些其他的费用埋单。因此，既然国家将义务教育明确确立为国家的一项不可推卸的义务，那么就要为这个义务的实现提供一切可能的条件。否则的话，政府就有失职之嫌。

在国家垄断教育的情况下，政府对义务教育的保障义务要大于家长自身的义务。在某种意义上，我国现在某些农村地区的义务教育的落实不力，主要不是学生家长的问题，而是地方政府的责任。

三、父母对孩子教育的选择权与政府的教育管理权有各自的范围，政府不应过于武断地妨碍家长为孩子选择教育机构和教育模式的权利

在“孟母堂事件”中，一个核心的问题在于上海教育行政机关的关停告知书是否侵害了“孟母堂”一方的受教育权。从受教育权的归属上我们可以看出，国家教育行政机关和学生家长都享有教育权，问题的关键在于如何精确划分国家教育行政机关和学生家长的权利界限。

如果我们承认父母的教育权以及由此而派生的选择权，那么“孟母堂事件”中的父母选择以私塾性质的家庭教育来代替国家教育系学生父母教育权之自然行使，自不存在剥夺、限制孩子的受教育权问题。至于“孟母堂”的教育水准能否达到国家教育所划定的水平，可约请相关专家做一个评估。如果确实存在着缺陷的话，那么完全可以责令整改，而不是一关了之。而且只要大体上不与国家教育背离太多，就应对其教育成果予以承认。因为受教育权本质上仍然是一种基本权利，既然是一种权利，权利主体和权利的所有者就应该有处分、行使权利的自由。事实上，我们在很多时候都默许了受教育权的这种处分自由。例如，在学校选择上，我们除了有庞大的公办教育体系外，还有众多的私立学校、民办学校以及各类社会学校。在选择公办学校上，可能我们要受到较大的限制，但是在选择各类私立学校、民办学校上，父母有着起根本作用的决定权。一个极端的事例就是，现今的海外留学生越来越多，留学生的年龄也越来越小，如果父母选择将孩子留在国外读书是不是也违反了《义务教育法》的相关规定呢?

在宪法层面，尽管受教育具有基本权利和基本义务的双重属性，但是，对于公民来说，受教育条款中的规定更多地体现为一种权利，而对于政府来说，则更多的是体现为一种义务。宪法中确认了每个公民平等享受受教育的权利，但宪法并没有限定提供教育的方式，相反，宪法鼓励作为个体的公民进行创新性的教育实践，并责成相关部门给予帮助。

政府建立义务教育体系，须以家长的这种正当权利为界限。家长对孩子负有教育的义务，必须让适龄儿童接受相应的教育。而政府则有义务为所有选择上公立学校的孩子提供必要的教育服务设施，而且不收取任何费用。但这种义务绝不等于说，必须要求所有孩子都去上同样的学校。因此，国家创建义务教育体系，并不是要剥夺家长安排子女教育的权利，相反，它只是扩展了家长进行自由选择的范围，节省了大多数普通家长安排孩子教育的成本。

【扩展阅读】

1. 秋风：《不妨给私塾“孟母堂”以宽容》，载《新京报》2006 年 7 月 26 日。

2. 季卫华：《“孟母堂”事件中的受教育权探析》，载《教学与管理》2007 年 7 月 1 日。

3. 林来梵：《从宪法规范到规范宪法》，法律出版社 2001 年版。

（撰稿：杨俊锋）

26. 中国田永诉北京科技大学不授予学位案

【案例主旨】

受教育权是我国《宪法》第46条所明确规定的公民权利。高等学校对于学生的退学处分涉及受教育权这一宪法权利，应当纳入到司法审查的范围之内，当事人有权获得司法救济。而且退学处分的作出应当符合正当程序。

【案情介绍】

1994年9月，原告田永考入被告北京科技大学下属的应用科学学院物理化学系，取得本科生学籍。1996年2月29日，田永在参加电磁学课程补考过程中，随身携带写有电磁学公式的纸条，中途去厕所时，纸条掉出，被监考教师发现。监考教师虽未发现田永有偷看纸条的行为，但还是按照考场纪律，当即停止了田永的考试。北京科技大学于同年3月5日按照“068号通知”第三条第五项关于对“夹带者，包括写在手上等作弊行为者”的处理规定，认定田永的行为是考试作弊。学校根据第一条“凡考试作弊者，一律按退学处理”的规定，决定对田永按退学处理，4月10日填发了学籍变动通知。但是，北京科技大学没有直接向田永宣布处分决定和送达变更学籍通知，也未给田永办理退学手续。田永继续在该校以在校大学生的身份参加正常学习及学校组织的活动。

1996年3月，原告田永的学生证丢失，未进行1995~1996学年第二学期的注册。同年9月，被告北京科技大学为田永补办了学生证。其后，北京科技大学每学年均收取田永交纳的教育费，并为田永进行注册、发放大学生补助津贴，还安排田永参加了大学生毕业实习设计，并由论文指导教师领取了学校发放的毕业设计结业费。田永还以该校大学生的名义参加考试，先后取得了大学英语四级、计算机应用水平测试BASIC语言成绩合格证书。田永在该校学习的4年中，成绩全部合格，通过了毕业实习、设计及论文答辩，获得优秀毕业论文及毕业总成绩全班第九名。

1998年6月，被告北京科技大学的有关部门以原告田永不具有学籍为由，拒绝为其颁发毕业证，进而也未向教育行政部门呈报毕业派遣资格表。田永所在的应用学院及物理化学系认为，田永符合大学毕业和授予学士学位的条件，由于学院正在与学校交涉田永的学籍问题，故在向学校报送田永所在班级的授予学士学位表时，暂时未给田永签字，准备等田永的学籍问题解决后再签，学校也因此没有将田永列入授予学士学位资格名单内交本校的学位评定委员会审核。

1998年年底，北京科技大学应用科学学院物理化学系1994级学生田永一纸行政诉状将自己的母校告上法庭，要求法庭判令学校按规定向自己颁发毕业证和学位证，办理相应的毕业手续，并赔偿因为延迟颁证所遭受的损失3000元。

一审受理案件的北京市海淀区法院认为：北京科技大学可以根据本校的规定对田永违反考场纪律的行为进行处理，但是这种处理应当符合法律、法规、规章规定的精神，至少不得重于法律、法规、规章的规定。国家教育委员会《普通高等学校学生管理规定》第12条规定："凡擅自缺考或考试作弊者，该课程成绩以零分计，不准正常补考，如确实有悔改表现的，经教务部门批准，在毕业前可给一次补考机会。考试作弊的，应予以纪律处分。"第29条规定应予退学的10种情形中，没有不遵守考场纪律或者考试作弊应予退学的规定。北京科技大学的"068号通知"不仅扩大了认定"考试作弊"的范围，而且对"考试作弊"的处理方法明显重于《普通高等学校学生管理规定》第12条的规定，也与第29条相抵触，应属无效。

海淀区法院最后判决，被告北京科技大学应向原告田永颁发大学本科毕业证书，并召集本校的学位评定委员会对田永的学士学位资格进行审核；与此同时，被告还应履行向当地教育行政部门上报原告田永毕业派遣的有关手续的职责。

二审法院驳回了北京科技大学的上诉，维持了一审判决。

【宪法评析】

一、本案所涉教育权案既是行政诉讼问题，又涉及宪法问题，应当给予教育权受到侵犯的人以适当的救济手段

本案不仅仅是一个普通的行政诉讼问题，而是涉及一系列的宪法问题。因此，此案当时不仅引起了行政法学界的广泛关注，而且也引起了宪法学者的关注。

受教育权是一项宪法基本权利。当高校学生的受教育权受到学校失范行为侵害时，由于学生处于受教育者的特殊地位，其既不能以拒绝履行的方式来保护自己的合法权益，也不能采取任何强制手段制止或纠正侵权行为。所以，如果没有相应的救济途径，尤其是司法救济对学生的这项公民权利提供有效的保护，高校学生的受教育权将难以实现。正所谓"没有救济就没有权利"。

二、教育权应作为人身权、财产权之外独立的权益而存在，其起诉资格亦不应受《行政诉讼法》内部行政行为的限制

显然本案不能包含在民法中的人身权、财产权范畴。《行政诉讼法》第11条第1款具体地列举了八项条件，限定了可提起行政诉讼的八种情形，均只包括财产权和人身权被侵犯。第2款对这八种列举的条件作了原则的补充，也是“除前款规定外，人民法院受理法律、法规规定可以提起诉讼的其他行政案件”。一般认为，《行政诉讼法》中所指的人身权、财产权应该是《民法通则》中所指的人身权、财产权。田永诉北京科技大学案，原告在诉讼请求中所主张的合法权益被侵犯，显然是其受教育权，而不是人身权，也不是财产权，而且现行的其他法律也没有规定对公民个人受教育权被侵犯的，可以提起行政诉讼。但在该案中，法院却并未因缺乏法律的明确规定而拒绝受理。通过本案，法院将行政审判保护的权利从民事权利延伸到了宪法权利，从人身权、财产权延伸到基本人权中的受教育权。而且人民法院对“受案范围”的创造性理解得到了最高人民法院的肯定，被刊登在1999年第4期的《最高人民法院公报》上。

而在该案发生之后，2000年3月8日《最高人民法院关于执行〈中华人民共和国行政诉讼法〉若干问题的解释》第1条规定：“公民、法人或者其他组织对具有国家行政职权的机关和组织及其工作人员的行政行为不服，依法提起诉讼的，属于人民法院行政诉讼受案范围。”该司法解释正式确认无论被侵犯的是财产权、人身权，还是其他权利，都属于人民法院的受案范围。

从分权的角度而言，行政主体规范其内部秩序的行为不应接受司法审查，此即所谓的“特别权力关系”理论的具体体现。对此，我国《行政诉讼法》第12条第3项也进行了明确规定。

本案中，法院虽然将高校拒绝颁发毕业证的行为纳入到了行政诉讼受案范围，但正如《最高人民法院公报》登载的一审判决书中所指明的，田永没有得到北京科技大学颁发的毕业证、学位证，起因是北京科技大学认为田永已被按退学处理，没有了学籍。因而，审查田永是否具有学籍，是本案的关键。那么，北京科技大学对田永的退学处理决定究竟是内部行政行为还是外部行政行为？是否对内部行政行为都不能进行司法审查呢？

按照现行的观点，高校对学生的处分应是内部行政行为，因为学生和学校之间在地位上具有从属性。一审法院适用了原国家教委1990年1月20日发布的《普通高等学校学生管理规定》第12条：“凡擅自缺考或考试作弊者，……应予纪律处分。”二审法院认为：“学校有权制定校规、校纪，并有权对在校学生进行教学管理和违纪处理……”由此可见，一、二审法院均认

为北京科技大学对田永的处理是纪律处分。纪律处分属行政处分的范畴，行政处分属内部行政行为，行政处罚属外部行政行为，这是一个行政法学界达成共识的问题。

本案中，法院并未将《行政诉讼法》第 12 条第 3 项作通行的扩大解释，认为对内部行政行为的起诉，法院不能受理。一方面，不回避北京科技大学对田永的退学处理决定属纪律处分范畴；另一方面，大胆地对这一行政行为的合法性、合理性进行审查，将司法审查的触角从外部行政行为延伸到内部行政行为。

内部行政行为不受司法审查的观点是大陆法系的特别权力关系理论的具体体现。根据该理论，公法上的法律关系可分为一般权力关系和特别权力关系。一般权力关系，是指国家基于主权者身份对所管辖的公民行使公共权力，如行使警察权、征税权等。而特别权力关系，是指国家或公共团体基于特别的法律原因，在一定范围内，对相对人有概括的命令强制权力，后者则负有服从义务，如国家对公务员、国立大学对学生等。日本承继德国的特别权力关系理论后，把特别权力关系扩展到特别的保护关系、公共合作社与社员之间的关系。

特别权力关系理论对继受其理论的国家的行政诉讼受案范围产生了深刻影响。在早期，根据该理论，公务员对所在机关、公立学校的学生对所在学校作出的高权处置行为不服，均不能借助行政诉讼途径寻求救济，从而形成了权利救济的真空。我国在行政诉讼法制定过程中，虽未明确肯定特别权力关系理论，但该法第 12 条第 3 项规定，行政机关对行政机关工作人员作出的奖惩、任免等决定不属于行政诉讼受案范围。学理上即将其概括为内部行政行为不可诉，据此认为，凡是基于组织隶属关系作出的高权处置行为均属于内部行政行为，不属于行政诉讼受案范围。

但考察西方各国的情况，则可以发现，特别权力关系理论并非一种普遍性理论。在英国，公务员对主管部门作出的影响其自身权益的处理行为，有权提起司法审查。在美国，联邦法院在狄克逊诉亚拉巴马州高等教育委员会案和戈斯诉洛伯兹案中，认可公立学校的学生针对学校作出的开除和暂停学业的处分享有提请司法审查的权利。在法国，公务员不服行政机关的纪律处分，有权向行政法院提起撤销之诉和损害赔偿之诉。

考虑到特别权力关系理论严重限制公民的诉权行使，不利于保护相对人的合法权益，随着法治社会的演进，一些采纳特别权力关系理论的国家已开始对其合理性进行检讨，并在逐步清除该理论的消极影响。如今德国公务员法已将任命、免职、命令退休、撤职等行为规定为可诉的行为，此外，判例亦将转任、派遣或禁止执行职务、给予或拒绝休假、给予或者拒绝某种职务等级、工资的确定等也归于可诉行为之列，不再是不可诉的内部行政行为。后来德国学者进一步认为，行政机关对公务员所为的行为究竟是不是可诉的行为，主要看这个行为是否以自然人为目标而发生法律效果，公务员能否请求司法救济的关键是其固有权利是否遭到侵害，而不论该行为是在行政领域内发生，还是在行政领域外发生。

总体来看，司法介入行政主体内部管理呈现出扩大化趋势。例如，我国台湾地区1995年在对学校与学生之间的特别权力关系规则上有重大突破，台湾司法院大法官作出的“382号解释文与解释理由书”指出：“各级学校依有关学籍规则或惩处规定，对学生所为退学或类似之处分行为，足以改变学生身份并损及其受教育之机会，自属对人民宪法上受教育之权利有重大影响，此种处分行为应为诉愿法及行政诉讼法上之行政处分。受处分之学生于用尽校内申诉途径，未获得救济者，自得依法提起诉愿及行政诉讼。”

就本案来看，由于北京科技大学作出的退学处分将原告排除在学校教育之外，断绝了原告与学校之间的教育关系，且该种行为直接影响了原告为宪法和教育法所规定的受教育权，所以该退学处分应接受司法审查。此案标志着在高等教育领域首先打破了特别权力关系的限制，开创了法院审查高校内部行政行为的先河。

三、对学生教育权的不利处分应遵循正当程序原则，没有遵循正当程序作出的相应处分，权益受损人可以在法院寻求救济

本案还涉及的一个重要问题是正当程序。正当程序的要义在于，在作出任何使相对人遭受不利的行使权力的决定前，应当听取当事人的意见。正当程序原则起源于英国的自然正义原则。正当程序原则最早可追溯到1215年制定的《自由大宪章》第39条的规定：“凡自由民，如未经其同级贵族之依法裁判，或经国法（Law of the Land）判决，皆不得被逮捕、监禁、没收财产、剥夺法律保护权、放逐或被加以任何其他方式侵害，我们不得违反这些规定而为之。”而早在1723年“国王诉剑桥大学案”中，王座法院法官第一次在司法程序问题上使用“自然公正”一词，用强制令为本特来恢复了神学博士学位，理由是本特来没有获得申辩的机会。后来这一原则在美国得到了很大的发展，超出行政法的范畴而成为美国宪法的原则之一。在美国，公立学校给予学生纪律处分的行为也同样被纳入到公行政的范围之内。

在我国，正当程序原则在《行政处罚法》的实施中得到了较充分的体现。在统一的《行政程序法》出台前，本案对正当程序原则的运用呼应了学界对重视行政程序的呼吁，注入了法官对公民权利的关怀，弥补了我国行政程序

立法的缺陷。

该案一审判决书中称，“按退学处理，涉及被处理者的受教育权利，从充分保障当事人权益的原则出发，作出处理决定的单位应当将该处理决定直接向被处理者本人宣布、送达，允许被处理者本人提出申辩意见。北京科技大学没有照此原则办理，忽视当事人的申辩权利，这样的行政管理行为不具有合法性”。这是对处分学生必须遵循正当程序的强调，也显示了最高人民法院希望通过公布典型案例来逐渐确立一个正当程序的原则。

本案中校方败诉的原因之一就是其违反了正当程序原则的要求。因此，遵循正当法律程序不仅有利于保障学生的合法权益，而且还有利于促进高校自身行为的合法性。

【扩展阅读】

1. 湛中乐、李凤英：《论高等学校之法律地位》，载《行政法论丛》第4卷，法律出版社2003年版。

2. 洪家殷：《从学生之地位论大学法之修正》，载《大学法研讨会论文集》，东吴大学法学院1998年。

（撰稿：杨俊锋）

27. 中国“工伤概不负责”合同因侵害劳动者权益无效案

【案例主旨】

我国《宪法》第42条第1款规定，中华人民共和国公民有劳动的权利和义务。劳动权是公民获得收入维系基本生活的重要权利。劳动权本身即包含劳动者获得基本工作条件的权利。

在本案中，施工队法定代表人黄某在用工合同中与临时工签下“工伤概不负责”的条款。发生事故后，霸王条款被法院认定无效，判令照赔巨额赔偿。不论当事人是否自愿与雇主约定“工伤概不负责”，都是违反宪法和有关劳动法规的，属无效民事行为，不能获得法院的支持。

本案对于我们理解劳动权的内涵有重要意义。

【案情介绍】

2003年12月，广东省梅州市大埔县某施工队承包了汽车维修公司厂房拆除工程，并签订了承包合同。由该施工队的法定代表人黄某组织、指挥施工，并亲自带领雇用的临时工张某等人，拆除混凝土大梁。在拆除第 1 至第 3 根大梁时，梁身出现裂缝；拆除第 4 根时，梁身中间折裂。对此，黄某并未引起重视。当拆除第 5 根大梁时，站在大梁上的黄某和张某（均未系安全带）滑落坠地，张某受伤，经送医院治疗无效后死亡。法医鉴定与医疗事故鉴定显示，张某系内脏经石块压逼引起大出血致死，与其他因素无关。

张某死亡后，由谁承担因此造成的经济损失，张某家属和黄某曾进行过协商。黄某只肯承担张某救治期间的医疗费用，并一次性付给张某家属抚恤金 20000 元。张某家人拒绝，并向大埔县人民法院提起诉讼，请求被告黄某赔偿全部经济损失，并解决原告家人的住房问题。

被告在开庭时辩称：张某填写用工合同时，同意合同中“工伤概不负责”的条款。据此，无法满足原告方的要求，只能根据实际情况，给予张某家属一定的生活补助，无义务解决张某家人住房问题。

经审理后，大埔县人民法院作出一审判决，认为被告黄某在组织、指挥施工中，不仅不按操作规程办事，带领工人违章作业，而且在发现事故隐患后，不采取预防措施，具有知道或者应当知道可能发生事故而忽视或者轻信能够避免发生事故的心理特征。因此，这起事故是过失责任事故。同时，经鉴定，张某死亡是工伤后引起的死亡，与其他因素无关。依照《民法通则》第 106 条第 2 款、第 119 条的规定，被告由于过错侵害了张某的人身安全，应当承担民事责任，判决黄某赔偿张某死亡前的医疗费、张某的死亡丧葬费、赔偿费，以及家属误工减少的收入和死者生前抚养的人的生活费等费用共计 12 万元。

【宪法评析】

一、宪法规定公民有劳动的权利，劳动权自然包括为劳动者提供安全的劳动条件

我国现行《宪法》第 42 条明确规定：“中华人民共和国公民有劳动的权利和义务。国家通过各种途径，创造劳动就业条件，加强劳动保护，改善劳动条件，并在发展生产的基础上，提高劳动报酬和福利待遇。”

一般认为，劳动权通常包括：获得就业机会的权利；获得劳动报酬的权利；获得基本工作条件的权利；享有劳动保险和福利的权利；接受职业培训的权利。可见，雇主必须为劳动者提供基本的工作条件。基本的工作条件当然是能够保证安全的条件。我国 1995 年施行的《劳动法》第五章专门规定了劳动安全卫生，其中的第 54 条规定：“用人单位必须为劳动者提供符合国家规定的劳动安全卫生条件和必要的劳动防护用品，对从事有职业危害作业的

劳动者应当定期进行健康检查。”可见用人单位要为劳动者提供安全的劳动条件，而且这里法律的规定是“必须”，也就是说，提供安全的劳动条件是法律对用人单位的强制性的法律要求，是不准许当事人通过合同来规避的义务。

因此，对劳动者实行劳动保护，这是劳动者所享有的权利，任何个人和组织都不得任意侵犯。被告黄某身为雇主，对雇员理应依法给予劳动保护。

二、最高人民法院曾经明确批复雇工合同中规定“工伤概不负责”既违反宪法法律，也违反社会公德，属于合同无效条款

对此，早在1988年，最高人民法院曾针对类似案件，作出过专门的批复，即《关于雇工合同“工伤概不负责”是否有效的批复》(〔1988〕民字第1号)。该批复如下：

天津市人民高级法院：

你院〔1987〕第60号请示报告收悉。据报告称，你市塘沽区张学珍、徐广秋开办新村青年服务站，于1985年6月招雇张国胜（男，21岁）为临时工，招工登记表中注明“工伤概不负责”。次年11月17日，该站在天津碱厂拆除旧厂房时，因房梁折落，造成张国胜左踝关节挫伤，引起局部组织感染坏死，导致因脓毒性败血症而死亡。张国胜生前为治伤用去医疗费14151.15元。为此，张国胜的父母张连起、焦容兰向雇主张学珍等索赔，张等则以“工伤概不负责”为由拒绝承担民事责任。张连起、焦容兰遂向法院起诉。

经研究认为，对劳动者实行劳动保护，在我国宪法中已有明文规定，这是劳动者所享有的权利。张学珍、徐广秋身为雇主，对雇员理应依法给予劳动保护，但他们却在招工登记表中注明“工伤概不负责”。这种行为既不符合宪法和有关法律的规定，也严重违反了社会主义公德，应属于无效的民事行为。至于该行为被确认无效后的法律后果和赔偿等问题，请你院根据民法通则等法律的有关规定，并结合本案具体情况妥善处理。

总之，一项雇佣合同如果违反宪法和有关劳动法规，也严重违反了社会公德，即使工人认可这一约定，也属于无效民事行为。所以，法院对于这一规定不予支持，并判令被告依法赔偿损失的判决，是合法、合理的。

【扩展阅读】

1.《工伤认定该不该“一离厂门，概不负责”?》，载《工人日报》2009年8月7日。

2.何志：《“工伤概不负责”的约定无效》，载《人民法院报》2004年10月17日。

3.张红：《论基本权利作为法律行为无效的判断标准》，载《法学家》

2009年第6期。

（撰稿：杨俊锋）

28．南非Grootboom经济和社会权利案

【案例主旨】

传统上认为积极人权所展示的是一种个人希望国家给予积极帮助的权利，这种权利更多地注重对社会实质平等的追求，难以通过诉讼的方式获得救济。Grootboom案所涉及的是住房权，是一种“经济、社会和文化”权利，属于典型的积极人权的范畴。但是，南非法院并没有完全受传统观念束缚，不仅受理了该案，而且作出了判决，显然这是对经济和社会权利不可诉的传统观念的重大突破。当然，也应当注意到，Grootboom案显示出国家帮助公民实现经济和社会权利的有限性，法院无法直接命令政府给予公民个人以怎样的帮助，只能概括性地强调国家必须在其可利用资源的范围内采取合理的立法和其他措施逐渐实现经济社会权利。

我国现行宪法中亦规定了劳动权、受教育权、社会保障权等“经济、社会和文化”权利，并且在2004年宪法修正案中增加了专门的一款，“国家建立健全同经济发展水平相适应的社会保障制度”。经济社会权利的落实问题在中国同样是一个难题，因此观察其他国家的探索性做法，学习其他国家经验是必要的。

【案情介绍】

Government of the Republic of South Africa and other v Grootboom案（简称Grootboom案）① 发生在21世纪之初。一个由390个成年人和510个孩子组成的群体因不堪忍受原居住地（开普地区的一个非正式定居点）恶劣的条件而集体迁移到一块私人拥有的土地上，但不久又被政府强行驱逐。他们迫不得已迁到一个运动场。政府在驱逐这个群体时，把他们搭建的窝棚完全摧毁了，并且损坏了他们的许多物品。结果，他们既不能回到原来的居住地，又不能搭建新的住所。Grootboom就是这个群体中的一员，以他为代表向法院提起诉讼，请求开普地区的高级法院给各级政府发布紧急命令，要求政府立即给他

① 参见Government of the Republic of South Africa and other v. Grootboom，2001（1）SA46（CC），para. 20－99。转引自黄金荣：《经济和社会权利的可诉性问题研究》（2004年博士论文），第94－98页。

们提供临时性的基本住处或者房子，直到他们获得永久性的住处为止。

开普地区的高级法院根据南非宪法第 28 条第 1 款第 3 项有关儿童经济和社会权利的规定，判决政府应该给予那些有孩子的家庭临时的住处或者住房，但南非三级政府（中央、省和地方政府）对判决表示不服，因此向南非宪法法院提起上诉。

南非宪法法院对该案进行了审理并作出了判决，其判决主要集中在以下方面：

（1）宪法法院阐述了关于经济和社会权利的可诉性问题。它认为，可诉性问题不能抽象地决定，而只能“在具体个案的基础上进行仔细的探索”，因此，问题并不是经济社会权利是否可诉的问题，而是“在具体的案件中怎样实施的问题”。

（2）宪法法院针对宪法第 26 条所规定的住房权进行了阐释，明确界定了政府对于公民享有的住房权所应负担的义务。

宪法第 26 条规定：

（1）任何人都有权获得足够的住房。

（2）国家必须在其可利用资源的范围内采取合理的立法和其他措施逐渐达到这项权利的实现。

（3）任何人都不得被从其家中驱逐出来，在没有获得法院考虑了所有有关情况之后所发布的命令之前，任何人都不得毁坏他们的家，任何法律都不得允许进行任意驱逐。

根据宪法第 26 条的规定，宪法法院首先确认国家违反了消极保护的义务。法院认为，国家有义务以一种符合人道主义的方式进行，但是，政府的驱逐行动比原先通知的提前了一天，并且被告所拥有的物品和建筑材料都在驱逐过程中被毁掉或者焚烧掉了。政府的这种行为违反了宪法第 26 条所确立的政府对公民住房权的消极义务。

另外，宪法法院对政府保证公民住房权实现的积极义务明确予以肯定，指出国家负有在其可利用的资源范围内逐渐实现的义务。同时，宪法法院还确立了审查国家是否尽了在其可利用的资源范围内逐渐实现权利之义务的方法，即合理性标准。法院认为，判断国家是否履行了宪法第 26 条所施加之积极义务的关键问题是，国家采取的立法和其他措施是否合理。符合合理性标准的情形包括：采取的政策是全面而协调的；即使只能逐渐实现也应促进该权利的实现；政策比较平衡、灵活并且没有把社会的一个重要部分排除在外；它回应了那些处于最令人绝望情形下的人的紧急需要。

根据合理性标准，宪法法院确认政府的住房政策存在不合理之处。法院认为，政府采取的措施中存在的最大的不合理之处在于，它没有为那些“具有极度需要的人”提供短期的、临时性的救济措施。因此，国家的住房政策违宪，因为“它在其可利用的资源范围内没有为开普地区那些没有土地、头上没有房顶并且生活在不能忍受或者处于危机状况中的人提供合理的帮助”①。国家必须履行宪法第26条规定的积极义务，即设计、资助、实施并监督旨在为那些具有极度需要的人提供救济的措施。

【宪法评析】

根据人权理论，“经济、社会和文化权利”与“公民权利和政治权利”是极为不同的两类人权类型，并被规定在不同的国际公约之中，即《经济、社会和文化权利国际公约》和《公民权利和政治权利国际公约》。根据《经济、社会和文化权利国际公约》规定，经济、社会和文化权利包括：（1）工作权；（2）获得公正工作条件的权利；（3）工会权；（4）社会保障权；（5）家庭获得保护的权利；（6）相当生活水准权；（7）健康权；（8）受教育权；（9）文化权。虽然同归于人权范围之内，但是与公民权利和政治权利相比，“经济、社会和文化权利”的“权利性”特点相对比较模糊，其保障机制在很多国家仍然处于不完善状态。公民个人很难通过诉讼的方式获得救济。针对该权利的此种特性，有些学者甚至认为，该权利甚至不能被称为权利，它缺乏权利“能够获得实现”的本质属性。但是，南非 Grootboom 案的判决却对“经济、社会和文化权利”的实现与保障进行了新的尝试，在“经济、社会和文化权利”的可诉性方面作出了有益的探索，因此，必须用一种发展的眼光去认识和理解“经济、社会和文化权利”。

一、经济、社会和文化权利被称为第二代人权，这种权利的出现对于国家处理社会问题提出了新的要求

公民权利和政治权利作为第一代人权，是在反抗君主专制、抑制国家无限权力的过程中发展起来的，因此最初人们对于国家权力充满恐惧，惧怕其滥用，惧怕国家权力过多形成专制独裁，这导致人们主张国家权力越小越好，希望国家权力远离个人生活。对于国家权力的膨胀人们充满了警惕，一旦出现国家权力膨胀的现象，则可以通过诉讼方式予以排除。可见，这时的人权理念强调排除国家的非法介入与干预，要求国家扮演消极角色，基于此，第一代人权亦被称为消极人权。第一代人权的发展虽然使个人获得了充分的自

---

① Government of the Republic of South Africa and other v. Grootboom，2001（1）SA46（CC），para. 99。转引自黄金荣：《经济和社会权利的可诉性问题研究》（2004 年博士论文），第95 页。

由，但是许多社会问题亦随之出现，社会中的贫富悬殊问题、贫困现象、资源分配不公平问题等困扰着社会的发展。针对这些问题和现象，人们转而又希望能够借助国家的权力解决此类问题，国家又被赋予了积极干预社会生活、解决社会问题的权力。经济、社会和文化权利正是在这种背景下被提出来的，此类权利与公民权利和政治权利的性质不同，并且是继公民权利和政治权利之后被提出来的，因此被称为第二代人权。并且这种权利特别强调改变国家权力传统上消极无为的角色，要求国家积极帮助公民解决社会问题，国家的积极作为的角色被凸显，因此也被称为积极人权。

二、Grootboom 案的判决推进了经济、社会和文化权利的发展，使其开始从观念层面走上了操作实践

公民权利和政治权利作为第一代人权，发展已经比较成熟，并且由于其最主要的目的在于阻止国家权力的扩张，其目标明确，且易于操作；但是经济、社会和文化权利本身发展较晚，并且这种权利的实现要求政府积极为个人提供食物、住处、工作、医疗、最低收入等各种物质利益，需要大量的资源予以保障，这与一个国家提供资源的能力有着密切关系，人们普遍认为如何分配资源难以纳入司法体系范围之内，因此一直以来经济、社会和文化权利仅仅被看作一种观念上的权利，难以通过诉讼方式获得解决，法院对此类诉讼也往往拒绝受理。也就是说，虽然经济、社会和文化权利是一种要求国家积极帮助的权利，但是当国家不予以帮助时，公民亦无权提起诉讼要求国家予以帮助，这意味着此类权利只能由国家单方面自上而下进行施舍，而不能由公民个人自下而上予以请求。Grootboom 案恰恰改变了这一观念，在经济、社会和文化权利的可诉性方面有了重大突破。

Grootboom 案中所涉及的住房权是一种要求国家动用资源保障公民普遍地享有住房的权利。显然这种权利对于某些个人，尤其是低收入阶层的个人来讲，难以依靠个人自己的努力实现，需要国家给予积极的帮助才能实现，属于典型的积极人权的范畴。南非法院打破了传统上法院不受理此类案件的观念，受理了此案，使经济、社会和文化权利亦具有了可诉性，这意味着公民在这种权利得不到保障时，能够向法院提起诉讼。在 Grootboom 案中，法院也非常清楚地知道此类权利的可诉性曾经是一个难以逾越的鸿沟，因此对此问题进行了清晰的论述，在其判决中特别指出法院对于可诉性问题不能抽象地决定，而只能“在具体个案的基础上进行仔细的探索”。因此，问题并不是经济社会权利是否可诉的问题，而是“在具体的案件中怎样实施的问题”。经济、社会和文化权利是否可以实现最终走上司法审查的道路，由法院对政府的行为进行审查。

经济、社会和文化权利往往涉及财政分配和政策内容的问题，被普遍认为是政治问题，因此属于立法机关或者行政机关管辖的事项，司法机关根据什么获得对此类事项的司法审查权呢？此种质疑亦是影响法院受理此类案件的重要障碍之一。南非法院一直在积极探索对此问题的解决，1999 年，南非宪法法院的一位大法官对此问题发表了颇有见地的意见，指出："政策制定的领域很显然是属于选举产生的政治代表们权力范围内的事情，法院不能进行干预；另外一方面当决策者跨越了界线而侵犯了权利时法院必须做出反应。我们需要确定这条线究竟应该画在哪里。"① 可以看出，正是由于法院对此类问题的不断思考最终推动了法院受理 Grootboom 案。通过 Grootboom 案使得经济、社会和文化权利具有了可诉性的特点。

三、尽管 Grootboom 案使经济、社会和文化权利具有了可诉性特点，但是在 Grootboom 案中亦显示出法院对此类权利进行司法审查的有限性，法院往往只能指明政府履行义务的方向和趋势，而对于具体的落实实施则往往无能为力

经济、社会和文化权利作为一种积极人权，其实现与社会资源、政府的能力尤其是经济能力存在着实质上的关联性，因此单纯地要求政府满足每个公民的积极权利的要求往往并不现实。同时，在权力结构关系中，司法权处于相对比较被动的地位，只是对纠纷进行居中裁判，对国家财政资源的配置缺乏民意代表性和专业性，对于政府的资源和政府的能力也没有一个量化指标，因此试图让法院直接发出命令要求政府如何使用财政资源一般来讲很难实现，这导致法院只能利用"宣告性"的判决要求政府履行帮助公民实现积极权利的义务。很显然，法院的"宣告性"的判决只为政府利用财政资源解决社会问题指明了方向和趋势，并没有列出明确的时间表，因此经济、社会和文化权利的实现仍然是不确定的、模糊的。如何解决这一问题，仍然需要学界和实务界的继续探索和努力。

【扩展阅读】

黄金荣：《司法保障人权的限度》，社会科学文献出版社 2009 年版。

（撰稿：沈国琴）

---

① Judge Zac Yacoob, "Panel Discussion: Enforcing Socio – Economic Rights: The Potential And Limits of the Judiciary?" ESR Review, Vol. 1, No. 4, 1999.

五、公民权利的界限和相互冲突

29. 中国《秋菊打官司》引起的权利冲突案

【案例主旨】

我国现行《宪法》第51条规定："中华人民共和国公民在行使自由和权利的时候，不得损害国家的、社会的、集体的利益和其他公民的合法的自由和权利。"这一规定非常原则和抽象，在实践中极有可能成为限制公民宪法权利的借口，从而形成这样一种局面，前面宪法规定了众多的权利，而利用宪法第51条则使得宪法规定的具体权利被剥夺限制殆尽。实际上几乎任何权利的行使都会与他人的权利发生这样或那样的冲突，如何解决这一权利冲突是宪法学的重要内容。本案涉及公民肖像权与剧组拍摄权或表达自由权的冲突。

【案情介绍】

1992年，《秋菊打官司》上映并取得巨大成功。该片因由张艺谋导演和巩俐主演而在国内家喻户晓。但该片却让贾桂花深感痛苦并将电影拍摄单位北京电影学院青年电影制片厂告上法庭。本案一审由北京市海淀区人民法院审理。

原告贾桂花诉称：北京电影学院青年电影制片厂（以下简称"电影厂"）合作拍摄故事影片《秋菊打官司》时未经原告同意私自偷拍了原告的肖像并在该商业性影片中使用。由于贾桂花脸上长有麻点，影片公开放映后，原告的平静生活不断被打扰，一些亲友、同事和其他人的讽刺挖苦，使原告精神感到压抑，给原告工作、生活带来许多麻烦。贾桂花认为电影厂的行为侵害了原告的肖像权，并诉请法院认定其侵权行为，判令剪除《秋菊打官司》一片中原告的肖像镜头、公开致歉，并赔偿其精神损失和经济损失。

被告电影厂承认《秋菊打官司》一片摄入了贾桂花的形象，但认为此片是一部体现纪实性特点的故事片，采取偷拍的手法摄制，目的在于使作品更具真实性，摄制此片的意义不在赚钱营利，更无意给原告造成精神痛苦，且贾桂花在银幕上展示的形象仅为4秒钟的过场镜头，不存在利用贾桂花的肖像营利问题。

法院审理认为，《中华人民共和国民法通则》第100条规定："公民享有肖像权，未经本人同意，不得以营利为目的使用公民的肖像。"由此可见，非经本人许可，他人不得以营利为目的使用公民肖像。即使不以营利为目的，一般情况下使用他人肖像亦应征求被使用者的意见。但是，在合理范围内，法律原则上又有直接使用的通例。而且在法律上是否构成侵权还要看被使用的肖像与营利目的之间是否存在直接的因果关系。另外，故事影片创作的纪实手法具有与其他艺术表现方式所不同的特点，采取偷拍暗摄以实现客观纪实效果的需要，也是常用的手法。只要内容健康，符合社会公共准则，不侵害他人合法权益，就不为法律所禁止。因此，被使用的肖像不具有独立的经济和艺术价值，该肖像人物就不应享有禁止使用和索要肖像报酬的权利。否则，电影的纪实创作活动将根本无法进行。贾桂花在公众场所从事个体经营，身处社会公共环境之中，身份明确，形象公开。电影厂出于影片创作需要，拍摄街头实景时摄入其肖像，并无过错，虽有4秒钟形象定格，但摄制者主观上没有恶意，客观上也没有渲染贾桂花任何不完善之处。该人物镜头的拍摄与使用应被列入合理的直接允许的范围。贾桂花在影片中的形象非广告性质，也没有独立完整的商业价值，因而不是不可替代。部分人对其形象的议论，按照社会一般评价标准衡量，不足以给贾桂花造成法律意义上的精神损害。

综上，未经贾桂花本人同意，拍摄并使用其肖像镜头，具有社会实践的合理性，且不违背现行法律关于保护公民该项权利的禁止性规定，故不构成对贾桂花肖像权的侵害，电影厂不应为此而承担民事责任。

【宪法评析】

本案是新中国成立后第一起因拍摄电影而引发的肖像权案。案件焦点是公民肖像权与电影摄制者艺术创作权之间的法律冲突。本案非常突出地展现了宪法权利保障的复杂性。1982年宪法第二章规定了公民基本权利和义务，其内容非常广泛。公民在行使这些权利的时候几乎不可避免地要与其他公民的权利发生冲突。本案的困难在于发生冲突的双方都拥有合法的权利：贾桂花的肖像权是合法的，是应当得到保护的；同样，剧组也拥有拍摄权，拍摄权也应受到保护。保护任何一方的权利都将不可避免地要限制或损害另一方的合法权利。我国《宪法》第51条给出了处理权利冲突的一个总原则："中华人民共和国公民在行使自由和权利的时候，不得损害国家的、社会的、集体的利益和其他公民的合法的自由和权利。"但与其说这个原则解决了问题，不如说这有可能带来新的问题。例如，《宪法》第35条规定公民有言论自由，但公民行使言论自由对他人进行评论的时候，尤其对政府官员进行批评的时候，就有可能被指为侮辱了他人，侵犯了他人的隐私权。宪法规定了游行示威权，可是公民上街游行的时候，就可能侵犯了他人的行路权，等等。这就造成了这样一种局面：宪法在前面规定了大量的公民权利，政府却可能以《宪法》第51条剥夺了前面规定的所有权利。因此，我们可以看到，《宪法》

第 51 条的规定过于原则和抽象，必须在对宪法理论和人权理论有正确认识的前提下才能准确把握其含义。

一、宪法规定的公民的基本权利和自由是民主宪政的基石，不能将《宪法》第 51 条理解成是对公民权利和自由的剥夺

在"《秋菊打官司》引起的权利冲突案"中，作为原告，贾桂花所享有的肖像权是我国现行《宪法》第 38 条所规定的公民人格尊严不受侵犯的一种表现形式。贾桂花可以根据民法通则所设立的相应救济方式有效地保护自己的肖像权，从而也维护由宪法所肯定的人格尊严不受侵犯的宪法权利。作为被告，电影厂依据行政法规的规定，在取得电影摄制行政许可证的条件下，有权独立地从事电影摄制活动，并依法享有由此而带来的各种权益。电影厂的电影制作权如果从宪法权利的角度来考察，它是现行《宪法》第 35 条所规定的公民言论、出版自由在权利具体实现过程中的体现。所以，从原告的肖像权和被告的电影摄制权的权利性质来看，各自都具有宪法基础，都属于宪法所承认的法律权利，都应当受到宪法的保护。每一项权利的设定都是有意义的，我们应当尽可能地尊重和保护每一项权利。因此，具体解释《宪法》第 51 条的时候应当采用限制解释的原则，不能出现因扩大解释《宪法》第 51 条而导致公民基本权利被无理剥夺的状况。

二、运用《宪法》第 51 条应时刻注意这一限制是否损害了宪法保障的基本权利和自由，是否可能威胁民主宪政制度的基础

我们在运用《宪法》第 51 条时不能单纯地看一个人行使权利的时候是否损害了国家的、集体的和他人的合法的权利和自由，更应当看到，这些权利在宪法上有何种意义，它们是否关切到民主宪政制度的基础。在本案中，电影厂的拍摄权与贾桂花的肖像权对民主宪政制度本身的意义是不一样的。具体来说，我们认为，言论自由更为重要，对自由民主宪政的价值更大。如果公民的言论自由等表达自由的权利无法得到保障，就可能为专制政权扼杀监督和反对意见提供可能；而一旦全面的专制独裁制度建立起来，不用说言论自由、表达自由，就是肖像权等民事权利也必定受到全面的损害。在本案中，考虑到电影厂只是随机摄入贾桂花的镜头，且时间只有 4 秒钟，并没有故意渲染贾桂花的生理缺陷，没有对贾桂花造成特别的损害。而如果满足贾桂花的要求，则势必造成这样一种局面：任何摄入镜头的人都有可能提起诉讼。这就使得这类纪实性电影和电视的制作者处于无法预料后果的境地，乃至这种片子根本无法拍摄。如果这种纪实性电影和电视无法拍摄，我们甚至可能想象，我们每天看到的《新闻联播》之类的电视节目也就根本不可能存在。这种前景太过恐怖了。

三、在宪法监督和司法实践中运用《宪法》第51条时应权衡各种权利冲突，应对民主宪政的基本利益给予保障

宪法和法律所保护的权利和自由是多方面的，这些权利和自由并不总能协调一致，而是经常会发生冲突。在运用《宪法》第51条来处理具体的权利争议的时候，更重要的技术还在于权衡处于冲突的权利之间所涉及的利益。在权利发生冲突时，法律应当按照一种能避免较为严重的损害的方式来配置权利，或者反过来说，这种权利配置能使产出最大化。在本案涉及的两种权利冲突中，一方面是新闻采访权或出版自由权；另一方面是公民的肖像权或人格尊严权。如果一涉及他人的肖像就对新闻采访予以限制，无疑就从根本上剥夺了宪法规定的新闻出版自由；同样，如果因为要保障新闻出版自由就对他人的肖像权完全漠视，显然也不符合宪法的宗旨。在确定保护公民权利的正确原则时必须权衡各种权利和利益，提供适当的权利界限。在司法实践中笼统确定这个界限是困难的，必须考虑具体案件的具体情况。但更为重要的是，我们必须强调，没有哪种权利和利益比宪法以及宪法确立的自由民主宪政秩序更为重要。因为失去了民主宪政制度，任何权利的保护都谈不到了。

【扩展阅读】

1. 莫纪宏:《贾桂花的肖像权受到侵犯了吗?》，载《法学杂志》1997年第5期。

2. 纪从周:《〈秋菊打官司〉打出了官司》，载《当代司法》1995年第2期。

3. 朱苏力:《〈秋菊打官司〉中的官司，邱氏鼠药案件和言论自由》，载《宪法教学案例》，中国政法大学出版社1999年版。

（撰稿：王守田）

第三部分　宪法制度

30. 中国吴嘉玲等香港无证儿童居留权案

【案例主旨】

中国是单一制国家，但香港、澳门回归祖国后给中国国家结构形式增添了新的内容。"一国两制"和香港、澳门特别行政区的建立是否改变了中国单一制国家结构形式？香港、澳门特别行政区的地位如何？特别行政区与我国普通行政区、民族自治地方，乃至与联邦制国家的州有哪些区别？本案将有助于理解这些问题。

【案情介绍】

1997 年 7 月 1 日，香港回归祖国，《香港特别行政区基本法》（以下简称《基本法》）在特别行政区生效实施。该法第 24 条第 2 款第 3 项规定，香港永久居民中的中国公民在内地（大陆）所生子女在香港享有永久居留权。据资料显示，当时申请入港居留的有 14 万儿童，实际符合条件的约有 6.6 万儿童。1999 年，时任保安局局长叶刘淑仪在立法会上指出，估计在 10 年内会有 167 万人从中国内地移居到香港。由于香港地少人多，教育、住房、福利、生活资源有限，为了使这些儿童有序地进入香港居留，香港特区政府协同内地有关部门，采取了一系列具体措施，规定每天最多只能发放 150 个单程证配额。有些家长担心等候的时间太长，纷纷让自己的子女以非法途径，如偷渡入港。依香港政府的法例，非法来港的人面临着被遣返的命运。有些人向法院起诉，请求司法保护。由于个案颇多，法院最后选出吴嘉玲等 4 宗具代表性的个案进行审理。由于这些儿童大多是由蛇头带领非法偷渡入港，因此，这类案件也被称作"小人蛇"无证儿童案，或"小人蛇"案。

香港高等法院大法官祈彦辉在聆听了控辩双方的法庭论辩后，作出判决：第一，《基本法》第 24 条虽然界定了哪类人可享有居港权，但容许特区政府就核实身份的程序自行立法。第二，特区政府制定的入境条例，设立居留权申请书制度，不仅未违反《基本法》，而且是维护《基本法》的有关原则规定，使《基本法》得到了合情合理的落实。第三，《基本法》第 22 条适用于根据第 24 条拥有居港权的内地人士，即“中国其他地区的人进入香港特别行政区须办理批准手续”。第四，港人内地非婚生子女享有与婚生子女同等的权利，当然其取得居港权也应与婚子女一样先提出申请。

对于高等法院的判决，双方均不服上诉。香港特别行政区终审法院于 1999 年 1 月 29 日作出了关于“香港居民在内地所生子女在香港居留权问题”的判决，其要点主要有：（1）香港永久居民在中国大陆所生子女，无论婚生的还是非婚生的，都有权到香港居住。（2）只要有了香港的“居港权证”，不必得到内地政府的批准就可在香港居住。已经来港的儿童，即使未经内地政府批准，也不能遣返。（3）香港终审法院享有宪法性管辖权。如果全国人大及其常委会的立法与基本法相抵触，香港法院有权审查并宣布全国人大及其常委会的立法行为无效。

终审法院的判决发布以后，引起了陆港两地的极大反响。香港政府律政司向终审法院提出请求，希望终审法院就 1999 年 1 月 29 日所作出的裁定其中第 32 ~ 39 页有关全国人大和人大常委会的部分作出澄清。终审法院接受了政府律师的请求，于 1999 年 2 月 26 日宣读了澄清内容：特区法院的司法管辖权来自《基本法》；《基本法》第 158 条第 1 款说明《基本法》的解释权属于全国人大常委会；终审法院接受这个解释权是不能质疑的。

【宪法评析】

一、香港是统一中国主权之下的一个特别行政区域

香港自古以来就是中国不可分割的领土。1842 年以后，通过英国和清朝签订的三个不平等条约，香港成为英国治下的一个殖民地，根据条约，其中占有 90% 以上面积的新界地区于 1997 年 6 月 30 日租借期满。辛亥革命以后的历届中国政府并不承认这些条约。1980 年，中英两国政府开始启动解决香港问题的谈判，并于 1984 年 12 月签订中英《关于香港问题的联合声明》。在此之前，实际主导中国政治的邓小平确立了处理香港问题的“一国两制”的基本原则，即大陆实行社会主义制度，香港、台湾实行资本主义制度。

根据“一国两制”的原则以及宪法国家结构的原理来理解香港的法律地位，我们首先应当认识到，中国是单一制国家，香港是统一中国主权之下的一个地方行政区域，其地位与内地的省、自治区、直辖市大体相当；同时，香港又是一个拥有高度自治权的特别行政区域，香港拥有的自治权远高于中国民族自治地方的自治权，甚至也远高于联邦制国家州或邦所享有的自治权。

二、香港的宪制性法律是全国人大制定的《香港特别行政区基本法》

为了实现香港主权的移交，中国和英国两国政府签订了《关于香港问题的联合声明》，在该声明及其附件中对未来中央政府和香港之间的关系，以及未来香港的政治、经济、社会、文化等各个方面均作出了详尽的规定。这些规定都体现在了后来制定的《香港特别行政区基本法》之中。

尽管中国有履行《关于香港问题的联合声明》的国际义务，但该条约系为顺利移交香港主权而制定。1997 年 7 月 1 日以后，中国即获得香港的完全主权，同时英国也失去了对于香港的所有主权，制定 1997 年 7 月 1 日以后在香港施行的法律完全属于中国主权范围内的事务。因此，从法源上看，《香港特别行政区基本法》的制定权属于中国，其最高法源乃是中国宪法而不是中英《关于香港问题的联合声明》。1982 年制定生效的中国宪法第 31 条规定："国家在必要时得设立特别行政区。在特别行政区内实行的制度按照具体情况由全国人民代表大会以法律规定。"第 62 条规定："全国人民代表大会行使下列职权：……（十三）决定特别行政区的设立及其制度……"正是根据宪法的这些规定，1990 年 4 月 4 日，全国人民代表大会第三次会议通过并正式颁布了《香港特别行政区基本法》。

在香港，《香港特别行政区基本法》是宪制性法律，是香港地区的最高法律，香港特别行政区的任何法律与《香港特别行政区基本法》抵触的，均属无效。在内地实施的全国性法律除了在《香港特别行政区基本法》附件中明确列举的以外，在香港特别行政区均不实施。即便是中国宪法，除了上述规定的第 31 条、第 62 条以外的与"一国两制"原则不符的大部分宪法条款在香港也不实施，如宪法序言规定的四项基本原则，总纲规定的经济制度，《宪法》第 1 条规定的人民民主专政的国体，等等。公民的基本权利和义务，由于《香港特别行政区基本法》中另有更完整的规定，中国宪法的相关规定也不在香港实施。

三、香港拥有比其他行政区更大的高度自治权

根据《香港特别行政区基本法》，香港特别行政区与内地省、自治区、直辖市相比拥有高度自治权。第一，香港特别行政区实行高度自治，享有行政管辖权、立法权、独立的司法权和终审权，特区政府所行使的权力要比内地省、自治区、直辖市大得多。香港特别行政区的高度自治权，如货币（港币）发行、财政独立和税收独立、司法终审等权力，不仅具有单一制国家权力的特点，而且超过了联邦国家的州或者各成员邦。第二，中央对香港特别行政区和省、自治区、直辖市内部事务的干预程度不同。特区政府具有相对独立的管理权，除有关香港的外交事务及防务事务由中央负责管理之外，其他的

如财政、律政、民政、人事、治安、地政、环保、工商、运输、海关、出入境、工务、文康、传播、教育、卫生、房屋等事务的管理，均由特区政府负责，中央人民政府无权干涉。第三，法律适用不同。香港特别行政区具有与内地不同的独特的法律体系，不需要执行全国统一的法律和国务院制定的行政法规。除基本法及基本法列举的法律外，其他法律不在特区实施。以上是高度自治权在行政、立法、司法等方面的体现，反映出特区政制的独特性。

“一国两制”中“一国”是前提，《香港特别行政区基本法》将事关国家主权的外交、军事等权力规定由中央行使，另外中央亦拥有为确保国家统一和主权完整而必要的权力。这些权力包括：修改基本法；解释基本法；负责特别行政区的外交事务；负责管理特别行政区的防务；任命特别行政区行政长官和行政机关的主要官员；等等。

四、《香港特别行政区基本法》的解释权归全国人民代表大会常务委员会和香港法院

《香港特别行政区基本法》是香港地区最重要的法律，那么，由谁来行使该法的解释权呢?《香港特别行政区基本法》第158条规定：(1) 本法的解释权属于全国人民代表大会常务委员会。(2) 全国人民代表大会常务委员会授权香港特别行政区法院在审理案件时对本法关于香港特别行政区自治范围内的条款自行解释。(3) 香港特别行政区法院在审理案件时对本法的其他条款也可解释。但是，如香港特别行政区法院在审理案件时需要对本法关于中央人民政府管理的事务或中央和特别行政区关系的条款进行解释，而该条款的解释又影响到案件的判决，在对该案件作出不可上诉的终局判决前，应由香港特别行政区终审法院提请全国人民代表大会常务委员会对有关条款作出解释。如全国人民代表大会常务委员会作出解释，香港特别行政区法院在引用该条款时，应以全国人民代表大会常务委员会的解释为准。但在此以前作出的判决不受影响。(4) 全国人民代表大会常务委员会在对本法进行解释前，征询其所属的香港特别行政区基本法委员会的意见。

从158条的规定可以看出，《香港特别行政区基本法》的解释权属于全国人大常委会，香港法院对基本法的解释权来自全国人大常委会的授权。对香港特别行政区自治范围内的条款，香港法院在审理案件时可以对基本法自行进行解释；对中央管辖的事务或中央与特别行政区关系的条款也可解释，但在作出终局判决前由人大常委会进行解释。实践上，从香港1997年回归截至2012年的15年间，全国人大常委会共对《香港特别行政区基本法》进行了四次解释。

五、本案涉及中央与香港特别行政区的关系，全国人大常委会解释基本法是最高的和终结性的

本案发生的背景是中国改革开放后，大量的香港人到内地投资兴业，两地人员，包括两地两性之间交往大大增加。由于拥有资金的优势，很多香港人在内地娶妻，他们的孩子大多出生在内地，并在内地办理户口。《香港特别行政区基本法》第24条规定："香港特别行政区居民，简称香港居民，包括永久居民和非永久性居民。香港特别行政区永久性居民为：（一）在香港特别行政区成立以前或以后在香港出生的中国公民；（二）在香港特别行政区成立以前或以后在香港通常居住连续七年以上的中国公民；（三）第（一）、（二）两项所列居民在香港以外所生的中国籍子女。"根据这一规定，这些孩子应当属于香港特别行政区永久性居民。1997年7月9日，香港临时立法会通过了《1997年入境（修订）（第3号）条例》，规定香港永久居民中的中国公民在内地所生子女到香港定居，首先，应向中国公安部门提出申请，审核确认身份后，领取由特区政府颁发的居留权证明书。其次，领取内地公安部门签发的前往香港特别行政区的通行证（亦称单程证，以区别于往返证）。最后，申请必须在香港以外进行，香港入境事务处不受理申请。

本案的焦点集中在哪些人的子女属于《香港特别行政区基本法》规定的范围，如果这些儿童属于香港永久性居民，即应当获得香港居留权，入境条例规定的程序是否侵犯了这些儿童的居留权等法律问题。要解决这些问题，就必须解释《香港特别行政区基本法》第24条的相关规定。而这些问题明显属于内地（中央）与香港之间的关系，根据《香港特别行政区基本法》第158条第3款规定，香港特别行政区法院在审理案件时对本法的其他条款也可解释。但如香港特别行政区法院在审理案件时需要对本法关于中央人民政府管理的事务或中央和特别行政区关系的条款进行解释，而该条款的解释又影响到案件的判决，在对该案件作出不可上诉的终局判决前，应由香港特别行政区终审法院提请全国人民代表大会常务委员会对有关条款作出解释。但在本案中，香港终审法院在1999年1月29日作出终审判决之前并未提请全国人大常委会对《香港特别行政区基本法》第24条进行解释。而且终审法院在判决中认为，香港终审法院享有宪法性管辖权。如果全国人大及其常委会的立法与基本法相抵触，香港法院有权审查并宣布全国人大及其常委会的立法行为无效。这样，香港终审法院就挑战了全国人大及其常委会的立法权，不符合中国宪法和《香港特别行政区基本法》。由于受到社会各界的广泛质疑，香港终审法院才在2月26日的澄清中明确表明基本法的解释权属于全国人大，其解释权不能质疑。

1999 年 6 月 26 日，九届全国人大常委会第十次会议对《香港特别行政区基本法》作出解释，指出只有获批单程证香港永久居民在内地所生子女才享有居港权，及出生时父或母仍未成为香港居民的则没有居港权。这样就使有权来香港的人数减至 27 万，避免了大量人员骤然入港而有可能给香港社会稳定带来的冲击。

【扩展阅读】

1. 许崇德：《香港无证儿童案件评析》，载《法律科学》（西北政法学院学报）1998 年 3 月。

2. 李树忠、焦洪昌：《宪法教学案例》，中国政法大学出版社 1999 年版。

（撰稿：程华）

31. 德国重组西南各邦违宪案

【案例主旨】

关于国家的结构形式，在学理上将其分为单一制和复合制，而复合制中又有联邦制和邦联制之分。国家结构形式是关于中央政权和地方政权之间关系的制度设计，反映的是国家权力的纵向结构形态。德国西南重组案展现了联邦制国家的中央政权和地方政权的权力划分问题，是对联邦与内部自治单位之间关系予以宪法解读的经典案例。通过对该案的学习，有助于体会和掌握联邦制的核心特点，并区分联邦制与邦联制、联邦制与单一制之间的差别。联邦制的核心特点主要表现在两个方面：一是强调对地方自治的限制，确立联邦国家独立统一的主权国家的地位；二是强调对联邦权力的限制，要求联邦对地方自治给予必要的尊重，地方事务由地方政权予以调控，联邦政权不应任意干涉。

【案情介绍】

1949 年，联邦德国建立了 10 个邦以及在法律上享有特殊地位的西柏林。协约国对其占领下的联邦德国进行邦界划分时，并未关注各邦不同的历史传统，而是更多地照顾军事和行政管理上的便利。结果，在联邦德国西南地区，协约国将具有 150 年历史的巴登（Baden）和符腾堡（Wurttemburg）两邦分割为巴登、符腾堡—巴登和符腾堡—霍恩佐伦邦。

1949 年，《联邦德国基本法》（以下简称《基本法》）获得通过。针对西南地区，该法在第118条作了特别的规定，“包括巴登、符腾堡—巴登和符腾堡—霍恩佐伦各邦地域的重新调整，虽有第29条的条款，但仍然可以由有关各邦之间的协定实行，如果不能达成协定，重新调整由联邦立法实行，联邦立法必须规定进行公民投票”。结果，三个邦未能很快就合并达成协议。在此情况下，联邦政府两次通过重组法案，以达到合并三个邦的目的。第一重组法案的内容是把邦议会的任期延长，延长至重组完成之后，目的是避免邦议会重新选举；第二重组法案的内容是根据《基本法》第118条的规定，确定三邦合并的具体步骤。但是，巴登邦政府认为重组法律违反民主和联邦的原则，因此向联邦宪法法院提起了诉讼，要求宪法法院审查联邦法律的合宪性。

联邦宪法法院第二法庭对联邦的两个重组法律进行了审查，并作出了判决：

首先，判决第一重组法案违宪，违反了民主自治原则，侵犯了公民的选举权。判决指出：“在《基本法》意义内，一邦的宪政秩序必须符合基于法治的民主国体。联邦政府保障各邦的宪政秩序与政治秩序相一致。《基本法》规定，民主不仅要求议会控制政府，而且禁止以任何违宪手段，去消除和破坏选民的选举权。”“如果未经邦选民的同意即取消了被邦宪法所确定的定期选举，那么联邦政府就侵犯了公民在民主国体的基本权利，即《基本法》二十八章第三段所保护的选举权。”

其次，驳回了巴登邦政府对第二重组法案的起诉理由，认为“作为联邦的成员邦，巴登邦并不自主或者独立，而是联邦秩序的一部分；其主权在各个不同方面受到联邦秩序之限制……在某种程度上，就组成联邦的成员邦而论，民主和联邦主义原则彼此冲突。只有两者同时接受某种限制，才能协调起来。对于联邦领土的重组案件，问题的性质决定：为了更为广泛的整体利益，一邦人民的自决权应受到限制”。

1951年年底，西南地区三邦进行了公民复决，结果西南地区的选民以压倒性多数通过了三邦合并的决定，成立了“巴登—符腾堡邦”。

【宪法评析】

人们普遍把“德国西南重组案”比作是德国的“马伯里诉麦迪逊案”。在该案中，联邦德国宪法法院首次对宪法的含义、宪法与法律之间的关系、联邦宪法的基本原则、联邦宪法法院违宪审查权的范围等作了权威阐释。这些对于建设德国的违宪审查制度功不可没。本书选择此案的目的主要是关注联邦德国宪法法院对国家结构所做的阐释，通过此案揭示联邦制国家的基本特点。

一、联邦制国家是一个统一的国家，组成联邦的内部主权单位（如州、邦或者共和国）都要服从于联邦的宪法

这是联邦制国家与邦联制国家本质上的区别。邦联制国家往往为了达到某种目的结成松散的国家联盟。联邦制国家则不同，它的内部组成部分并非一种松散的条约关系，各内部组成部分虽然保留一定的主权，但是并没有完全独立的主权，它们共同受制于联邦宪法。这意味着，在联邦制国家，尽管各个主权单位在一定程度上保留了很大的自治性，有自己的法律，甚至有自己的宪法，但是必须服从联邦的宪法。

德国的国家结构形式就是典型的联邦制形式，在其《基本法》第 2 章中对联邦与各邦之间的关系进行了明确的规定。第 2 章第 28 条规定："各邦之宪法秩序应符合本基本法所定之共和、民主及社会法治国原则。"此条的规定要求，联邦的各组成部分必须服从于联邦宪法所确定的基本原则，甚至规定当内部组成部分不服从联邦宪法时联邦对其所享有的强制权。《基本法》第 37 条规定："一、邦如未履行其依本基本法或其他联邦法律对联邦所负之义务，联邦政府得经联邦参议院之同意，采取必要措施，以联邦强制之法，强令该邦履行其义务。二、为执行联邦强制，联邦政府或其委任机关有对各邦及其机关发布命令之权。"由此看来，联邦内的各个组成单位共同结成一个统一的国家，其自身丧失了对外的独立性，必须服从于联邦的基本秩序要求。本案的判决清晰地展示了联邦与内部成员单位之间的关系，正如本案判决所言："作为联邦的成员邦，巴登邦并不自主或者独立，而是联邦秩序的一部分；其主权在各个不同方面受到联邦秩序之限制。"

二、联邦与各成员单位的关系由宪法和法律规定，并且在发生争议时往往通过司法途径予以解决

这也是联邦与邦联的一个非常重要的区别，邦联往往通过签订条约的方式确定邦联与成员国以及成员国之间的关系，而联邦则通过制定统一的宪法确定联邦与内部单位成员之间的关系。

联邦制国家多在宪法中对联邦与单位成员之间的关系作出专门的规定，并且规定就联邦和单位成员之间的关系发生争议时启动宪法监督机制。联邦德国的《基本法》中即明确规定了这方面的内容，如其第 93 条规定，"关于联邦与各邦之权利义务，尤其关于各邦执行联邦法律及联邦对各邦行使监督，发生争执之案件"，"关于联邦与各邦间、邦与邦间或一邦内之其他公法上争议，而无其他法律途径可循之案件"，都属于联邦宪法法院受理的案件，属于联邦宪法法院的职权范围。本案所涉及的联邦对内部成员单位的重组属于典型的联邦与内部成员之间的关系问题，因此这种关系必须遵循宪法的规定，

并且被纳入联邦宪法法院的职权范围之内，由联邦宪法法院进行审理，最终形成由联邦和各成员单位都必须遵循的裁判。本案的判决对联邦与内部成员单位之间的关系给予了明确的界定，并且在判决中强调该项判决以及法理理由对所有联邦宪法机构都具有约束力。由此看来，依据宪法和法律来维系联邦及其成员单位的关系是联邦制国家结构形式的重要特点之一。

三、联邦内部的各成员单位享有较高的自治权，联邦本身也须对其内部成员单位的自治权给予必要的尊重

这是联邦制与单一制结构本质上的区别所在。就单一制而言，中央政府具有直接命令和调控地方政府的权力，但是在联邦制中，地方享有了较高的自治权。只要地方政府具备适当的调控能力，联邦就不应加以干预，而是交给地方自治单位通过其宪法和法律加以调控。也就是说，只要地方自治单位的宪法和法律不与联邦宪法和法律发生冲突，各自治地方单位就有权依照本地方的宪法和法律处理本地方事务。因此，在联邦制结构之下，各地方自治单位都有自己的宪法和自己独立的政府体系结构，德国就是这种典型的国家结构形式。德国各州都有自己的宪法，并且具有独立的地方政府组织结构。不过，德国的民法和刑法等适用联邦法律。在有些联邦制国家，地方自治单位除了制定宪法之外，还制定有完备的地方法律体系，如美国各个州都有自己的宪法，也有自己的民法、刑法等一整套完备的法律制度。

联邦主义虽然是各个自治单位遵守的基本原则，但是联邦主义并非绝对的，对于地方民主和自治而言，联邦在一定程度上也需给予必要的尊重。还有涉及公民的基本权利时，联邦也不能侵犯，否则就构成违宪。本案即以联邦侵犯内部自治单位的选民的选举权为理由宣布联邦第一重组法案违宪，“如果未经邦选民的同意即取消了被邦宪法所确定的定期选举，那么联邦政府就侵犯了公民在民主国体的基本权利，即《基本法》二十八章第三段所保护的选举权”。因此，正是体现对地方自治的尊重，联邦才能被称为联邦。联邦对自治单位的尊重，对自治单位内公民权利的尊重是对联邦主义的必要约束和限制。

总的来看，德国西南重组案所反映出来的联邦制国家结构形式的特点非常清晰，一方面表现为对地方自治的限制，另一方面表现为对联邦的限制。由于有了对地方自治的限制，联邦制国家对外才表现为独立的统一的国家形式；同时，由于有了对联邦的限制，地方自治获得了必要的尊重，联邦制而非单一制的国家结构才能够建立起来。该案判决的理由非常明确地指出联邦制国家就是上述两方面内容的结合，即“在某种程度上，就组成联邦的成员邦而论，民主和联邦主义原则彼此冲突。只有两者同时接受某种限制，才能

协调起来”。

【扩展阅读】

1. 张千帆:《宪法学导论：原理与应用》，法律出版社 2004 年版。

2. 韩大元、莫纪宏:《外国宪法判例》，中国人民大学出版社 2005 年版。

（撰稿：程华）

32. 中共中央决策文化体制改革征询各民主党派意见事例

【事例主旨】

中国共产党领导下的多党合作制度是具有中国特色的社会主义政党制度。我国在宪法序言中作了规定，即“中国共产党领导的多党合作和政治协商制度将长期存在和发展”。在宪法序言的另一段则规定了我国政党制度的政治基础——党的领导:“中国各族人民将继续在中国共产党领导下，在马克思列宁主义、毛泽东思想、邓小平理论和‘三个代表’重要思想指引下，坚持人民民主专政，坚持社会主义道路，坚持改革开放，不断完善社会主义的各项制度。”本文选取中国共产党在决策进行文化体制改革过程中召开的党外人士座谈会做典型，让读者对我国多党合作制度有更深入的了解。

【事例介绍】

2012 年 10 月 19 日，中共中央在中南海召开党外人士座谈会，听取各民主党派中央、全国工商联领导人和无党派人士对中共中央关于深化文化体制改革、推动社会主义文化大发展大繁荣若干重大问题的决定的意见和建议。中共中央总书记胡锦涛主持座谈会并发表重要讲话。中共中央政治局常委贾庆林、李长春、习近平出席座谈会。座谈会上，胡锦涛希望各民主党派中央、全国工商联领导人和无党派人士畅所欲言，对文件稿提出意见和建议。李长春介绍了中共中央对起草中共十七届六中全会文件的考虑和文件稿形成过程。民革中央主席周铁农、民盟中央主席蒋树声、民建中央主席陈昌智、民进中央主席严隽琪、农工党中央主席桑国卫、致公党中央主席万钢、九三学社中央主席韩启德、台盟中央主席林文漪、全国工商联主席黄孟复、无党派人士代表陈竺先后发言。他们认为，中共中央认真总结我国文化改革发展的丰富实践和宝贵经验，研究部署深化文化体制改革、推动社会主义文化大发展大繁荣，对夺取全面建设小康社会新胜利、开创中国特色社会主义事业新局面、实现中华民族伟大复兴具有重大而深远的意义。他们赞同文件稿对我国文化发展形势的分析，赞同文件稿提出的推进文化改革发展的指导思想、重要方针、目标任务，表示要团结带领广大成员和所联系群众，充分发挥自身优势，为推进文化改革发展作出贡献。他们还就提高全民科学文化素质、加强职业道德建设、建设覆盖城乡的公共文化服务体系、加强文化遗产保护和利用、完善文化行政管理体制、推进文化体制机制改革和创新、完善文化法律、扩大两岸文化交流、推动中国文化走向世界等问题提出意见建议。

在认真听取了大家的发言后，胡锦涛发表重要讲话。他表示，大家各抒己见，提出了许多有价值、有见地的意见和建议，对修改好决定稿很有帮助，文件起草组要认真研究、积极吸纳。

胡锦涛指出，统一战线在社会主义文化建设中有着独特优势和作用。多年来，各民主党派、工商联和无党派人士始终关心文化建设，就加强公民思想道德建设、加强公共文化服务体系建设、加强社区文化建设、加强农村文化建设、保护非物质文化遗产、实施文化走出去战略、加强两岸文化交流等问题深入调查研究，积极践行社会主义核心价值体系，推动继承和发展中华优秀文化传统，为促进文化建设发挥了积极作用。希望各民主党派、工商联和无党派人士充分发挥人才荟萃、智力密集的优势，继续团结带领各级组织和广大成员坚持社会主义先进文化前进方向，反映人民群众文化需求，围绕文化改革发展重大课题，深入开展调研，积极建言献策。希望各民主党派、工商联和无党派人士激发广大成员特别是文化工作者参与文化改革发展的热情，为推动社会主义文化大发展大繁荣贡献智慧和力量，为把我国建设成为社会主义文化强国而共同奋斗。

刘云山、刘延东、令计划、王沪宁、杜青林、陈奎元等出席座谈会。出席座谈会的党外人士还有张梅颖、张榕明、罗富和、陈宗兴、王志珍和张宝文、马培华、王钦敏、汪毅夫、谢经荣、王明明等。

【宪法评析】

一、宪法序言规定了具有中国特色的中国共产党领导的多党合作制度

1993 年修改后的宪法序言规定：“中国共产党领导的多党合作和政治协商制度将长期存在和发展。”坚持中国共产党的领导是多党合作的原则。我国多党合作制度的政治基础是四项基本原则；其基本方针是“长期共存，互相监督，肝胆相照，荣辱与共”。在这种政党体制下，中国共产党在国家政治生活中居于领导的地位，是执政党。中国共产党同各民主党派既是政治领导关系，又是通力合作共事的亲密友党关系。各民主党派既不是在野党，更不是反对

党，而是参政党。也就是说，在我国，既要坚持共产党的领导，也不能实行共产党包揽一切的一党制；既要发挥各民主党派参政议政的作用，也不能搞各党派轮流执政。

二、多党合作制度有政治协商、民主监督等多种合作方式

中国共产党领导的多党合作方式主要有参加政权、政治协商、民主监督等。在实践中，中国共产党与民主党派的政治协商通常有民主协商会、小范围的谈心会、座谈会等多种形式。在本文中，《关于深化文化体制改革，推动社会主义文化大发展大繁荣若干重大问题的决定》作为中共中央的正式决议于2011年10月18日中国共产党第十七届中央委员会第六次全体会议通过，10月19日，中共中央的主要领导即召开党外人士座谈会，听取各民主党派、全国工商联等领导人对该决定的意见。这已经成了中共中央作出重大决定的一个必要的程序和惯例。

三、民主党派是我国对执政党进行民主监督的主要力量

中国共产党领导的多党合作和政治协商制度，既不同于西方国家的两党或多党竞争制，也有别于有的国家实行的一党制。中国共产党领导的多党合作制度创立了一种新型的政党制度形式，在世界政党制度中独具特色。在我国，中国共产党处于领导和执政地位，同各民主党派既亲密合作又互相监督，而不是互相反对。这一制度体现了中华民族和而不同、兼容并蓄的优秀文化传统，具有鲜明的中国特色。这一制度在中国长期的革命、建设、改革实践中形成和发展起来，是适合中国国情的一项基本政治制度，是具有中国特色的社会主义政党制度，是中国社会主义民主政治的重要组成部分。

民主党派民主监督的形式主要有以下几种：（1）在政治协商中提出意见；（2）在深入调查研究的基础上，向党委及其职能部门提出书面意见；（3）人大及其常委会和各专门委员会在组织有关问题的调查研究时，可邀请民主党派成员和无党派人士参加并提出意见；（4）通过在政协大会发言和提出提案、在视察调研中提出意见或其他形式提出批评和建议；（5）参加有关方面组织的重大问题调查和专项考察等活动；（6）应邀担任司法机关和政府部门的特约人员等。

但也应看到，由于中国共产党在我国政治生活中拥有绝对的优势和支配地位，各民主党派对执政党的监督作用仍有待加强。从历史上看，1949年以后，我国经历了多次挫折，如“反右”运动、“大跃进”运动、“文化大革命”等，民主党派未能起到应有的监督和制约作用。事实上，1957年“反右”以后，民主党派自身即遭受重大挫折，甚至长期不能正常活动。我们可以设想，如果民主党派能在中国共产党的这些决策当中起到独立的监督作用，

这些挫折或可避免。

【扩展阅读】

1. 柳斌杰主编:《深入推进文化体制改革，推动社会主义文化大发展大繁荣》，人民出版社 2010 年版。

2. 李金河主编:《多党合作的历史与现实》，中央编译出版社 2007 年版。

（撰稿：王守田）

33. 中国梁漱溟被轰下政协主席台事件

【事件主旨】

我国政治协商制度起源于 1946 年的旧政协。1949 年中国共产党取得全国政权后即开始建立新的政治协商制度。在政治制度的建立和发展过程中经历了多次挫折甚至灾难，最终发展到了今天比较完善的地步。梁漱溟是旧政协的积极参与者，也伴随着新政协的发展走完了他的一生。本文通过梁漱溟在政协中的跌宕起伏的人生经历透视中国政治协商制度的发展，其中最重要的启发是：政治协商制度运行的好与坏对国家的健康发展关系重大；执政党之外存在独立监督对国家，对执政党都是十分必要的。

【事件介绍】

梁漱溟是 20 世纪中国文化思想界的一位名人，著名的社会活动家，也是中国民主同盟的创建人之一。张君劢甚至说梁漱溟是“民盟之父”。1950 年 1 月，他接受毛泽东和周恩来的邀请来到北京，成为全国政协的一名委员。

在 1953 年 9 月 8 ~18 日先后举行的全国政协常委扩大会议和中央人民政府委员会扩大会议上，梁漱溟作为全国政协委员列席了会议。11 日下午，梁漱溟在大会上作了发言，大意为：农会虽在土改中起了主要作用，土改后似已作用渐微。现在只有依靠乡村的党政干部了。但乡村干部的作风，很有强迫命令、包办代替的，其质其量似乎都不大够。甚至有人说，如今工人的生活在九天，农民的生活在九地，有“九天九地”之差。这话值得引起注意。中共之成为领导党，主要亦在过去依靠了农民，今天要是忽略了他们，人家会说你们进了城，嫌弃他们了。这一问题望政府重视。

9 月 12 日，毛泽东作了即席讲话，他说：“有人不同意我们的总路线，认为农民生活太苦，要求照顾农民。这大概是孔孟之徒施仁政的意思吧。然须知有大仁政小仁政者，照顾农民是小仁政，发展重工业、打美帝是大仁政。”稍许，毛泽东加重了语气，说：“有人竟班门弄斧，似乎我们共产党搞了几十年农民运动，还不了解农民。我们今天的政权基础，工人农民在根本利益上是一致的，这一基础是不容分裂、不容破坏的！”

9月17日，有位与会者作了长篇发言，说梁漱溟在历史上“一贯反动”，“虽没有以刀杀人，却是以笔杀人的”。

9月18日的大会上，梁漱溟说：“昨天会上中共领导人的讲话，很出乎我的意料。特别是主席的口气很重，肯定我是恶意。希望大会能给我充裕的时间解释。我想考验一下领导党。现在我问毛主席有没有这个雅量，听我把事情的来龙去脉讲完以后，你说误会我了，梁漱溟原来没有恶意。”

会场上出现了前所未有的与毛主席顶撞甚至要毛主席道歉的局面。台下有人喊：不听梁漱溟胡言乱语！民主权利不给反动分子！梁漱溟滚下台来！

这时，有人提出付诸表决。毛泽东带头举手赞同梁漱溟讲话，但大多数与会者表示反对。梁漱溟不得不走下台来，一场相持许久的僵局这才宣告结束。

30多年后，梁漱溟在1986年谈起这件事时，感伤地说：“当时是我态度不好，讲话不分场合，使他很为难。我更不应该伤了他的感情。这是我的不对。他故世已经10年了，我感到深深的寂寞。”

梁漱溟一向以发表特立独行的观点著称，在1953年事件以后他也多次因观点不合宜而受到批判。第一次是在1965年，梁漱溟提出“科学道德”是新中国的成就主流，并非是阶级斗争，由此开始批判梁漱溟反对阶级斗争学说长达四个月之久。第二次是在1970年讨论“宪法草案”时，梁漱溟提出宪法就是为了限制王权，不宜写上毛泽东个人的名字，更不宜写上什么接班人林彪的名字。时值“文化大革命”高峰，自然难逃革命群众的大批判。第三次批判是在1974年批林批孔时期，83岁的梁漱溟在“批林批孔”运动中亮明的观点是“批林但不批孔”。而且面对压力，他的态度是“三军可夺帅也，匹夫不可夺志！”由此而招致长达一年、范围扩大到二百多人的大批判。第四次是在1978年2月，梁漱溟再次语惊四座，明确指出毛泽东去世应成为人治的结束，真正法治的开始，为此又遭到几个月的批判。

【宪法评析】

一、中国人民政治协商会议缘起抗战胜利后的“旧政协”，是中国共产党与民主党派合作同国民党作斗争的重要阵地

1945年抗日战争胜利后，中国共产党和国民党在重庆谈判，决定为组建新政府而召开政治协商会议。1946年1月10日，政治协商会议在重庆召开，

参加这次会议的有中国国民党、中国共产党、中国民主同盟、中国青年党和社会贤达五个方面的人士。在“旧政协”存续期间，作为国共以外最大党派的中国民主同盟秘书长的梁漱溟和其他民主党派人士与中国共产党进行了充分的合作。1946 年 11 月，国民党撕毁政治协商会议决议，单方面宣布召开“国民大会”，遂使政治协商会议即“旧政协”解体。前文所述梁漱溟的历史问题主要是指其在“旧政协”的上述活动。在国共和谈面临破裂的最后关头，梁漱溟等民主同盟的部分领导人在未同中共代表协商的情况下即私下拟定了国共停战的最后协议草案并送给其他方代表。在受到中共代表强烈批评之后，梁漱溟为此事非常后悔，并采取有效措施避免了不良后果的发生。总的来说，梁漱溟及这一时期的中国民主同盟与共产党是密切合作的关系。也正是由于同中国共产党有密切的合作关系，1947 年 10 月，国民政府宣布民盟为“非法团体”，总部被迫解散。1946 年的“旧政协”是 1949 年中国共产党取得内战胜利后组建新政协的重要缘起。

二、1949 年新中国成立后，我国的多党合作及政治协商制度既有良好合作的经验，也有受到严重破坏的教训

1949 年新中国成立后，中国共产党与各民主党派之间进行了良好的合作，由于全国尚未全部解放，以中国人民政治协商会议代行全国人民代表大会的职能，为新政权提供了合法性。同时以《中国人民政治协商会议共同纲领》作为临时宪法，起着根本法的作用。在新选举产生的国家领导机构中，共有 6 位中央人民政府副主席，3 位非共产党人士担任副主席职务；56 位中央人民政府委员中，党外人士占 27 位。4 名副总理中有 2 名民主人士；15 名政务委员中有 9 名民主人士；4 名委员会主任中有 2 名民主人士；30 名部、会、院、署、行正职负责人中有 13 名民主人士。

1953 年梁漱溟事件对各民主党派也有一定的影响，1954 年形成的第一届中央政府中国家副主席改为朱德一个；11 个国务院副总理中已经没有一名民主人士了。

对民主党派影响最大的当数 1957 年“反右”和 1966 年开始的“文化大革命”。在“反右”运动中，各民主党派均受到不同程度的冲击，民盟副主席章伯钧、罗隆基被定为“章罗反党同盟”；民革中央的领导陈铭枢、龙云、黄绍竑、谭惕吾也被打成右派；章伯钧担任主席的农工民主党更是重灾户，副主席黄琪翔和副秘书长李伯球被打成右派；其他几个党派，如九三学社的主任委员、水产部部长许德珩，资深记者顾执中；民进党副主席、教育部副部长林汉达；中国致公党主席陈其尤；台湾“二二八”起义领袖之一的台湾民主自治同盟主席谢雪红；无党派人士、教育部部长张奚若都被打成右派。

“文化大革命”期间，各民主党派更是遭到灭顶之灾。1966 年 8 月 23 日夜到 24 日晨，一些北京红卫兵发出致各民主党派的《最后通牒》，限令各民主党派在 72 小时之内自行解散并登报声明。从 8 月 25 日起，北京各民主党派中央机关纷纷贴出“通告”，以大体相同的语言表示“坚决接受红卫兵的意见，自即日起停止办公，报请党中央处理”。1966 年 8 月 30 日，全国政协机关停止办公，直到 1973 年 2 月 28 日，经周恩来批准，全国政协举行“纪念台湾省人民二二八起义的活动”。这标志着政协开始恢复活动。改革开放以后，我国各项制度都得到了恢复和发展，多党合作和政治协商制度也重新恢复了生机和活力，在国家的建设和发展中发挥着重要的作用。

三、该事件表明，完善政协制度，加强对执政党的监督意义非常重大

中国共产党领导的多党合作和政治协商制度已历经六十余年的风风雨雨，在这六十余年的历程中，我们可以清晰地看到，多党合作和政治协商制度运行良好的时候，也是中国共产党和我们国家生机勃勃、健康发展的时候。一个健康的国家需要多党合作，居于执政地位的政党需要多党合作，需要其他政党的监督和帮助。六十年后再回望梁漱溟的个人经历，我们惊奇地发现，梁先生当年那些孤掌难鸣，甚至与当时主流格格不入的言论是那么宝贵。当年梁先生呼吁关注的农民，半个世纪后三农问题长期占据我们国家的舆论中心；梁先生主张科学道德，反对阶级斗争，我国改革开放之初便放弃以阶级斗争为纲，并召开全国科学大会，掀起了全民学习、热爱科学的高潮；梁漱溟反对将林彪作为接班人写入宪法党章，林彪后来果真叛逃了；梁漱溟反对批孔，如今孔子学院遍布世界各国；梁漱溟呼吁法治，如今我们已将“依法治国”明确写入宪法。凡此种种，我们愈发感到，坚持和保持各民主党派独立的监督作用，坚决捍卫言论自由，反对“因言获罪”，对于执政党和国家的健康发展都是十分必要的。一个言论，无论当前看起来多么不合时宜，多么荒谬不经，只要它还没有对国家和人民造成紧迫的危险，国家和政府就不应加以限制。人民亦需学会宽容地对待我们反对或难以接受的言论，正所谓“我反对你的观点，但我誓死捍卫你发表观点的自由”。无数历史经验表明，是否存在言论自由，是否存在执政党外部的独立监督是一个民族、一个国家能否从如“文化大革命”这样的全面癫狂状态中尽快恢复理智、恢复正常的极其必要的制度保障。

【扩展阅读】

1. 胡筱秀著：《人民政协制度功能变迁研究》，上海人民出版社 2010 年版。

2. 姜毅然：《梁漱溟在“批林批孔”运动中》，载《文史春秋》2007年第9期。

3. 汪东林：《1949年后的梁漱溟》，当代中国出版社2008年版。

（撰稿：王守田）

34. 中国傅庚辰所提“老文艺家生活补贴问题”政协提案办理事例

【事例主旨】

中国人民政治协商会议在我国政治生活中十分重要，但宪法和其他有关法律中对政治协商会议的规定并不多。很多人对政治协商会议的内部组成和实际运作并不十分清楚。本文通过全国政协委员傅庚辰提出的一个提案，力图展示政治协商制度的一角，以便读者能对政治协商制度的地位、组成和作用有一个大略的了解。

【事例介绍】

1999年12月，傅庚辰当选中国音乐家协会主席。上任之初，他了解到音乐家协会创始人，也是20世纪30年代党领导革命音乐的主要骨干之一吕骥同志的月工资仅1400多元，家里生活拮据，人造革的沙发裂着口子，人造革的地板也张开了嘴。后来，傅庚辰在医院看望国际著名指挥家李德伦先生，得知这个1936年参加革命的老党员在1955年被定为文艺四级（相当于副厅级）以后再没有调整过，是靠着同学的关系才住进了副部级才能住的高干病房。进一步，他了解了老艺术家生活窘迫的更多情况。

在2000年3月召开的“两会”期间，政协委员傅庚辰在全国政协会议上谈到了这个问题。中共中央政治局常委，国务院副总理李岚清当即表示：“你的话我听进去了。”

第二天，傅庚辰将发言内容写成了提案（第1678号），吴祖强、吴雁泽等34位文艺界政协委员签名附议。

提案基本内容是：我国目前尚有极少数年届80岁以上，从事文艺工作60年以上的老文艺家，亦是早年参加革命的老同志。他们多数体弱多病，健康状况较差，每月仅有1000多元钱。这些人儿孙绕膝，人口众多，又要雇保姆照料生活，生活确实比较困难。为了表彰他们的功绩，使他们能够安度晚年，建议中共中央、国务院拨款，给他们每人每年补助3万~5万元。

5月，文化部告知傅庚辰：提案收到了。

八一建军节，在国防大学李德生政委召集的聚餐会上，国务院副秘书长刘奇葆告诉傅庚辰：李岚清通知将提案交由刘奇葆办理。

9月9日，中山公园音乐堂举办纪念作曲家施光南诞辰60周年音乐会，傅庚辰在休息室内见到李岚清并催问提案处理进展，李岚清说："好，我催催他们。"

10月18日，傅庚辰在保护音乐权益国际研讨会上再见李岚清并催问，李岚清说："怎么搞的，我催催他们。"态度明确坚定。

12月17日，《新四军军歌》作曲者何士德逝世，12月23日，中央音乐学院教授，聂耳同时代人江定仙逝世。

12月27日，傅庚辰在参加完江定仙遗体告别仪式后，心情沉重地给李岚清写了一封措辞比较强硬的信，历数一年来两人之间的多次对话，催促提案的办理。

12月29日，在中央音乐学院纪念萧友梅逝世60周年音乐会上，傅庚辰再次见到李岚清并追问提案进展。国务院副秘书长徐荣凯说李岚清接信后严厉批评了他。徐荣凯同时告诉傅庚辰提案中的问题已经解决。第二天，李岚清秘书郭向远打电话告诉傅庚辰，文件由中组部发文：《老艺术家的生活补贴问题》（组通字34号）。文件规定1984年工资改革前文艺四级以上的老同志，每人每月加发1000元，计入工资，从2000年10月算起。

2001年全国政协会议期间，李岚清参加了文艺界的会议并作了发言。全场169名文艺界的政协委员给出了热烈的掌声。

【宪法评析】

一、中国人民政治协商会议是中国人民爱国统一战线组织

从性质上说，中国人民政治协商会议（简称人民政协）是中国人民爱国统一战线组织，是中国共产党领导的多党合作和政治协商的重要机构，是中国政治生活中发扬社会主义民主的一种重要形式。我国现行宪法序言规定："中国人民政治协商会议是有广泛代表性的爱国统一战线组织，过去发挥了重要的历史作用，今后在国家政治生活、社会生活和对外友好活动中，在进行社会主义现代化建设、维护国家的统一和团结的斗争中，将进一步发挥它的重要作用。中国共产党领导的多党合作和政治协商制度将长期存在和发展。"除此之外，我国宪法正文及法律中没有关于政协的规定。因此，中国人民政治协商会议就其性质来说，不属于国家机构体系，不是一个国家机关，没有宪法和法律明确规定的职权和职责。但是，中国人民政治协商会议在我国社会主义民主实践中具有非常重要的作用。例如，一年一度的"两会"就是"全国人民代表大会"和"中国人民政治协商会议"的简称，全国政协与全

国人大相提并论。全国政协主席通常由中共中央政治局常委担任，也可见其地位之重要。在对外交往的实践中，全国政协主席往往对应外国的上院或参议院的议长。政协机关的工作人员也列入公务员序列。

二、提案与政协会议、视察、专项调研、反映社情民意、开展对外交往一同构成我国政治协商会议的主要工作方式

《中国人民政治协商会议全国委员会提案工作条例》规定，提案是政协委员和参加政协的各党派、各人民团体以及政协专门委员会，向政协全体会议或者常务委员会提出的、经提案审查委员会或者提案委员会审查立案后，交承办单位办理的书面意见和建议。政协提案是向政协全体会议或常务委员会提出的，表明提案是参加政协的单位和政协委员行使民主权利的一种有组织有领导的行为，而不是单位和个人直接面对承办单位的行为。根据《中国人民政治协商会议全国委员会提案工作条例》的规定，提出提案一般有四种形式：一是政协委员可以个人或者联名方式提出提案。二是政协全体委员会议期间可以小组或者联组名义提出提案。三是参加政协的各党派和人民团体，可以本党派、团体名义提出提案。四是政协各专门委员会可以本专门委员会名义提出提案。政协提案须经提案委员会审查立案后，才能成为正式提案，不是一提出就是提案。政协大会和常务委员会授权于提案委员会，行使审查提案职责的工作机构，是代表政协大会或常务委员会受理审查提案的工作机构。政协提案审查立案后交付有关部门办理，而不能不经提案委员会审查立案直接送给有关部门。政协提案是书面的意见或建议。政协提案不同于政协会议中的即席发言和来信来访。也就是说，政协提案是必须办理的，必须保证件件有答复，事事有交代，但不是必须采纳或执行的决议，仅仅是书面的意见和建议。本案就是参加全国政协的文艺界委员以联名方式提出的议案。

三、提案是履行人民政协职能的一个重要方式，作用非常重大

人民政协的工作方式很多，有会议、委员视察、专委会的专题调查研究等。但提案有其广泛性、经常性和规范性的优势，能够发挥独特的作用。从过去长期实践情况看，提案工作的作用大体可以归纳为：对党政领导部门重要决策可以起参谋咨询作用；对三个文明建设可以起到推进补充完善作用；对重要方针政策的贯彻执行可以起到促进和信息反馈作用；对反腐倡廉可以起到民主监督作用；对某些人民内部问题可以起到缓解矛盾、增进团结和保持稳定作用；对发展和完善中国共产党领导的多党合作可以起到促进作用。正因为如此，提案才成为政治协商、民主监督的好形式，参政议政的好渠道，为政协委员贡献才智、发挥专长提供了好舞台。提案工作做得如何，已成为检验政协工作的一个重要标志。

从本案一方面可以看到政协提案在解决我们实际工作中的具体问题上有着重要的作用，但另一方面，也可从中看出政协提案的局限性。傅庚辰是音乐协会主席，而李岚清是政治局常委，恰好又是音乐爱好者，即便是这样，要解决老艺术家的实际困难尚如此曲折，那么可以想象其他提案提出的问题要真正得到解决可能就会更加艰难。至于众多政协提案涉及的其他方方面面的问题，有关部门的答复亦恐陷入文件旅行，透迤应付的危险。进一步，我们可以想象，涉及众多普通百姓信访案件的办理该有多么困难。

【扩展阅读】

1. 全国政协提案委员会编：《情系国计民生：政协提案的故事》（第一辑），新世界出版社 2009 年版。

2. 张平夫主编：《人民政协概论——人民政协理论与实践读本》，中央编译出版社 2008 年版。

（撰稿：王守田）

35. 德国社会帝国党因违反宪法制度被取缔案

【案例主旨】

宪法是国家的根本大法，最有最高的法律地位。从宪政发展史看，政党和军队破坏乃至彻底摧毁宪法的危险极大。政党和军队破坏、摧毁宪法的行为将给一个国家带来灾难性的后果，在宪法中建立严格的制度加以防范是非常必要的。德国在第二次世界大战前由于对政党规范的不力和对反宪法体制政党的纵容，使得纳粹党得以逐步发展并取得政权，最终摧毁了德国魏玛宪法，给德国和整个世界造成巨大灾难。总结历史的教训，联邦德国基本法有严格规范政党的规定并专门制定的《政党法》。在实践上，联邦德国宪法法院有过判决解散违宪政党的案例。德国的这些经验教训弥足珍贵，值得参考。

【案情介绍】

德国社会帝国党于 1948 年成立，其建立的一个重要目标是在西德重组右派势力。在开始几年，社会帝国党在几个州获得相当数量的支持并在联邦议会中获得两个席位。由于该党对联邦内阁和民主政府持敌视态度，阿登纳政府于 1951 年提请联邦宪法法院予以取缔。法庭在接受案件以后命令搜查社会帝国党的办公室及其领导人的住宅，获取了大量证据。

宪法法院在判决中指出：政党是形成人民政治意愿的媒介；应允许具有任何倾向的政治势力通过组成政党来表达自身。因此，政党的建立和活动不得受到限制。同时，对企图利用民主手段来废除民主的政党必须被排除于政治进程之外。但是，应顾及与此相联系的危险，即政府可能因此而试图去取消给它招惹麻烦的反对党。因此，基本法授权联邦宪法法院而不是政府去决定违宪性问题。

宪法法院认为：政党的组织结构必须具备自下而上的组织结构，即成员不得被排除于决策过程之外，且必须保障成员的基本平等和加入退出的自由。而社会帝国党的绝大多数领导人都曾是纳粹官员，并要求对政党领袖的绝对服从，这违背了民主原则。一旦帝国党掌权，它就会把自身的组织结构移植到整个国家，从而消灭自由民主的基本秩序。同纳粹党一样，帝国党及其党员的行为也表明该党的目标在于推翻自由民主的基本秩序。社会帝国党对公共官员和政府体制大量的侮辱、怀疑和诽谤，与宪法所保障的言论自由或真诚的政治抗衡毫不相关。相反，它们揭示了一种倾向，以期在根本上动摇公众对联邦德国政府的信心，从而使人民从整体上怀疑自由民主的基本秩序。希特勒采用了完全同样的方法来消灭民主和自由，并建立独裁。因此，帝国党的追随者清醒地反对现行的政府体制，并纵容自己去扮演公敌的角色。

宪法法院判决：社会帝国党违宪，必须解散，并不得建立替代性组织。

【宪法评析】

一、任何政党都必须遵守宪法，不能凌驾于宪法和法律之上

在宪政发展的很长一段时间，各国宪法并没有规定政党，政党只是被视为一种普通的结社组织，在宪法和法律上属于结社自由的范畴。第二次世界大战以后，越来越多的国家把政党组织同其他结社团体区别开来，将其置于特殊的地位，并开始用宪法或法律对其地位和活动作出明文规定。例如，法国、德国、葡萄牙、意大利等国都在宪法中对政党问题作了原则性规定。出现这种情况的原因是因为人们逐步认识到“政党是公民和国家机关之间的桥梁”。在形式上，政党虽然不是一个国家机关，但在实质上，政党通过其党员渗透在所有国家机关之中，就是在美国这样的三权分立的国家，也是“政党”把三个部门协调一致起来的。尤其考虑到20世纪法西斯政党、纳粹党、极左翼政党对宪法和人权的摧残，人们更加清晰地认识到政党绝非宪法结社自由条款所能涵盖和规范的。因此，将政党纳入宪法范畴意味着宪法对政党的确认和保护，更意味着要对政党活动进行适当规范。这样，一个共识牢固地树立起来了：必须在宪法层面上防范蓄意摧毁宪法的行为。通过宪法和法律严

格规范政党的活动，德国走在了前面，可以说德国宪法和德国政党法是其他世界各国在这一领域的典范。德国基本法第21条规定："政党参与形成人民的政治意志。可以自由建立政党。政党的内部组织必须符合民主原则。它们必须公开说明其经费来源、使用的情况及其财产状况。如果政党的宗旨和党员的行为表明是意图破坏自由和民主的基本秩序，或有推翻这个秩序或危害德意志共和国的危险，该政党则为违反宪法。对于违宪的问题，由联邦宪法法院裁决。"

我国1982年宪法对政党问题的规定，既在序言中对中国共产党的领导地位作了充分的肯定，又在宪法修正案第4条中对多党合作制的政党制度进行了确认，承认并保护了这些政党的合法地位。宪法序言最后一段指出："全国各族人民、一切国家机关和武装力量、各政党和各社会团体、各企业事业组织，都必须以宪法为根本的活动准则，并且负有维护宪法尊严、保证宪法实施的职责。"宪法正文第5条第4款更明确规定："一切国家机关和武装力量、各政党和各社会团体、各企业事业组织都必须遵守宪法和法律。一切违反宪法和法律的行为，必须予以追究。"中国共产党第十二次代表大会修改了党章，在其序言中规定："党必须在宪法和法律的范围内活动。"这些规定表明了我国在经历了"无产阶级文化大革命"之后，执政党决心用宪法和法律规范自己活动的一种自觉和自律。

二、本案例表明，德国政党纲领和内部组织亦应符合宪法，符合自由民主的基本秩序

1932年7月31日举行国会选举，纳粹党获得了37.3%的选票，获得230个议席，一跃成为国会中最大的党派。1933年1月30日，希特勒登上了德国总理的宝座。此时，纳粹法西斯独裁统治的战车已经入轨狂奔，根本无法阻止了。那么，如何才能防止事情发展到如此不可收拾的地步呢？德国基本法及其随后的一系列判决为我们提供了解决的方案，即在反宪法的政党进入议会之前就阻止它们；甚至在它们成立之初，充分展现其反民主、反宪法的时候就解散它们。假使魏玛德国在1923年啤酒馆暴动之后就彻底解散纳粹党，如果在希特勒1925年出版《我的奋斗》时就阻止希特勒和纳粹党的发展，导致上亿人死亡的第二次世界大战的悲剧就有可能避免。

德国基本法甚至将审查的范围从政党的外部行为深入到了政党的内部组织和经费情况。基本法要求：政党的内部组织必须符合民主原则；政党必须公开说明其经费来源、使用的情况及其财产状况。本案的判决为我们进一步理解这一宪法条文含义提供了清晰的说明：社会帝国党要求其成员对政党领袖的绝对服从，这违背了民主原则。这样的组织结构与纳粹党是相似的，那

么，一旦社会帝国党掌权，那它也必然将其自身的组织结构移植到整个国家，从而消灭宪法和自由民主的基本秩序。

政党公开经费来源、使用情况和财产状况，这样人们才能知道到底谁支持这个政党，这个政党都干些什么，不能将政党理解为像普通社团和企业组织那样拥有这些秘密，因为政党的目标是争取国家权力，是国家公共机构的潜在掌门人，必须尽可能地保证他们生长在阳光之下，以减少阴谋、勾结、私利和不法行为。这样，才能使未来掌握军队、警察、监狱等强力机构的政党不致成为残害人民的可怕梦魇。

任何政党都有其私利，对政党而言，其首要的私利就是夺取和把持国家政权；掌握政权以后再利用国家强制力去攫取财产权和其他所有权益则是很多政党的发展趋向。政党必有私利；否则便不必成立政党。

三、本案例表明，国家对违反宪法、破坏自由民主基本秩序的政党应当解散

应怎样对待违反宪法、破坏自由民主基本秩序的政党？德国的经验是：依靠宪法法院审理并予以解散。达到何种程度才能解散呢？德国基本法给出的标准是："如果政党的宗旨和党员的行为表明是意图破坏自由和民主的基本秩序，或有推翻这个秩序或危害德意志共和国的危险，该政党则为违反宪法。对于违宪的问题，由联邦宪法法院裁决。"

所谓自由民主秩序，宪法法院在社会帝国党一案中给予了明确的定义："它排斥任何形式的专制和任意性，并代表了法治之下的政府体制；通过现存多数所表达的意愿，这项政府体制基于人民自决、自由和平等。这项秩序的基本原则至少包括：尊重基本法所授予的具体形式的人权，尤其尊重生命和自由发展的个人权利；人民主权；三权分立；责任内阁制；行政合法；司法独立；多党制以及所有党派平等。"

在肯定了应当解散违宪政党的同时，宪法法院在判决中指出："缔造者还必须顾及与此相联系的危险，政府可能因此而试图去取消给它招惹麻烦的反对党。"政府是由执政党控制的，取消了所有的反对党，一党独裁便建立起来了，希特勒就是这样夺权惹祸的。透析了独裁制度的建立逻辑，我们读文至此，不得不对德国宪法法院法官们的审慎和智慧而赞叹不已。

【扩展阅读】

1. 张千帆：《西方宪政体系》（下册），中国政法大学出版社2001年版。
2. 韩大元、莫纪宏：《外国宪法判例》，中国人民大学出版社2005年版。

（撰稿：王守田）

36. 德国政党选举费用补助抵触平等原则违宪案

【案例主旨】

现代世界各国的宪法中几乎毫无例外地规定公民的平等权。联邦德国宪法第3条规定："法律面前人人平等。"在德国，平等权进一步延伸至政党之间也应平等，不能给任何政党尤其是进入议会的政党和掌握行政权的执政党以特权。德国政党平等的一个具体表现就在议会通过的给政党费用补助的相关法律上。本案通过国家给予政党选举补助，从中可以看到国家与政党之间的关系；政党与政党之间的关系等多个宪法问题。

【案情介绍】

1958年，德国宪法法院曾审理了"政党捐款免税案"。法院指出：为了保证政党之间的有效竞争并避免政党过分依赖利益集团，国家可以为政党提供资金。但这类公共资助不得加剧现有政党在竞选中的不平等。

从1959年开始，联邦德国国会为了对政党给予直接的国家财政援助，在"资助促进政党的政治教育活动"项目下，将500万德国马克纳入联邦预算。到1964年，为了增加预算额度，国会将项目改名为"旨在完成基于《基本法》第21条所规定的政党任务的特别资金"，将3800万德国马克的联邦预算在联邦议会中拥有议席的四大政党之间根据所占议席的数额进行分配。这一数额相当于每个选民贡献一个马克。这一预算项目同样也纳入了1965年的联邦预算。众议院四大党各获20%，其余20%由议会其他各小党派案席位数分配。黑森州和未进入议会的小党，如德国全民党、巴伐利亚党、国家民主党提出诉讼，要求联邦宪法法院宣告该预算法案违反《基本法》。

联邦宪法法院认为，政党作为准备参加选举的组织，是为了完成宪法上所确立的公共义务，因此，承担了选举任务的政党可以获得由国家资助的财政补助。

但是，政党是否应当就其从事的全部政治活动获得全部国家财政补助呢？答案是不应当。这是因为，对于政党来说，其重要的职能还在于它要参与形成国民的政治意志。为了形成自由民主的基本秩序，决定了国民意见和意思应当是自由形成的一个过程。而这种形成过程与由国家对政党的全部政治活动给予财政援助是不一致的。在民主国家中，国民的意志是自由形成的。国民意志的形成与由诸国家机关的国家意志的形成必须加以区分。国民意志的形成可以由国民进入国家机关，但是，不能反过来说从国家机关来进入国民。所以，国家机关是基于国民意志的形成通过选举作为纽带产生的。从这一点来看，国家机关应当绝对禁止介入国民意志的形成过程。

另外，政党全力协助形成国民意志，没有政党，就无法进行选举。政党是个人与国家的媒介。政党对国家最上级的官员产生影响，特别是在议会中，涉及国家意志的形成。应当禁止政党进入制度化的国家领域，如果给予政党活动以财政支持的话，等于让政党可以影响国家意志的形成，产生政党国家化。为此，政党活动不应得到国家财政的支持。

《基本法》规定，政党应当通过自己的努力来获得活动的资金。政党虽然不能从国家获取活动的经费，但可以从社会团体和私人那儿获得赞助。为了防止个人和组织过度操纵政党的活动，《基本法》要求政党必须公布经费来源，其目的就是让社会公众了解政党背后的赞助者，以使选民了解哪些个人和社会团体试图影响政党的政治意愿，确保政党的行为处于社会公众的监督之下。

政党因竞选开支可以获得联邦的经费补贴，只有那些参与竞选的政党才能得到国家的补贴。在分派财政补贴时必须考虑所有参与竞选的政党。把补贴只分配给在议会中获得席位的政党就抵触了平等原则。根据德国法律，只有获得5%以上选民票的政党才能进入议会。如果根据这一门槛要求进行财政补贴，就将使原有的“5%门槛条款”的效果加倍，从而实际上阻止新党进入议会。

宪法法院最后判决：1965年3月18日成立的《确定1965年度联邦预算的法律》补贴政党竞选开支3800万德国马克的规定，因违宪而无效。

在随后几年的发展中，国家对政党竞选的财政补助调整为：只要政党至少赢得0.5%的选票，就有资格按选票比例获得财政补贴。对政党财政补贴的数额在1984年调整为每选票5马克。

【宪法评析】

本案在判决中分析阐述了一系列重大又常常令人困扰的宪法问题：政党与国家的关系；政党与人民的关系；执政党与在野党的关系；议会内政党与议会外政党的关系；政党的国家资助与私人赞助之间的关系，等等。从中我们至少可以得到以下深刻的启示。

一、本判决要求国家与政党之间要保持合理的隔离，既要防止国家对政党的控制和过度干预；也要防止政党对国家的不当介入甚至包办

一般认为，德国宪法法院是依据“市民社会和政治国家二元论”理论来分析本案的。政党在个人与国家之间构成中间联系。政党的首要任务是帮助形成人民的意愿，以此作为民主的基础。其另外一个任务就是参加竞选，组

成议会和内阁，行使国家的立法权和行政权。在这个过程中最重要的是保证人民意愿在形成过程中是自由的，而不是受到干扰、引导，甚至是受到控制的，具体来说要确保人民意愿的形成是自下而上的而不是自上而下的。在保证人民意愿自由形成上，最重要的考虑因素就是要防范国家的操纵和控制。国家是由议会和政府管理的；议会和政府是由政党控制的；而政党在很大程度上是受领袖影响甚至控制的。如果不保证国家与政党之间的相对隔离，势必导致执政党利用国家权力操纵和控制反对党和其他党派。这样，人民也就无从形成真正属于他们的民意。到头来，这样的国家只有领袖的意愿，而没有人民的意愿。希特勒及其纳粹党就是这样来控制国家的。从另外一个方向看，政党也不能过分介入国家，甚至包办国家。政党至多只能反映和代表一部分人的意愿；而对于国家来说，国家机关必须从整个国家的角度，从全体人民的角度来考虑内政外交。政党过分介入国家、包办国家，将局部的党派利益置于整个国家和全体人民之上，这样的国家一定是不健全的、不和谐的。这样的国家必然只有执政党的党派利益，甚至只有党派领袖的一己私利。纳粹党首先将自己的党派利益置于国家之上，在本质上又只能是将希特勒的褊狭己见和狂妄的权力欲置于所有人之上。本判决不允许政党的所有经费都由国家补助，即是防范政党和国家相互之间过度交合、过度依赖、过度控制，以防范政党和国家都丧失它们原本的职能。

二、本判决要求对每个政党予以平等对待，无论执政党还是在野党；也无论议会内政党还是议会外政党

在德国，《基本法》第 3 条规定，法律面前人人平等。任何人不得因性别、门第、种族、语言、籍贯和来源、信仰、宗教或政治见解受到歧视或优待。这一宪法规定同样也适用于政党。本判决认为，如果议会为竞选开支提供补偿，不得和政党平等的原则相冲突，除非具备特殊与迫不得已的理由，宪法禁止以任何不平等的方式对待政党。

但平等对待各政党并非绝对的平等。法律可以为竞选开支而给予财政补贴，那就意味着只有那些参与竞选的政党，才能得益于国家补贴。在本案中，议会只把资金分配给在议会获得了席位的政党，就抵触了平等原则，对议会外政党是不公平的。这意味着宪法法院考虑到了一种危险：议会内政党之间达成某种默契和联合，垄断议席，垄断议会。这样的议会势必是凝固的，难得新鲜血液和进步。魏玛宪法的教训之一是议会内存在太多的政党，这就使得内阁不稳，难以有力地推行政策，给国家带来灾难。正是基于这一考虑，选举法设定“5% 门槛条款”，只有获得 5% 以上选票的政党才能进入议会，以此控制议会中的政党数目。但在财政补贴时，不能采用相同标准，不能断

绝其他政党获得发展以进入议会的机会。正是基于这一考虑，宪法法院要求降低获得补助的选票要求。最后，宪法法院确定，只要获得0.5%的选票就可以获得财政补贴，补贴数额按照获得的选票分配。获得更多的选票亦表明其需要更多的人员、更多的开支，从而需要更多的费用补贴。

三、本案判决的核心精神是要防止执政党对在野党的垄断和控制；也要防止议会内政党之间联合起来排斥议会外政党

德国宪法法院要求平等对待各政党是基于这样一个共识：绝对禁止任何一党垄断政权、长期执政，不允许执政党压制、排斥反对党，要给其他政党上台执政的平等机会。而本案中宪法法院则考虑得更为深远，甚至要防止已经进入了议会的政党联合起来排斥议会外政党，从而构成新的不平等，将议会政治搞成死水一潭。只有在德国，只有有了希特勒、纳粹党祸乱德国，给德国和全世界造成痛彻心扉的教训之后的德国法官才能给我们提供如此全面和意蕴深远的判决。

四、政党的活动费用主要依靠自筹和私人捐助，国家也可给予适当补助

民主需要选举；选举需要政党；政党需要金钱。政党的机构组织、选民联络、广告宣传等一切活动都需要钱。谁有钱呢？资本家有钱，财阀有钱。正是政治、民主，政党与钱的这种关系成为很多人诟病民主的原因。马克思、列宁据此批评资本主义民主是有钱人的游戏，是资本家欺骗人民的工具。我们从前学习的教材也均以此批评资本主义的民主制度。的确，如果民主仅仅为有钱人提供收买政府，获得特权的机会，那民主毫无疑问地应当受到批判。资本主义国家也发现了这个问题，并逐步地寻找办法予以解决。从本案中我们可以看到，国家可以基于选举的理由给政党适当的财政补助。但政党大量的活动经费还要来源于党费、自筹和私人捐助。自筹和私人捐助也是民意的一种表现形式：你得到的支持多，获得的捐助也多。但必须防止民主政治堕落为金钱政治。德国宪法要求政党必须公开财政来源，以便公众进行监督。而且要严格控制捐款的数额，1986 年宪法法院在“绿党资助案”中允许企业免费捐助 10 万马克。美国《竞争法》规定：每一选举，个人给予每个候选人的捐款不得超 1000 美元，给予联邦候选人的捐款每年累计不得超过 2500 美元，个人每年向一个政治行动委员会的捐款不得超过 5000 美元，向一个政党全国委员会的捐款不得超过 2 万美元。德国《政党法》规定：凡是捐款在 1000 马克以上的，如捐款人身份不明则不能接收。绝大多数国家都规定政党不得接受外国人的捐款。控制捐款数额，以免达到收买和控制政府的地步。

本案是由于国家为所有政党提供 3800 万马克资金而引起的。这点钱不够一个球星或歌星的一年所得，更不及独裁国家一个小官的贪污所得。与民主

是金钱政治的指责恰恰相反，民主使得政治廉价到了不可思议的程度。在古代封建社会，一个国家起码要养活一个皇族，这个多妻、多子又多孙的家族用不了几十年就能繁衍到十数万人的规模，如明代朱元璋家族。在现代，不民主的国家，如德国要养活纳粹一个政党；在伊拉克，要养活阿拉伯复兴党和萨达姆家族。

与“升官发财”的传统制度相比，在民主宪政制度之下的官员不但难以发财，反而被管束到了猴急的程度。选举太需要钱了，而政党太穷了。一些政党甚至铤而走险，接受非法捐赠。2000年揭发出来的德国总理科尔的基督教民主联盟献金案，使被誉为“德国统一之父”的科尔声誉一落千丈；韩国总统卢武铉也因政治献金案被在野党弹劾，成为韩国历史上第一位被弹劾的总统，最后竟跳崖自杀。

【扩展阅读】

1. 张千帆：《西方宪政体系》（下），中国政法大学出版社2001年版。
2. 韩大元、莫纪宏：《外国宪法判例》，中国人民大学出版社2005年版。
3. 焦洪昌、李树忠：《宪法教学案例》，中国政法大学出版社1999年版。

（撰稿：王守田）

37. 中国王春立等16名员工诉北京民族饭店侵犯选举权案

【案例主旨】

依照我国宪法和选举法的规定，凡年满18周岁的中华人民共和国公民，不分民族、种族、性别、职业、社会出身、宗教信仰、教育程度、财产状况和居住期限，都有选举权和被选举权。选举法和民事诉讼法规定了对选民资格的救济程序，但是本案中涉及的公民选举权救济问题在我国现行法律中并没有找到解决的方法，该案在公民宪法权利救济问题上给我们带来的思考具有典型意义。

【案情介绍】

王春立等16人原系北京民族饭店员工。1998年下半年，北京市西城区人民代表大会代表换届工作开始，由选民选举新一届人大代表。10月，北京民族饭店作为一个选举单位公布的选民名单中确定了该16名员工的选民资格。后因该16名员工与北京民族饭店的劳动合同届满，双方解除了劳动关系，该

16名员工离开了北京民族饭店。12月15日，新一届人大代表换届选举开始，北京民族饭店没有通知这些应在原单位选举的员工参加选举，也没有发给他们选民证，致使该16名员工未能参加选举。为此，王春立等16人向北京市西城区人民法院递交了起诉状，状告北京民族饭店侵犯其选举权，要求判令被告依法承担法律责任，并赔偿经济损失200万元。西城区人民法院经审查认为：原告王春立等16人关于被告北京民族饭店对其未能参加选举承担法律责任并赔偿经济损失的请求，依法不属法院受案范围。依照《民事诉讼法》第108条、第111条第3款、第112条之规定，该院于1999年1月21日裁定：对王春立等人的起诉，不予受理。王春立等其中的15人不服一审裁定，向北京市第一中级人民法院提起上诉，请求撤销原裁定，予以受理。北京市第一中级人民法院经审查认为：王春立等人以北京民族饭店侵害其选举权利为由，要求北京民族饭店承担法律责任、赔偿经济损失，因此争议不属人民法院受理民事诉讼的范围，故王春立等人提起民事诉讼，主张由法院受理的请求，不予支持，原审法院不予受理的裁定正确。据此，该院于1999年5月10日裁定：驳回上诉，维持原裁定。

【宪法评析】

选举权和被选举权是我国公民依法享有的一项重要的宪法权利。这项宪法权利在性质上是政治权利，不是民事权利。依照我国宪法和法律的规定，凡年满18周岁的中华人民共和国公民，不分民族、种族、性别、职业、社会出身、宗教信仰、教育程度、财产状况和居住期限，都有选举权和被选举权。公民的选举权受法律保护，非经合法程序，任何组织或个人都无权剥夺。

根据我国法律规定，对于公民选举权的救济和保护，主要体现在以下两个方面。

一、通过民事诉讼处理选民资格案件

根据我国《选举法》第27条的规定，选民名单应在选举日的20日以前公布，实行凭选民证参加投票选举的，并应当发给选民证。第28条规定，对于公布的选民名单有不同意见的，可以在选民名单公布之日起5日内向选举委员会提出申诉。选举委员会对申诉意见，应在3日内作出处理决定。申诉人如果对处理决定不服，可以在选举日的5日以前向人民法院起诉，人民法院应在选举日以前作出判决。人民法院的判决为最后决定。我国《民事诉讼法》第十五章“特别程序”中专设第二节对选民名单案件作了规定。《民事诉讼法》第164条规定：“公民不服选举委员会对选民资格的申诉所作的处理决定，可以在选举日的五日以前向选区所在地基层人民法院起诉。”从上述法律规定可以看出，现行法律主要定位在对选民资格的认定上，并不决定公民有没有选举权问题，也不裁判剥夺或者恢复公民的选举权。依照法律规定，人民法院受理选民资格案件须具备三个条件：一是起诉人向人民法院提起诉讼，以选举委员会对其申诉的决定为前置条件；二是对选举委员会对选民资格的申诉所作的决定提起诉讼，应在选举日 5 日之前；三是只能向选区所在地的基层人民法院提起诉讼。

二、根据刑法和治安管理处罚法惩处破坏选举的犯罪和违法活动

我国现行《刑法》第 256 条规定："在选举各级人民代表大会代表和国家机关领导人员时，以暴力、威胁、欺骗、贿赂、伪造选举文件、虚报选举票数等手段破坏选举或者妨害选民和代表自由行使选举权和被选举权，情节严重的，处三年以下有期徒刑、拘役或者剥夺政治权利。"我国《选举法》第 55 条规定："为保障选民和代表自由行使选举权和被选举权，对有下列行为之一，破坏选举，违反治安管理规定的，依法给予治安管理处罚；构成犯罪的，依法追究刑事责任：（一）以金钱或者其他财物贿赂选民或者代表，妨害选民和代表自由行使选举权和被选举权的；（二）以暴力、威胁、欺骗或者其他非法手段妨害选民和代表自由行使选举权和被选举权的；（三）伪造选举文件、虚报选举票数或者有其他违法行为的；（四）对于控告、检举选举中违法行为的人，或者对于提出要求罢免代表的人进行压制、报复的。国家工作人员有前款所列行为的，还应当依法给予行政处分，以本条第一款所列违法行为当选的，其当选无效。"

关于王春立案，北京市高级人民法院从指导审判的角度进行了评析，点评指出，选举权和被选举权是我国公民依法享有的一项重要的宪法权利，该权利受法律保护，非经合法程序，任何组织或个人都无权剥夺。根据我国法律，对该权利的保护主要体现在两个方面：一是根据刑法惩处破坏选举的犯罪活动。二是通过民事诉讼处理选民资格案件。就本案来说，北京民族饭店的行为显然不构成破坏选举罪。因为破坏选举罪是指"在选举各级人民代表大会代表和国家领导人员时，以暴力、威胁、欺骗、贿赂、伪造选举文件、虚报选举票数等手段破坏选举或者妨害选民和代表自由行使选举权和被选举权"的行为。同时，本案也不具备选民资格案件的受理条件。依据我国法律规定，人民法院受理选民资格案件应具备三个条件：一是起诉人向人民法院提起诉讼，以选举委员会对申诉的决定为前置条件；二是对选举委员会作出的决定提起诉讼，应在选举日 5 日之前；三是只能向选区所在地的基层人民法院提起诉讼。根据上述理由，北京市高级人民法院认为，王春立等 16 名原审起诉人因选举权纠纷提起的民事诉讼，在立法机关没有依法定程序确定人

民法院主管前，一、二审法院作出不予受理的裁定是正确的。因为选民资格案件并不决定公民有没有选举权问题，也不裁判剥夺或者恢复公民的选举权，它仅是公民对选举委员会关于选民资格的申诉所作的决定不服，依法向人民法院提起诉讼的案件。[①]

我们认为，结合我国现行法律规定和该案的具体情况看，人民法院对王春立等起诉北京民族饭店作出不予受理的裁定，是正确的。因为该案不符合我国选举法和民事诉讼法规定的选民资格案件的起诉条件：一是王春立等16名员工已经纳入选民名单，不属于对选民资格的争议；二是没有向选举委员会申诉；三是起诉时已经过了投票日。

但该案引发出的思考是深刻的：

一、我国选民资格案件适用民事诉讼程序，这一程序有待进一步完善

人民法院适用民事诉讼法受理的案件，是公民之间、法人之间、其他组织之间以及他们相互之间因财产关系和人身关系提起的民事诉讼。我国法院目前受理的案件只有三类，即刑事诉讼、民事诉讼和行政诉讼案件，选举权是宪法规定的政治权利，依据民事诉讼法，只能维护民事权利，无法维护政治权利。在我国没有建立完善的宪法权利救济制度之前，民事诉讼法只在特别程序中规定了选民资格案件，而对诸如本案选举权纠纷的处理未作规定，不能不说只是权宜之计。

二、我国现行法律对公民选举权的救济存在着不足

根据我国现有的法律规定，只有选民名单案件可以列为民事诉讼，这显然是不够的，公民的选举权利是一项完整的权利，从我国宪法和选举法的规定看，既包括选举权也包括被选举权，传统的观点往往将选举权理解成投票权，这在选民资格的救济程序中已经得到印证。实际上，选举权不仅包括投票权，还包括提名和确定候选人的权利，选举结束后监督和罢免代表的权利等一系列环节，现行法律仅仅救济选民资格，这不能不说是一个缺憾。

三、应该建立符合中国国情的选举权救济制度

选举权属于公民的政治权利，通过什么方式救济公民的宪法权利也是我国学术界面临的重大理论问题。有的学者主张，虽然王春立案只是个案，但其提出的救济公民政治权利的意义非常典型。该案的发生本身已经说明了公民行使和要求实现政治权利意识的提高。基于选举权的政治权利属性，放弃现有的适用民事诉讼程序来解决选举诉讼纠纷的救济方式，以选举法为基本法律依托建立统一的公法诉讼救济方式，扩大选举权的救济范围和救济对象，

---

① 参见焦洪昌：《从王春立案看选举权的司法救济》，载《法学》2005年第6期。

使公民的政治权利能够获得实现。[1] 还有的学者认为，选举诉讼分别适用民事与刑事诉讼原则和程序，不但在实践上难以操作，而且容易导致当事人对案件性质的误解；从长远看来，将选举诉讼作为一种独立的诉讼程序似乎更为合理，而不应将其笼统地归入已有的两大诉讼体系，在条件成熟时我们可以考虑将选举诉讼纳入宪法诉讼的范畴。[2]

我们认为这种观点很有道理，目前我国的选举诉讼程序需要进一步完善，选举权是公民的宪法权利，建立适合中国特色的宪法诉讼制度是从根本上解决选举权利救济的最终途径。

【扩展阅读】

1. 焦洪昌：《从王春立案看选举权的司法救济》，载《法学》2005 年第 6 期。

2. 秦奥蕾：《选举法修改的成果与缺憾——从王春立案件和梁广镇事件谈起》，载《烟台大学学报》（哲学社会科学版）第 23 卷第 4 期。

3. 胡锦光：《论宪法救济的原则》，载《法学杂志》2004 年第 5 期。

（撰稿：齐小力）

① 秦奥蕾：《选举法修改的成果与缺憾——从王春立案件和梁广镇事件谈起》，载《烟台大学学报》（哲学社会科学版）第 23 卷第 4 期。

② 焦洪昌：《从王春立案看选举权的司法救济》，载《法学》2005 年第 6 期。

第四部分 国家机关

38. 中国控制非典流行涉及国家紧急状态运用事件

【事件主旨】

宪法不仅应当对社会正常状态下的国家权力和公民权利给予关注，而且也应当对紧急状态下的国家权力和公民权利给予关注。正常状态与紧急状态在宪法上的最大差别即在于国家权力和公民权利的范围的大小不同。与正常状态相比，紧急状态之下国家权力扩张，公民权利克减，其目的在于使紧急状态恢复为正常状态。由于紧急状态意味着国家权力的扩张，因此特别容易导致国家权力的滥用，并进而对公民权利造成极大的威胁，因此宪法对于紧急状态的关注在于两个方面：一是进入紧急状态必须由宪法规定有权机关予以判断、决定和宣布，不能任意进入紧急状态；二是进入紧急状态后国家权力扩张的范围和公民权利克减的边界。

我国宪法2004年修正案对于紧急状态给予了特别的关注，修正案第26条、第27条以及第29条涉及进入紧急状态的决定、宣布等方面的内容。明确规定全国或者个别省、自治区、直辖市进入紧急状态的决定权归全国人大常委会；进入紧急状态的宣布权归国家主席；省、自治区、直辖市范围内部分地区进入紧急状态的决定权归国务院。从这些规定可以看出，我国对紧急状态问题已经在宪法层面给予了高度的关注，但是关于进入紧急状态后国家权力扩张的范围和公民权利克减的边界问题尚未涉及，这仍然是一个有待解决的宪法问题。

【事件介绍】

2003年，SARS突然在中国许多地方出现，为了有效抑制SARS疫情的扩散，从中央到地方政府纷纷出台各种隔离控制措施。以北京市为例，2003年4月23日，北京市人民政府出台《关于对非典型肺炎疫情重点区域采取隔离控制措施的通告》，4月28日，北京市委办公厅、北京市人民政府办公厅发布了《北京市非典型肺炎疫情重点区域隔离控制工作规范（试行）》。这两个文件对受 SARS 扩散污染的人员、物品、场所以及区域采取隔离措施，对于划定为隔离区的地方严格限制人员进出，绝对禁止密切接触者离开隔离控制区，对于确有必要进入隔离控制区的医务人员或其他工作人员要做好防护工作。严格限制隔离控制区内的物品运出。对被隔离的动物和物品，有关部门应当采取有效措施进行处理。政府有关部门、社会组织和个人应当给予配合。对违反隔离规定的，由卫生行政部门进行劝阻、制止；必要时，由公安机关依法协助采取强制措施。

全国各地都采取了类似北京的隔离控制措施，如上海市政府发布了《进一步加强传染性非典型肺炎防治工作的通知》，河北省政府发布了《关于对非典型肺炎疫情重点区域实施隔离控制的意见》等都有相关规定。有些地方有更为严格的规定，如广东省政府规定，公民都有对外来人口进行举报的义务，凡从疫区过来的人员都要进行登记，每天量体温，自行隔离 12 天且不能经常外出。再如，大连市政府规定，凡从疫区来大连的人员，必须在有关部门的监控下到指定的宾馆酒店居住，经 10 天医学观察确认无疫病后方可离开。

【宪法评析】

从时间点来看，我国宪法中关于紧急状态的规定出现在 2004 年，而 SARS 事件出现在 2003 年，似与紧急状态无关，但深入分析可知，恰是因为宪法中关于紧急状态规定的缺失，导致 SARS 事件成为一个重要的宪法事例受到宪法学界的关注。在众多的分析中，都普遍肯定各地政府采取隔离措施抑制 SARS 疫情扩散的正当性，但是又都认为政府采取的隔离措施不具有合法性，存在法律依据上的瑕疵。[①] 由此可以看出，在遇到不同于正常状态的情形时，现实的发展需要政府采取行政紧急权，扩张原有的权力，但是法律依据又不足，这不仅导致政府权力运行的尴尬局面，而且极易对公民的权利造成侵害。解决这些问题的途径就是建立紧急状态制度，在立法上分别设置正常状态下和紧急状态下国家权力的不同范围和公民权利的不同范围，同时划定公民权利的边界，特别标明即使在紧急状态下也不得侵犯的公民权利范围。显然，2003 年的 SARS 事件对于 2004 年宪法修正案中出现的关于“紧急状态”方面的内容具有重要的推动作用。2003 年的 SARS 事件成为分析关涉紧急状态问题的较佳切入点。

---

① 参见董和平、秦前红：《宪法案例》，中国人民大学出版社 2006 年版，第 181－184 页。

一、从本质上分析，SARS 暴发、流行使紧急状态具备了实质性要件

其一，出现的传染性疾病已经大范围地危及公众的生命和健康，威胁到了公共安全，这与正常时期完全不同。传染性疾病对人类最大的危害就是其扩散性，会严重干扰社会正常的生产和生活秩序。SARS 的暴发、流行已经显示出了巨大社会危害性。并且 SARS 是一种新型传染疾病，当时尚未研制出有针对性的药物，如不及时加以控制，其后果不堪设想。这显然是社会进入紧急状态的最正当性的基础。其二，SARS 暴发、流行所导致的紧急状态是一个短暂的时期，最终是可以通过各种力量的干预回归正常状态的。这是紧急状态的时限性要素，SARS 虽然是一类新型的传染性疾病，但是人类通过科学技术是可以抑制住这种疾病的传播的，一旦阻断了 SARS 的传播，紧急状态就可以回归到正常状态，因此紧急状态必须是一个相对短时期的状态。由此可以看出，正常状态是一个国家的常态，紧急状态是一种非常态，是特殊时期，是短暂的。否则紧急状态制度的设置就没有意义了。

二、在宪法上设置紧急状态制度是国家应对突发事件所必需，但应避免国家权力利用这一机会扩张并维持恒定状态

在紧急状态下，国家权力的扩大不仅有了正当性依据而且被纳入了法律规范的范围之内，同时也为公民个人权利缩减划定界限，最为关键的是紧急状态只是暂时性的，当紧急状态被解除时，国家权力必须同时回到原来的轨道中，避免国家权力扩张的恒定状态的出现。

SARS 暴发后，虽然具备了进入紧急状态的实质要件，但是由于我国在宪法上并没有关于紧急状态方面的规定，因此无法通过宣布进入紧急状态达到控制疾病蔓延的目的，各地采取隔离措施的法律依据表现出严重不足的现象。当时可以依据的法律主要是《传染病防治法》，该法规定政府在某些特定传染病暴发时期享有行政紧急权，包括采取隔离措施、限制人身自由的权力，但是这种行政权力的扩张主要是针对甲类传染病和某几种乙类传染病，而 SARS 并不包含于其中，因此以《传染病防治法》为法律依据来限制人身自由是不充分的。虽然 2003 年 4 月卫生部发布了《关于传染性非典型肺炎（严重性呼吸道综合征）列入法定管理传染病的通知》，2003 年 5 月，国务院发布《突发公共卫生事件应急条例》，这些规定的目的是将 SARS 纳入甲类传染病，实现政府行使行政紧急权的合法性，但是这种应急性立法，以卫生部的通知和国务院行政法规定的方式限制人身自由显然违反了《立法法》，与该法中规定的“法律的绝对保留事项”是相冲突的，这正是 SARS 期间政府行使行政紧急权遭受诟病的地方。通过上述分析可以看出，尽管从必要性角度而言，国家权力的扩大是值得肯定的，但是从合法性角度而言，却受到了普遍的质疑。

而这种质疑正是推进我国的法治建设的积极力量。

从宪法层面设置紧急状态就是要将所有的国家权力均纳入宪法的框架内，同时又关照特定时期的特定需求。因此，“在宪制政府中，存在这样的公理，即没有宪法或者法律的授权，国家机关不应当采取任何行为。这无论是对于紧急状态还是正常状态都同样有效”①。

三、紧急状态是一种宪法上设置的特殊时期，会使国家权力扩张，使公民权利缩小，因此决定和宣布进入紧急状态必须经过严格的法律程序

这种程序的设计不仅可以避免国家公权力随意以紧急状态为借口侵害公民权利，而且可以给公民提供明确的预期。对此，我国宪法2004年修正案已经有了明确的规定，修正案第26条规定，全国人大常委会行使的职权的第二十项是决定全国或者个别省、自治区、直辖市进入紧急状态；修正案第27条规定，中华人民共和国主席根据全国人大决定和全国人大常委会的决定，宣布进入紧急状态；修正案第29条规定，国务院行使的职权的第十六项是，决定省、自治区、直辖市的范围内部分地区进入紧急状态。由此看来，必须是在法定机关依据法定程序决定和宣布进入紧急状态之后，政府才有权行使行政紧急权。这是SARS事件带给中国法治上的最重大变化。

四、特别需要注意的问题是，尽管我国宪法已经确立了紧急状态制度，但是具体的规范内容还有待下一步立法的进一步完善

就立法而言，国外关于紧急状态方面的立法值得借鉴。“从国外有关紧急状态的立法来看，主要有两个重要特征：一是在宪法中规定了紧急状态制度，确立了政府在紧急状态时期的基本法律权限，使得政府在紧急状态时期行使紧急权力的行为严格地限制在宪法所允许的范围之内，由此来维护以宪法为核心价值的法治原则；二是制定统一的紧急状态法，对各种紧急状态下的政府行政紧急权力作统一规定。”② 从各国的立法经验来看，紧急状态立法的具体规范应当包括决定和宣布进入紧急状态的条件、紧急状态的时限、应急公共信息的发布、紧急权的范围和边界、紧急状态下的人权最低标准等。

从宪法角度来看，紧急状态下的人权保障是最为核心的问题，这必然是未来紧急状态立法中的重要组成部分。国际人权公约和其他很多国家的宪法中对此问题都有所关涉，如1966年通过的《公民权利和政治权利国际公约》第4条第2项规定，在紧急状态下不得克减公民部分基本权利，包括生命权、人道待遇、不得使为奴隶或者被强迫役使、不得仅仅由于无力履行约定义务

---

① Clinton Rossiter: Constitutional Dictatorship, Princeton University press, 1963, p. 300.

② 莫纪宏：《中国紧急状态法的立法状况及特征》，载《法学论坛》2003年第4期。

而被监禁、不受有溯及力的法律约束、法律人格的权利、思想、良心和宗教的自由等。很多国家的宪法也规定了紧急状态下人权的最低标准，如《葡萄牙共和国宪法》（1982 年第一次修改）第 19 条第 4 项规定，宣布戒严不能侵犯生命权、人格完整、个人身份、个人的公民资格与公民权利、刑法的非追溯性、被告人的抗辩权及信仰自由与宗教自由。《委内瑞拉宪法》第 241 条第 1 款规定，遇到紧急事件，可以扰乱共和国和平的混乱，或者影响经济和社会生活的严重情况的时候，共和国总统可以限制或停止宪法的保证或者某些保证，但公布在第 58 条、第 60 条（3）和（7）项下的那些保证例外，即第 58 条规定的是生存权和不设死刑；第 60 条（3）规定的是任何人不可以被监禁不与外界联系通信，或使身心痛苦；第 60 条（7）规定的不能判处无期徒刑或不名誉刑罚，刑罚不得超过 30 年，等等。这些都可以为我国未来的立法所借鉴和参考。

【扩展阅读】

1. 莫纪宏：《中国紧急状态法的立法状况及特征》，载《法学论坛》2003 年第 4 期。

2. 董和平、秦前红：《宪法案例》，中国人民大学出版社 2006 年版。

（撰稿：沈国琴）

39. 菲律宾马科斯总统宣布戒严令进而实行独裁事件

【事件主旨】

戒严或紧急状态制度是宪法一项非常重要的制度。从历史上看，一些国家的领导人正是通过宣布戒严令来扩张自己的权力，最终实现专制独裁的，德国的希特勒和菲律宾的马科斯走的都是这条路。因此，可以这样讲，戒严或紧急状态制度是关系民主宪政生死存亡的一项关键制度。本文通过菲律宾总统马科斯经宣布戒严令实现独裁统治历程的描述和评析，期望读者能更深入地了解这一制度。

【事件介绍】

费迪南德·马科斯是菲律宾第六任总统，1965 年当选。按照当时菲律宾宪法的规定，总统任期四年，只能连任一次。1972 年，马科斯的第二个任期即将届满，也就是说他不能再当选总统了。这时，马科斯开始考虑如何突破宪法限制以便继续掌权。以前国防部部长胡安·恩里莱遇刺事件和迫在眉睫的共产党暴动为借口，马科斯宣布在全国范围内实行戒严令。

戒严令的宪法依据是1935年宪法第七章第10节第2款："总统是菲律宾所有武装力量的总司令。必要时，总统可以命令武装部队预防和镇压非法暴力、入侵、叛乱和颠覆活动。在此类入侵、叛乱、颠覆，或有紧迫危险的情况下，当公共安全需要的时候，总统可以停止人身保护令状的权利。戒严令可以在菲律宾全境或部分地区实行。"宪法其他部分没有规定对总统戒严令的限制。马科斯公布了文号为1081号的戒严令。在六千多字的戒严令中，他罗列了共产党在菲律宾的发展，历年来在菲律宾各地发生的暴力事件及死伤人数等，让人无可怀疑地认可总统采取戒严令的必要性和紧迫性。在戒严令下，总统直接命令中央及地方各级政府；作为总司令，总统有权指令国防部部长逮捕犯罪分子；菲律宾全境在晚上十二时到凌晨四时实行宵禁；禁止集会、示威、游行，禁止罢工。在戒严令实施期间，1973年，菲律宾重新制定了宪法，新宪法将由全民直接选举的总统制改为内阁制。1973年宪法规定，总统是国家象征，由国民大会选举产生，任期没有限制；总理拥有行政权力并作为武装力量总司令。新宪法颁布后，马科斯兼任总统和内阁总理。1973年宪法在1980年、1981年和1984年进行了修改，又将内阁制改为法国式的总统制。

在长达10年的军事管制期间，马科斯逮捕了反对派领袖贝尼尼奥·阿基诺和数以千计的所谓"颠覆分子"。为维护专制统治，马科斯任人唯亲，培植死党。其夫人伊梅尔达从1975年起任大马尼拉市市长，1978年被非正式定为总统继承人，1979年被任命为由各部部长组成的内阁会议主席，成为菲律宾最有权势的第二号人物。他俩唯一的儿子朋朋担任其家乡伊罗戈斯省省长。伊梅尔达的兄弟科科伊先担任莱特省省长，后又任驻中国大使、驻美大使。以马科斯为首的新社会党控制了国会88%的议席和全国90%的省市长职位。海陆空三军司令、总参谋长、总统府警备司令、国家安全情报局局长、首都警察部队司令等军界要职也大都由忠于他的伊罗戈斯省亲戚、同乡担任。与此同时，马科斯夫妇依仗权势，使用一切手段营私舞弊，侵吞公款。菲律宾的任何事业、投资、生意都必须给马科斯家族烧香进贡，打点回扣，否则，一个行政命令或电话就可使你破产倒闭。马科斯在位20年，使菲律宾这个本无债务的国家光欠外债就高达265亿美元，5500万菲律宾人中，70%贫困潦倒，难于谋生，大批菲律宾姑娘穷得吃不饱饭，只好被迫为娼，还有不少人当了国际邮购新娘。而马科斯夫妇通过巧取豪夺，聚敛了大批财富。马科斯就任总统前，仅拥有财产3万美元。到1986年倒台时，拥有财产估计不下百亿美元。愤怒的老百姓在伊梅尔达的居室里，瞠目结舌地看到：3000 双皮鞋，5000 条裙子，2000 副手套，1700 个小提包，5000 条短裤，500 个胸罩，200 双袜子和数百件出自欧洲时装大师之手的名贵服装！而伊梅尔达的珠宝，如项链、戒指、手镯竟重达 100 公斤。

【宪法评析】

一、戒严或紧急状态是通向民主和专制的十字路口，是关系宪法生死存亡的重要制度

戒严，是指国家在处于对外战争、内部叛乱、天灾瘟疫或者财政经济危机等严重危害社会安全与政治稳定的特殊时期采取的一种紧急措施。戒严实施时司法及行政权会部分或全部由军队接管。在有的国家，戒严又称为紧急状态。我国 1982 年宪法第 67 条全国人大常委会职权，以及第 89 条国务院的职权中规定了戒严的宣告权。2004 年我国宪法修正案将上述“戒严”修改为“紧急状态”，但没有在宪法和法律中对紧急状态与戒严的区别，以及紧急状态的内涵加以界定。2004 年宪法修改之前，1996 年制定的《戒严法》第 2 条规定：“在发生严重危及国家的统一、安全或者社会公共安全的动乱、暴乱或者严重骚乱，不采取非常措施不足以维护社会秩序、保护人民的生命和财产安全的紧急状态时，国家可以决定实行戒严。”1989 年首都大学生因悼念胡耀邦逝世而引发大规模学生运动，1989 年 5 月 20 日由国务院总理李鹏宣告在北京市部分地区实行戒严，该戒严令至 1990 年 1 月 11 日解除。

从前述菲律宾马科斯总统宣布戒严令可以看出，戒严是对一个国家民主制度的严峻考验。马科斯正是以存在共产党暴动的威胁为借口宣布了戒严令，禁止集会、示威、游行、罢工等重要人权，并利用戒严令肆无忌惮地打击反对党，逮捕其领袖，一步步地将一个民主宪政国家转变成了一个马科斯家族的王朝。通过戒严令控制国家，走向专制并非菲律宾的首创，许多独裁者走的都是同一条道路。希特勒也是利用《魏玛宪法》第 48 条关于紧急状态的条款发布《授权法》，并从此开始嫁祸共产党，取缔社会民主党，乃至先前支持自己的联盟政党，一步步地将议会演化为一党控制的木偶，通过暴力威胁和恐吓等一系列措施摧毁《魏玛宪法》精心设计的分权机制，实现了纳粹对整个国家的控制，乃至希特勒个人的独裁统治。由此可见，戒严和紧急状态制度事关重大，必须认真加以对待。

二、戒严或紧急状态也不能脱离宪法轨道

戒严或紧急状态是必要的制度，因为在战争、内部叛乱或地震、瘟疫等严重危害社会安全和政治稳定的特殊时期，和平时期所拥有的一些权利就需

要进行必要的限制。例如，战争时期就不能允许有支持敌对方的言论自由；国家陷入内部叛乱的状态下，就不能让叛乱分子利用宪法的言论自由和集会自由；在地震、火灾和瘟疫扩散的严重威胁下，就不能以住宅权等来阻止救灾，等等。

但最基本的底线必须清楚，即戒严和紧急状态是为了恢复社会秩序和宪法秩序，而不能利用戒严和紧急状态废弃宪法制度，具体说：

首先，戒严法和宪法的立法宗旨是一致的。宪法是国家的根本法，其根本宗旨在于保障国家的和平和秩序，保护公民的权利和福祉。但一旦发生战乱，社会动荡，国家本身已经处于岌岌可危的状态，“覆巢之下，安有完卵”？所以紧急状态时，必须赋予政府更大的权限，允许政府采取必要的戒严措施，限制公民的一些自由，或者牺牲公民的某些权利，才能应付紧急战乱，确保国家的独立和主权的完整，进而才谈得上保障公民的权利。戒严和紧急状态下暂时和部分地限制部分公民权利，其最终目的是保障和发展公民权利，这与宪法的宗旨是一致的。

其次，戒严法是宪法的下位法，不能违背宪法的基本原则，甚至废弃、改变或者停止宪法。希特勒利用《授权法》废弃了《魏玛宪法》，并从此走上了独裁的不归之路。为了避免重蹈历史覆辙，尽管宪法允许在戒严或紧急状态下可以对平时的宪法秩序和权力关系加以调整，但也必须限定在严格的范围和程序之内，如许多国家的宪法严格规定了戒严的宣告机关、宣告程序、宣告效果、戒严期间不得修改宪法（巴西 1946 年新宪法第 217 条附 5 项）、戒严措施不得触动国体和政体等国家基本制度，等等。

三、戒严或紧急状态下应保证议会对戒严执行机关的必要的审查和监督

由于在戒严或紧急状态下行政机关和军队的权力大大地扩张了，如果此时不能强化权力之间的制约，相反却允许解散议会，那将使戒严的执行机关失去任何监督和控制，从而使戒严成为一个不可逆的走向独裁的过程。因此，在戒严和紧急状态期间，必须确保议会能够有效地行使它的各项权力，无论发生怎样严重的紧急情况，都必须保证议会对戒严和紧急状态执行机关的调查和监督权。在实践中，许多国家在宪法中明确规定禁止在紧急状态期间解散议会。

四、戒严或紧急状态下，司法机关的独立地位和对紧急处置措施的审查权应予保证

戒严或紧急状态的最大的威胁就是对公民权利的侵犯。侵犯公民权利可以找到任何理由：追查犯罪、破获叛乱分子，等等。对公民权利最后的保护机关便是司法机关。而司法机关又恰好是对整个国家和人民“危险最小的部

门”。因此，在紧急状态下，国家必须保障国家的司法机关的独立地位，必须继续确保司法机关能够进行公平审判，必须为权利受到紧急状态执行机关侵犯的个人提供有效的救济手段。而且应当确保独立的法庭能够对紧急状态下有关措施的合法性与合理性进行审查。后来的菲律宾宪法鉴于马科斯独裁的教训规定：“最高法院在任何公民按适当程序提出请愿时，得审查戒严状态或停止人身保护令或延长其期限是否有充分的事实根据，并应在受理后30天内作出裁决。”

五、戒严或紧急状态下国家亦不能侵犯公民的一些最重要的权利

即便是在戒严或紧急状态下，一些重要的公民权利也不应侵犯。其原因在于，或者侵犯这些权利是不必要的；或者侵犯这些权利将会从根本上瓦解宪法和民主制度。这些最重要的不可侵犯的权利，有人将其归结为“不可克减的权利”。哪些权利应当成为不可克减的权利，不同的国家、不同的学者有着不同的理解。一般认为，下列权利可以考虑被列入“不可克减的权利”：

生命权。如果生命权不能得到有效的保护，其他所有的权利也就没有任何意义了。

免受酷刑的权利。酷刑和有辱人格的待遇是对每一个人身体、精神和道德完整性的破坏。保护人们免受酷刑和有辱人格的待遇的威胁是民主社会的一个最基本的价值。

免受奴役的权利。奴隶和奴役直接攻击到了人格及尊严的核心，通常也是实行紧急状态完全不必要的。

免于溯及既往的刑罚追究的权利。一个人必须能够在任何时间内预见任何特定行为的结果，包括可能受到的刑事指控和相应的制裁；否则，一切权利，甚至都可能被事后的法律任意剥夺。这种情形是非常可怕的。

思想、良心和宗教自由权。只要个人不影响他人，不涉及社会的公共利益，对思想、良心和宗教的限制既无可能，也无必要。这一权利的必然要求是沉默权，即不能逼迫人们表达自己的思想、良心和宗教信仰。

受到独立公正的司法审判的权利。这一权利得不到保障，则其他权利的保障也将落空。

（撰稿：王守田）

40. 中国湖南“二选市长”违反宪法与法律规定事件

【事件主旨】

我国宪法及地方各级人民代表大会和地方各级人民政府组织法（以下简

称《地方组织法》）明确规定了市长的产生方式和选举程序，根据《地方组织法》第22条规定，市长由本级人民代表大会选举产生，候选人数一般应多一人，进行差额选举；如果提名的候选人只有一人，也可以等额选举。问题是如果选举时采取了等额选举的方式，即候选人只有一人，而该候选人落选，能否就其作为唯一候选人再次投票。通过本事件的研读，有助于了解我国宪法与组织法规定的有关官员的选举和监督的制度。

【事件介绍】

2003年1月1日下午6时30分，湖南省岳阳市召开第五届人民代表大会第一次会议第三次全体会议，现任岳阳市长罗碧升是新一任市长的唯一候选人，共有432位代表投票，431票有效，但罗碧升获得的赞成票只有203票，没有达到半数，唯一的候选人在选举中落选。时隔50小时后，2003年1月3日晚8时30分，岳阳市第五届人民代表大会第一次会议再次举行全体会议，本次大会应到代表432人，实到代表416人，符合法定人数，本次大会根据大会选举得票情况，宣布市长候选人罗碧升得选票335张，超过半数。按照《地方组织法》和本次大会选举办法的规定，候选人获得全体代表过半数赞成票始得当选，罗碧升当选为岳阳市市长。①

【宪法评析】

《地方组织法》第22条规定："人民代表大会常务委员会主任、秘书长，乡、民族乡、镇的人民代表大会主席，人民政府正职领导人员，人民法院院长，人民检察院检察长的候选人数一般应多一人，进行差额选举；如果提名的候选人只有一人，也可以等额选举。"第24条规定："地方各级人民代表大会选举本级国家机关领导人员，获得过半数选票的候选人人数超过应选名额时，以得票多的当选。如遇票数相等不能确定当选人时，应当就票数相等的人再次投票，以得票多的当选。获得过半数选票的当选人数少于应选名额时，不足的名额另行选举。另行选举时，可以根据在第一次投票时得票多少的顺序确定候选人，也可以依照本法规定的程序另行提名、确定候选人。经本级人民代表大会决定，不足的名额的另行选举可以在本次人民代表大会会议上进行，也可以在下一次人民代表大会会议上进行。"

那么，罗市长的当选是否有效呢？在实践中有几种不同的认识。

---

① 李子非：《湖南岳阳50小时追踪：市长选举为何进行两次》，载《21世纪环球报道》，http://news. sina. com. cn/c/2003－01－18/1140879411. shtml，访问时间2012年6月24日。

一是认为选举有效。认为单纯从法律角度来谈，罗碧升经过两次选举而后当选岳阳市市长的行为是有效的。不管出于何种原因，第一次投赞成票者没过半数，都表明人大代表的自觉意识、自我判断能力和议政能力的提高，这比过去的一致通过要好，是人大作用凸显的一个表现。另外，在第一次投票未获通过的情况下，地方人大重新启动选举程序，尊重了当选者必须经过人大代表过半数通过的民主精神，并没有通过暗箱操作更改结果，也没有在赞成票未过半数的情况下强行宣布通过，应该将此看作一种进步而给予肯定。①

二是认为不符合时代发展的需要。认为按照《党政干部选拔任用条例》，如果组织部门提出的人选，人大代表拒绝的话，组织部门必须充分作出解释，在第一次选举落选的情势下，组织部至少应该考虑把落选者换掉，仍然再次提名他为唯一候选人的做法已经不符合时代发展的需要。②

三是认为上述第二次选举既不合法也不合理。童之伟教授认为，关键是给第一次选举正确定位。第一次选举合法，这是大家都已有共识的。这就是说，第一次选举结果是岳阳市人民代表大会代表全体岳阳人民正式表达的意志，它已经明白无误地对罗同志说了“不”，这是有法律效力的表决。任何机构和个人如果再次提出罗同志为市长候选人，其性质都是意图推翻岳阳市人民代表大会的表决结果，是让岳阳市人民代表大会用今天的行为否定昨天的行为，是让岳阳市人民代表大会自己打自己的嘴巴。③

我们认为，第三种观点有道理。岳阳市“二选”市长的行为看似按照《地方组织法》的规定进行，因为《地方组织法》规定地方各级人民代表大会选举本级国家机关领导人员时，既可以差额选举，也可以等额选举；如果第一次投票没有人超过半数，可以另选，另选的候选人既可以是第一次投票落榜的候选人，也可以另提他人；另行选举既可以在本次选，也可以在下次选。

但是其实质不符合我国宪法和《地方组织法》的精神。

一、按照地方组织法的精神，选举人民政府正职领导人员时，一般应进行差额选举，等额选举只是一种特殊情况

在差额选举的情况下，如果出现了获得过半数选票的当选人数少于应选

---

① 《岳阳市长选举调查：地方选举渐近政治文明核心》，参见《21世纪环球报道》相关报道，http://news.sina.com.cn/c/2003-01-14/1133873550.shtml，访问时间2012年6月24日。

② 《岳阳市长选举调查：地方选举渐近政治文明核心》，参见《21世纪环球报道》相关报道，http://news.sina.com.cn/c/2003-01-14/1133873550.shtml，访问时间2012年6月24日。

③ 童之伟：《岳阳市长“二选”风波的启示》，载《法学》2003年第2期。

名额时，不足的名额另行选举。另行选举时，可以根据在第一次投票时得票多少的顺序确定候选人，也可以依照本法规定的程序另行提名、确定候选人。但是，岳阳市人大选举市长的情况很显然与上述情况不同，因为岳阳市人大选举市长是等额选举。等额选举时落选后如何重新选举，法律并没有明确的规定。所以，按照《地方组织法》第 24 条的规定进行重选是不符合程序的，因为第 24 条是针对差额选举而言的。

二、从理论上讲，人民代表大会是人民行使国家权力的代表机关，人民代表大会的权威性应体现在行使国家权力的过程中

在本事例中，人大在第一次选举中没有通过唯一市长的人选，实际上意味着对市长候选人的否定，在这种情况下，就应另行提名、确定候选人。如果经过做工作后，又将已经被人大否决的人选再次提名为候选人，那么，人大第一次表决的行为是否产生法律效力？按照这种逻辑，是否可以无限期选下去，直到通过为止？那样下去，人大真的会变成表决机器，人大的权威性将会丧失殆尽。

三、由于岳阳市人大对市长选举的操纵，使代表们行使代表权的积极性受到严重打击，充分反映了本次市长选举既不合理，也不合法

据媒体报道，第一次选举时，“部分代表提出的候选人没有成为正式候选人参选，并且最后的选举也不是人大代表们期待的差额选举。这在某种程度上影响了代表们的情绪，以致在后来的市长选举中，出现了代表们投弃权票甚至乱投票的情况”。再选时“表决时采取的是现场举手的方式”等①都违反了我国《地方组织法》的规定，暴露出选举中程序意识的缺失，在选举实践中应引以为戒。

【扩展阅读】

1. 童之伟：《岳阳市长“二选”风波的启示》，载《法学》2003 年第 2 期。

2. 魏文彪：《四疑岳阳二次选举》，载《黑龙江晨报》2003 年 1 月 15 日第 18 版。

（撰稿：齐小力）

① 李子非：《湖南岳阳 50 小时追踪：市长选举为何进行两次》，载《21 世纪环球报道》，http：//news. sina. com. cn/c/2003 - 01 - 18/1140879411. shtml，访问时间 2012 年 6 月 24 日。

41. 中国多地突破法律进行乡镇长直选改革事件

【事件主旨】

我国宪法及地方各级人民代表大会和地方各级人民政府组织法（以下简称地方组织法）明确规定了乡镇长的产生方式和选举程序，即乡长、副乡长和镇长、副镇长由乡镇人民代表大会主席团或者代表联名提名候选人，通过代表大会无记名投票选举产生。“选民直接选举乡镇长”的行为是政治体制改革的大胆尝试还是有违宪之嫌，改革能否突破宪法和法律设计的体制，这是本事例中应该关注的焦点。

【事件介绍】

1998 年 11 月 27 日，一份“遂宁市中区步云乡选民直接选举人民政府乡长的公告”在乡里的有线广播播出：“根据区委发〔1998〕100 号文件，为了扩大基层民主，让广大选民行使人民当家做主的权力，决定对步云乡第十二届人民政府乡长实行选民直接选举。”1 月 4 日，谭晓秋正式就职为步云乡十二届人民政府乡长。他是中国第一个通过全民直选产生的乡长。[①]

2004 年，云南省红河哈尼族彝族自治州在石屏县实行了乡镇长“直推直选”，一场前所未有的直选热潮席卷了该县 7 个乡镇。没有上级“内定”，没有领导“打招呼”，没有操作中的种种“埋伏”，10 多万群众真正按照自己的意志选出了让多数人满意的“乡官”。在一个县的范围内实行乡镇长“直推直选”，这在全国尚属首次。[②]

2002 年底湖北在全省乡镇党委换届中，用 11 个乡镇进行“两推一选”乡镇党委书记和党委委员试点。2003 年 4 月，江苏宿迁开始推出“公推竞选”党政正职、“公推差选”乡镇长的“宿迁模式”。

【宪法评析】

“乡镇长直选”从 1998 年开始启动，到目前为止已进行过多次试验，被看作近年来乡镇民主建设最值得关注的一项改革。关于“乡镇长直选”，目前有两种观点值得关注：

---

① 唐建光：《新闻回放：直选乡长》，载《南方周末》2007 年 7 月 26 日。参见 http://news.sina.com.cn/c/2007-07-26/101613531754.shtml，访问日期 2012 年 7 月 8 日。

② 《云南红河州“大胆”“改革”直推直选乡镇长》，参见 http://news.sina.com.cn/c/2004-11-09/13134189289s.shtml，访问日期 2012 年 7 月 8 日。

一种观点认为，直选乡镇长是我国在约束官员、打造廉洁政府的长期努力中取得的令人振奋的突破。按照现行法律规定，乡镇长是由乡镇人民代表大会选举产生，即间接选举。在这种间接选举方式下，乡镇人大代表的选举权被认为是选民委托和授权的结果。而“直推直选”乡镇长意味着选民从人大代表手中收回了“委托”和“授权”，由自己来直接行使。这完全是顺理成章的事，既合乎法理，也符合有关选举的法律精神。直选乡镇长这种选举制度改革的试验，即便与现行某些具体法律条文的规定不完全吻合，也是应该允许的。否则，也就不会有改革了。我们不能因为在具体形式和有关法律条文上遇到一些困难，就止步不前，放弃改革。①

另一种观点认为：“乡镇长直选”从1998年开始启动，到目前为止已进行过多次试验，是近年来乡镇民主建设最值得关注的一项改革。这一改革增强了干部群众的民主政治意识，为当地经济社会发展增添了新的动力，把选举乡镇长的权利直接交给了广大群众，更能准确地体现和表达民意。但是，毋庸讳言，石屏县的改革已然突破了宪法和地方组织法设计的选举体制，弱化了乡镇人大作为权力机关的职能，一定程度上还动摇了人民代表大会制度这一我国最根本的政治制度。②

2006年在中国县乡两级人大换届选举之际，全国人大常委会副委员长兼秘书长盛华仁在《求是》杂志上撰文，表明了最高国家权力机关的观点，使得这种争议似乎有了定论。盛华仁指出，宪法和地方组织法明确规定了乡镇长的产生方式和选举程序，即乡长、副乡长和镇长、副镇长由乡镇人民代表大会主席团或者代表联名提名候选人，通过代表大会无记名投票选举产生。在前两次换届选举中，个别地方采取由选民直接选举乡镇长的做法，并把这种做法当作扩大基层民主选举干部的一种尝试，这不符合宪法和有关法律的规定，有关地方已及时进行了纠正。在这次换届选举中，一定要严格依照宪法和地方组织法的规定选举产生乡镇长，避免类似由选民直选乡镇长的情况再次发生。③

对于“乡镇长直选”的现象，应从以下几个方面加以理解：

一、我国现行宪法和地方组织法对由人大选举乡镇长有十分明确的规定，“乡镇长直选”违背了宪法和法律的规定

地方各级人民代表大会分别选举并且有权罢免本级人民政府的省长和副

---

① 王贵秀：《合法与否不应成为乡镇直选障碍》，载《新周报》2004年11月26日。

② 胡健：《“乡镇长直选”当缓行》，原载《人民之声报》，参见 http://www.people.com.cn/GB/14576/15037/3035788.html，访问时间2012年7月8日。

③ 盛华仁：《依法做好县乡两级人大换届选举工作》，载《求是》2006年第16期。

省长、市长和副市长、县长和副县长、区长和副区长、乡长和副乡长、镇长和副镇长。选举乡长、副乡长，镇长、副镇长是乡镇人大根据宪法和地方组织法行使的重要职权，不能以任何形式加以改变。所以，“乡镇长直选”是违背宪法和法律的，其结果更是动摇了乡镇人大作为权力机关的职能和权威，不利于人民代表大会制度建设。

二、改革要在法律规定的范围内进行，随意突破法律的规定并不是改革的本意

那种“直选乡镇长这种选举制度改革的试验，即便与现行某些具体法律条文的规定不完全吻合，也是应该允许的。否则，也就不会有改革了”的观点在实践中是有害的。正如有的学者认为的那样，“求新”是社会发展的必然趋势，也是社会进步的无穷动力，但是任何新举措都必须严格维护宪法的权威，遵守法律的规定，从根本上维护人民代表大会制度这一根本的政治制度。因为相对于社会变革的要求而言，严格的宪政秩序有可能延缓改革的发展进程，甚至可能影响总体社会利益的实现。但从发展的长远的眼光看，遵循宪政秩序而得到的利益远远大于局部违宪所带来的利益。宪政的教训告诉我们，以牺牲规范的价值换取现实的利益是需要付出代价的，这种代价远远超过因局部违宪而得到的暂时利益。①

在实践中“给进步的立法留一步空间”、“给改革者一个宽容的空间”的提法看似很有道理，但是在强调改革的同时，不能动摇法治原则。如果以损害法治的尊严作为改革的代价，这种改革是得不偿失的，因为动摇了法治的原则，就等于动摇了现代民主社会安全与稳定的基础，而在缺乏安全与稳定的社会中，公民的权利是难以得到有效保障的。

改革不能动摇法治原则。如果以损害法治的尊严作为改革的代价，这种改革是得不偿失的，因为动摇了法治的原则，就等于动摇了现代民主社会安全与稳定的基础，而在缺乏安全与稳定的社会中，公民的权利是难以得到有效保障的。

三、直接选举和间接选举都是实现人民当家做主的有效形式，虽然直接选举更能体现选举的民主内涵，但民主需要循序渐进

一个国家在何种程度上实行直接选举，应根据国情而定。我国在选举人民代表的工作中就是采取了直接选举和间接选举相结合的原则，随着我国民主制度的推进，需要由选民直接选举乡镇长也要在修改宪法和法律的前提下

---

① 胡健：《“乡镇长直选”当缓行》，原载《人民之声报》，参见 http://www.people.com.cn/GB/14576/15037/3035788.html，访问时间 2012 年 7 月 8 日。

进行。

【扩展阅读】

1. 盛华仁：《依法做好县乡两级人大换届选举工作》，载《求是》2006年第16期。

2. 王贵秀：《合法与否不应成为乡镇直选障碍》，载《新周报》2004年11月26日。

（撰稿：齐小力）

42. 中国天津部分选民罢免人大代表案

【案例主旨】

选举权和罢免权是不可分割的组成部分，如果选民只有选举权而缺少罢免权，选举权是不完整的。根据我国选举法的规定，选民既有选举权，也可以经过一定程序罢免代表。但在实践中，罢免代表的情况多是因为代表有违法犯罪的情形，选民对自己选出的代表不满意，或因代表不能履行职务而被罢免的相对较少。虽然早在2000年，就有选民联名罢免代表的实践，[①] 近年来，选民联名要求罢免代表的事例也不鲜见，但是选民联名要求罢免代表而最后进入表决程序的却并不多见，特别是对那些群众不满意、不履职、不作为的代表，启动表决程序存在着很大的困难。实践中一旦出现选民联名要求罢免不满意或不称职代表的情况，立即就成了舆论关注的焦点，最后进入罢免程序的更是寥寥可数。这种不正常的现象反映出代表的监督罢免机制需要进一步完善。

【案情介绍】

2007年2月26日，居住在天津市河东区星河花园196名选民联名向天津市河东区人大常委会递交了人大代表罢免函，要求罢免该选区选出的代表丁冰。丁冰是该住宅小区的开发商，天津帝旺集团有限公司的董事长。很显然，

① 2000年1月11日，广西恭城瑶族自治县嘉会乡大山村委会选区，120个选民联名向县人大常委会递交了一份“要求罢免谭显双自治县人大代表职务议案的报告”，要求罢免其人大代表职务。2月21日，在自治县和乡工作组的监督下，经过选民投票罢免了谭显双人大代表职务。参见林敦谱：《选民依法罢免了人大代表》，载《乡镇论坛》2000年第7期。

这是一场由发生在房地产开发商与业主之间的经济纠纷，而逐步演变成为选民与人大代表之间关于权利与权力的博弈。但是，截至3月19日，选民代表尚未收到来自河东区人大常委会的正式反馈。① 这一罢免案的出现创下了几项“之最”：联名最多，196名选民联名递交的人大代表罢免函，这是目前规模最大的一次由选民直接提请的人大代表罢免动议；被提出罢免的人大代表“级别”最高，丁冰是天津市河东区人大代表，并于2007年1月18日当选天津市河东区人大常委委员，还是第十四届天津市人大代表以及全国工商联九大执委。所以，该罢免案的提出，立即引起强烈的反响，有人说此举具有破冰意义，表明公民的权利意识已经苏醒，因为这样的罢免并不多见，此前更多的罢免往往是出现在代表触犯了刑律之时。② 也有人说，天津罢免人大代表案是一座里程碑，因为在这一罢免案中，选民参与的积极性很高，是选民自发主动提出的。而过去发生的罢免案，如2005年发生在湖南省衡阳县的罢免案是应人大常委会要求被动提出，从被动到主动，也折射出公民参与政治的权利意识的提高，其进步意义不言而喻。其级别、规模、主动性在中国的法制和宪政史上绝无仅有，无论罢免动议的最终结果如何，此案都具有里程碑意义。③

【宪法评析】

人大代表是由人民群众选举产生的，要接受人民群众的监督。根据选举法的规定，全国和地方各级人民代表大会的代表受选民和原选举单位监督，选举法对于罢免县级人大代表规定了以下程序：

第一，提出罢免要求要达到法定人数，即原选区选民50人以上联名，罢免要求应当写明罢免理由。如果达不到法定人数，则不能启动罢免程序。例如，2010年8月19日，杭州市下城区64名选民申请罢免该区人大代表赵之毅的要求被告知不成立，理由是罢免申请的提出者张建中非原选区选民，且联合署名的64人中原选区选民不足50人。④

第二，受理罢免案的机关是县级人民代表大会常务委员会。人大常委会

---

① 《天津多名选民联名罢免人大代表选民意识苏醒》，参见腾讯网相关报道，http://news.qq.com/a/20070322/001527_1.htm，访问日期2012年7月8日。

② 孙立：《选民联名罢免代表的破冰意义》，载《新西部》2007年第4期。

③ 普嘉：《天津罢免人大代表案是一座里程碑》，参见http://news.sina.com.cn/c/pl/2007-05-07/001212928935.shtml，访问日期2012年7月8日。

④ 柴燕菲：《杭州64名市民联名罢免人大代表被区人大驳回》，参见中新网相关报道，http://news.qq.com/a/20100820/000881.htm，访问日期2012年7月8日。

在罢免代表中的职责是核实选民资格和选民人数是否符合选举法规定的条件，如果符合条件就应该启动罢免表决程序，并将罢免要求和被提出罢免的代表的书面申辩意见印发原选区选民，表决时由县级人民代表大会常务委员会派有关负责人员主持。

第三，表决的方式要采取无记名投票的方式，原选区过半数的选民通过即可罢免。

第四，被提出罢免的代表有获得救济的权利；有权在选民会议上提出申辩意见，也可以书面提出申辩意见。

近年来，选民联名要求罢免代表的事例并不鲜见，但是最后进入表决程序的却并不多见，特别是对那些群众不满意、不履职、不作为的代表，启动表决程序存在着很大的困难。有些是因为选民联名的情形不符合选举法的要求，没有达到选举法规定的人数；有的是因为受理的人大常委会在审查中认为罢免的理由不成立，没有交付选民表决而使罢免要求流产。

我们认为，选民罢免权行使存在以下几个方面的困难：

一、我国选举法的规定相对比较原则，造成启动罢免程序的困难

罢免程序和选举程序不同，我国选举法对选举程序规定得较为详细，选举人大代表，由选举委员会组织与操作，但是罢免程序不同，相关法律没有对具体操作程序作出规定。在实际操作中，提出罢免后是否启动，实际上是由人大常委会来决定的，不少地方性法规往往对罢免程序的启动设定了前提，即人大常委会或者主席团事先作出调查并确认罢免理由，这意味着他们拥有了否决权，罢免的主动权不在选民手中。[①] 有些地方人大对罢免理由进行实质审查后决定不启动罢免程序，“可能是法律之外的因素考虑太多，比如考虑政治影响、示范效应更强等”[②]。

二、我国选举法只是规定提出罢免需要提出理由，但哪些理由可以罢免并没有相应规定

实践中，由于违法犯罪代表被罢免是最为充足的理由，除此之外，当选人大代表后漠不关心人民群众的疾苦，不能代表人民群众的根本利益是否能构成罢免的理由？另外，要不要理由也有不同的看法。有的专家认为，只要选区选民认为该代表不称职，就可以联名提出罢免申请案，要求罢免其代表

---

① 常红：《杭州市民罢免人大代表未果，法工委官员解读程序》，参见人民网相关报道，http://www.022net.com/2010/8-22/426637322988262.html，访问日期 2012 年 7 月 8 日。

② 杨华云：《湖南溆浦县数千名选民投票罢免获刑人大代表》，载《新京报》2010 年 5 月 26 日。

职务。“罢免人大代表的理由有三种：违法犯罪；道德水平低下、损人利己、贪污受贿；没有能够反映选民的意愿和要求。”①

据中国之声《央广新闻》报道，沈阳市出台了《关于进一步加强人大工作的若干意见》，建立起不作为的人大代表辞退或罢免等新机制，不作为的代表将被劝辞或罢免。开会不发言，不提建议，不参加代表活动，对这样挂名不履职的人大代表，该意见第16条规定：对代表在任期内不积极履行职责，或经代表资格审查委员会审查认定已不具备代表资格的代表，劝其辞去或依法罢免其代表职务。

三、按照选举法的规定，选民虽然有权联名提出罢免要求，但实际上只有人大常委会才有权启动罢免程序，选举法并没有赋予选民对人大常委会的罢免审议过程实施监督的权利，这无疑是一个缺陷。

我们认为，罢免代表是选民的天然权利，罢免和选举一样，必须充分尊重选民的意志。在本事例中，天津市河东区星河花园196名选民联名向天津市河东区人大常委会递交了人大代表罢免函，符合我国选举法关于罢免要求应达到50人法定人数的规定，人大常委会完全应该尊重选民的意志，启动选民表决程序。人大常委会更多的是监督程序是否合法，而实体性的事务交由选民去抉择，选举法虽然要求写明罢免的理由，但是罢免理由是否合理，不是由人大常委会说了算，而是由选民说了算。

【扩展阅读】

1. 孙立：《选民联名罢免代表的破冰意义》，载《新西部》2007年第4期。

2. 曹兆军：《罢免人大代表搁浅说明了什么?》，载《浙江人大》2005年第12期。

3. 陈杰人：《株洲选民罢免人大代表风波调查》，载《法律与生活》2003年第21期。

4. 蔡钒：《关于人大代表罢免程序的思考》，载《人大研究》2010年第8期。

（撰稿：齐小力）

---

① 常红：《杭州市民罢免人大代表未果，法工委官员解读程序》，参见人民网相关报道，http://www.022net.com/2010/8－22/426637322988262.html，访问日期2012年7月8日。

43. 中国郑州人大常委会否决市政府专项工作报告事例

【事例主旨】

根据我国现行宪法的规定，地方各级人大及其常委会监督“一府两院”是宪法赋予的权力，人大及其常委会的监督权通过多种方式行使，其中包括听取和通过工作报告的形式。通过和否定工作报告都是人大的权力，应是一种司空见惯的政治现象。按照我国的传统模式，人大常委会听取和审议“一府两院”的工作报告，只是走走形式，碍于情面，不通过报告的情况少之又少。但是，近年来人们眼里的“橡皮图章”正在慢慢变得硬起来。投“反对票”已经不是新闻。根据公开的报道统计，2000 年至 2009 年，有 28 个各级人大常委会对 46 个有关议案投否决票，包括 17 个县、8 个市和 3 个省级人大常委会。从种类来看，“一府两院”的专项报告类被否决的最多、人事任免次之、法规制定和修改及制定规划较少。①

在本案中，郑州市人大常委会否决了市政府专项工作报告。从中我们可以领会我国的人民代表大会制度的运行状况，也使我们能感觉到郑州市人大在加大监督的力度，力图摆脱“橡皮图章”所作出的努力。

【事例介绍】

2006 年 10 月 24 日，在郑州市十二届人大常委会第二十四次会议上，郑州市政府有关负责人作了《〈关于解决城乡弱势群体看病难、看病贵问题〉代表议案办理情况的汇报》，出人意料的是该报告经表决未获通过。郑州市人大常委会有关负责人说：“这个结果，并不是对市政府卫生工作的否定。市政府在这方面的工作还是下了功夫，做得也是不错的，但老百姓对解决看病难、看病贵问题充满了期待，期待政府能够把职责范围内的工作做得更好些！”有的委员认为，《〈关于解决城乡弱势群体看病难、看病贵问题〉代表议案办理情况的汇报》比较笼统、原则，对存在问题分析不够透彻，改进措施不够具体，如对市儿童医院、市妇幼保健院迟迟不能搬迁等问题，只字未提。《〈关于解决城乡弱势群体看病难、看病贵问题〉代表议案办理情况的汇报》不实在，太虚了。②

---

① 杨章怀、刘春瑞：《地方人大常委会未通过案例频现凸显民主进步》，载《南方都市报》2009 年 10 月 12 日。

② 翟兰云、赵国勤：《郑州人大常委会首次否决专项工作报告》，载《检察日报》2006 年 12 月 4 日。

【宪法评析】

人民代表大会监督政府是宪法赋予的权力。2007年，《中华人民共和国各级人民代表大会常务委员会监督法》（以下简称《监督法》）第二章专门规定了各级人大常委会听取和审议人民政府、人民法院和人民检察院的专项工作报告的内容。结合有关法律规定，我们应当对本事例从以下几个方面来理解：

一、我国宪法和《监督法》对人大常委会否决政府专项工作报告有详细的法律规定

我国《宪法》第110条规定："地方各级人民政府对本级人民代表大会负责并报告工作。县级以上的地方各级人民政府在本级人民代表大会闭会期间，对本级人民代表大会常务委员会负责并报告工作。"《地方各级人民代表大会和地方各级人民政府组织法》对此也作了相应的规定。

2007年，《监督法》第二章专门规定了各级人大常委会听取和审议人民政府、人民法院和人民检察院的专项工作报告的内容，其中第8条第1款规定："各级人民代表大会常务委员会每年选择若干关系改革发展稳定大局和群众切身利益、社会普遍关注的重大问题，有计划地安排听取和审议本级人民政府、人民法院和人民检察院的专项工作报告。"《监督法》第9条规定了如何确定听取和审议专项工作报告的议题；第10条和第11条规定了常务委员会听取和审议专项工作报告前，通过视察或者专题调查研究的方式对听取的内容做精心的准备，并将各方面对该项工作的意见汇总，交给被听取工作报告的单位；第12条规定了被听取工作报告的单位对工作报告如何修改和提交。每个环节规定得都很周密，防止听取和审议工作报告走过场。

二、政府的专项工作报告被否决，政府应当根据人大常委会意见进行处理并向人大常委会报告

根据《监督法》第14条第1款的规定，常务委员会组成人员对专项工作报告的审议意见交由本级人民政府、人民法院或者人民检察院研究处理。人民政府、人民法院或者人民检察院应当将研究处理情况由其办事机构送交本级人民代表大会有关专门委员会或者常务委员会有关工作机构征求意见后，向常务委员会提出书面报告。常务委员会认为必要时，可以对专项工作报告作出决议；本级人民政府、人民法院或者人民检察院应当在决议规定的期限内，将执行决议的情况向常务委员会报告。

在本事例中，议案办理情况未获通过，郑州市政府对此高度重视，于11月1日召开了由卫生、财政、发改委、劳动保障、民政、残联和红十字会等单位负责人参加的专题会议，就解决城乡弱势群体看病难、看病贵问题，进

行认真研究、剖析，制定改进措施。包括市政府将逐年加大财政投入，使医疗机构的公益性质更加突出，将全市250万城区居民和80万农民工纳入医疗保险之中。解决市内东部地区医疗机构缺乏问题，推行新的药品集中招标采购模式等，待这些措施落实后，市政府向市人大常委会汇报该议案重新办理情况的计划。

三、有关法律并未规定工作报告未通过是否应当承担相应的责任

听取和审议工作报告是人大监督政府的有效形式，政府通过专项工作报告等形式向人大述职，自觉接受人大的监督，工作报告没有通过，政府相关领导是否应该承担相应的责任问题，《监督法》并没有规定。

《南方都市报》记者统计，地方人大常委会对本级“一府两院”的同一个报告有否决不止一次的。2006年，海南省临高县政府对专项资金管理使用存在严重问题，被县人大常委会否决后仍敷衍了事、没有实质性整改，随后再次被否决。同年，湖南省嘉禾县两次人大常委会中，先后都对县政府一起提交的两个同样整改报告进行了否决。[①]

有的学者认为，在必要的时候也可以依法启动质询、特定问题调查乃至撤职、罢免等更为严厉的监督手段，即把听取和审议工作报告与引咎辞职制度结合起来，切实保证取得监督效果。在听取和审议工作报告时引进问责制度，有利于增强人大监督的刚性和权威性。[②] 上述观点很有道理，工作报告没有被通过，是工作失职，如果不和相关领导所承担的责任联系起来，怎么能唤起政府对人大监督的重视？有些地方规定了人大常委会对政府的专项工作报告两次不通过的，其主管领导或将被免职，也值得参考和借鉴。

【扩展阅读】

1. 许安标：《监督法的特点与创新》，载《国家行政学院学报》2007年第1期。

2. 程湘清：《河南郑州市人大常委会不予通过政府专项工作报告点评》，参见人大与议会网。

（撰稿：齐小力）

---

① 杨章怀、刘春瑞：《地方人大常委会未通过案例频现凸显民主进步》，载《南方都市报》2009年10月12日。

② 程湘清：《河南郑州市人大常委会不予通过政府专项工作报告点评》，参见人大与议会网相关报道。http://www.e－cpcs.org/newsinfo.asp? Newsid＝26462，访问时间2012年6月24日。

44. 中国河南省潢川县人大常委会否决拘捕人大代表事件

【事件主旨】

各级人大代表是依照法律选举产生的国家权力机关的组成人员，是人民派往国家权力机关的使者。根据我国《全国人民代表大会和地方各级人民代表大会代表法》（以下简称《代表法》）第32条的规定，县级以上的各级人民代表大会代表，非经本级人民代表大会主席团许可，在本级人民代表大会闭会期间，非经本级人民代表大会常务委员会许可，不受逮捕或者刑事审判。如果因为是现行犯被拘留，执行拘留的机关应当立即向该级人民代表大会主席团或者人民代表大会常务委员会报告。对县级以上的各级人民代表大会代表，如果采取法律规定的其他限制人身自由的措施，应当经该级人民代表大会主席团或者人民代表大会常务委员会许可。该条款被称作是人大代表的"人身特别保护权"，设置该条款的目的是增设一道防错机制，防止人大代表的人身自由受到国家权力的不法侵害。但是，也有人认为，上述"人身特别保护权"的规定，构成了和普通公民在法律上的不平等，是法律赋予代表的特权，这个问题值得我们深思。

【事件介绍】

李万均是河南省潢川县人，河南聚龙劳务有限公司员工，2012年2月当选潢川县人大代表。4月30日，李万均去商城县出差时，被警方带走，理由是商丘警方下了通缉令，他涉嫌合同诈骗。5月3日，李万均从商城县看守所被释放。据李万均称，"事情源于一起经济纠纷"。2010年，李万均作为诉讼代理人曾代理聚龙公司起诉河南广宇建设工程有限公司和河南应天工程管理有限公司要求支付拖欠的劳务工程款并胜诉。但是，商丘警方称，在此案中李万均涉嫌合同诈骗，已查明不存在拖欠农民工工资问题，经司法鉴定，李万均伙同他人利用伪造的"技术资料专用章"签订虚假合同主张341.6万元。

2012年5月23日，潢川县人大紧急召开县人大常委会，商讨该县人大代表李万均被商丘市警方拘捕一事。通过票决，常委会否决了商丘市警方关于中止或取消李万均人大代表资格的请求，并明确表态：商丘市警方上网通缉、逮捕人大代表的行为程序违法。

【宪法评析】

议员人身特别保护权制度肇始于英国，英国分别在1626年和1675年通过了上议院议员和下议院议员除犯叛乱罪、重罪及妨害治安罪外，非经议会的决定，不得予以拘押或限制其自由。美国宪法第 1 条第 6 项规定："两院议员，除犯有叛国罪、重罪及妨害治安罪外，在各该院开会期间及往返于各该院途中，不受逮捕。"如今世界上绝大多数国家宪法及相关法律，都对议员的人身权规定了一定的特殊保护措施。

在我国，人大代表是依照法律选举产生的国家权力机关的组成人员，是人民派往国家权力机关的使者。由于人大代表行使的权力非常广泛，在履行代表职责过程中负有监督"一府两院"的职权，其在行使职务的行为中难免会对司法机关、行政机关等的利益造成影响，为了保证代表履行职责时不受阻挠，宪法和相关法律对于县级以上的人大代表作了人身特别保护的规定。其根本目的在于防止代表因发言、表决，提出建议、批评和意见等履行职务的行为而遭受打击报复，为代表执行职务提供有力的法律支持。我国现行《宪法》第 74 条规定："全国人民代表大会代表，非经全国人民代表大会主席团许可，在全国人民代表大会闭会期间非经全国人民代表大会常务委员会许可，不受逮捕或者刑事审判。"《地方各级人民代表大会和地方各级人民政府组织法》第 35 条规定："县级以上的各级人民代表大会代表，非经本级人民代表大会主席团许可，在大会闭会期间，非经本级人民代表大会常务委员会许可，不受逮捕或者刑事审判。如果因为是现行犯被拘留，执行拘留的机关应当立即向该级人民代表大会主席团或者常务委员会报告。"《代表法》第 32 条第 2 款进一步补充了"对县级以上的各级人民代表大会代表，如果采取法律规定的其他限制人身自由的措施，应当经该级人民代表大会主席团或者人民代表大会常务委员会许可"的内容，第 32 条第 4 款又规定："乡、民族乡、镇的人民代表大会代表，如果被逮捕、受刑事审判或者被采取法律规定的其他限制人身自由的措施，执行机关应当立即报告乡、民族乡、镇的人民代表大会。"

从以上法律规定看，关于代表的人身特别保护权有以下几方面内容：

第一，享有人身特别保护权的主体是各级人民代表大会代表。

第二，拥有许可权的主体是县级以上人大主席团或者是人大常委会，除此之外任何机关和组织都无权作出许可的决定。

第三，人身特别保护的范围既包括逮捕、刑事审判、拘留，也包括《代表法》第 32 条所表述的"法律规定的其他限制人身自由的措施"。

第四，许可的形式包括实现许可和事后报告。

一是司法机关如果要对县级以上的各级人大代表实施逮捕、进行审判，或者采取法律规定的其他限制人身自由的措施，必须先经该级人大主席团或者人大常务委员会许可；二是人大代表如果是现行犯被拘留的，执行拘留的机关应当立即向人大主席团或人大常委会报告。适用事后报告制度的另一种情况是乡、镇的人大代表，乡、民族乡、镇的人大代表如果被逮捕、受刑事审判，或者采取法律规定的其他限制人身自由的措施，执行机关应当立即报告乡、民族乡、镇的人民代表大会。

根据上述法律规定，潢川县人大代表李万均被商丘市警方拘捕一事在程序上显然是违法的，李万均的身份是县人民代表大会代表，即便是按照商丘警方的说法，他涉嫌合同诈骗，已经构成刑事犯罪，也要经过潢川县人大常委会的许可，这是法律的规定，没有选择的余地。

在实践中，有些人认为，法律对人大代表的人身特别保护权是一种特权，这实际上是一种误解。法律面前人人平等，这是现代法治理念的精髓，是我国宪法的基本要求。人大代表是人民群众的代言人，是法律的忠实维护者，应该成为遵纪守法的楷模，不应有任何特权。但是，对人大代表实行人身特别保护权，并不违背“法律面前一律平等”的原则，因为法律面前一律平等，既包含了形式平等，又包含了实质平等，实质平等是承认合理的差别，合理的差别是指具有合理依据的差别，由于人身特别保护权与人大代表履行代表职责之间存在合理的关联性，因而有宪法学上的“合理依据”，其本质上主要属于一种诉讼程序上的刑事追诉障碍。

当然，对于人民代表而言，对人身特别保护权不能曲解，“人身特别保护权”不是人大代表享有的法外特权，更不是违法犯罪的保护伞，对于这项权利绝不能滥用，如果人大代表涉嫌违法犯罪，只要证据确凿，只要不是滥用职权阻碍代表执行职务或对代表进行打击报复，本级人民代表大会主席团或人大常委会应该许可对其实施限制人身自由的措施，不能因为是人大代表就不能采取限制其人身自由的措施。

【扩展阅读】

1. 徐建波、莫纪宏等：《县级人大不许可逮捕涉嫌犯罪的代表如何处理》，载《人民检察》2005 年第 4 期。

2. 苏元华：《关于人大代表人身特别保护中的几个问题》，载《人大研究》1998 年第 3 期。

（撰稿：齐小力）

第五部分 宪法监督

45. 法国《车辆搜查法》违宪案

【案例主旨】

学者对此案往往会从人身自由、通信秘密、表达自由或隐私权等角度进行分析。但是，本部分在涉及此案时则主要将其看作法国宪法案例的一个典型，关注其在宪法监督方面的积极意义。法国实现宪政的理想与宪法委员会密不可分，正是宪法委员会的出现才使得宪法的实施有了制度上的保障。与美国的普通法院监督、英国的议会监督以及德国的宪法法院监督相比，法国的宪法委员会监督模式具有自身的特点。其特点在于，宪法监督权并没有赋予传统机构设置中的某一已存机构，而是在传统机构之外设立了新的机构，即宪法委员会专门负责宪法监督。宪法委员会的监督方式的优势在于由专门的机关进行监督，具备专业化和时间、精力以及资源上的保障，并且事前监督能够避免违宪的法律发生效力，危害社会；但是它也有不足，主要问题在于影响立法的效率，并且由于没有利害关系人的参与，提请审查的积极性往往并不充足。因此，对于法国宪法监督制度应当采取全面客观的态度来认识和学习。

【案情介绍】

1976 年 4 月，政府提交了一份旨在搜查和预防刑事违法而对车辆进行搜查的授权法案的法律草案。该草案于 1976 年 11 月提交国民议会讨论时，议员们提出很多不同意见。后移交参议院审议，参议员经过两次审议后否决了该法律草案。1976 年 12 月 20 日，国民议会最终单独通过了该法案。该法案规定：执法官或者执行命令或者执行上级指令的执法人员，可以在车主或者司机在场的情况下，在公共道路上搜查其车辆及其内部物品。除非涉及明显属于抛弃车辆。对此规定，130 名国民议会议员和 79 名参议员表示反对，并向宪法委员会提交关于对该法案进行审查的申请。

宪法委员会经过审查后认为，个人自由原则是宪法保护的基本原则之一，得到了1958年法国《宪法》序言的确认，并且在法国《宪法》第66条中授权司法机关作为个人自由的保护人。而提交给宪法委员会的法律草案将搜查权赋予了执法官或者执行命令或者执行上级指令的执法人员，并且所赋予的是一种毫无限制的搜查权，即使在没有任何违法行为，也没有任何法律规定对危害公共秩序的行为予以控制的情况下也可以行使搜查权。由此看来，由于转移给执法官或者执行命令或者执行上级指令的执法人员的权力扩大，而其性质又没有明确界定，结果在权力行使时，很容易导致检查界限不明确，从而损害宪法上所规定的个人自由的原则。据此，宪法委员会宣布旨在搜查和预防刑事违法而对车辆进行搜查的授权法案的法律草案违宪。并且宪法委员会的裁决在《法兰西官方公报》上公布。

【宪法评析】

1789年法国大革命过程中诞生了《人权和公民权利宣言》，它成为法国宪法的灵魂。1791年9月，法国国民议会制定了第一部法国宪法。但是，之后法国宪政的建设并不顺利，历经两次封建王朝复辟，两次帝制和五次共和，共颁布了12部宪法。直到1958年在戴高乐总统的主持下制定了法国现行宪法。法国1958年宪法的最大特点之一就是在《宪法》第七章规定了宪法委员会。根据《宪法》第七章和《宪法委员会组织条例》，1959年法国宪法委员会正式成立。但宪法委员会成立后，并没有立即发挥作用，甚至因为1962年全民公决的裁决而引起了社会对宪法委员会作用的质疑。直到在1971年"《结社契约法修正案》合宪性审查案件"中，宪法委员会宣布《结社契约法修正案》违宪，维护了宪法的尊严之后，法国宪法委员会的宪法监督角色才获得普遍认同，并且在之后法国的宪政建设中开始发挥积极作用，对许多法令进行合宪性审查。"《车辆搜查法》合宪性审查案"就是宪法委员会进行合宪性审查案件中的典型一案，通过观察此案可以清晰地看到法国宪法监督制度的独特特点。

一、法国宪法监督主体是宪法委员会

我们可以看到，在法国，如果对某个法令的合宪性表示质疑，必须向宪法委员会提交进行审查的申请，由宪法委员会来判断该法令的合宪性。"《车辆搜查法》合宪性审查案"就是宪法委员会作为宪法监督主体而进行合宪性审查的。

从性质上来讲，宪法委员会是特殊的宪法机关，被称为与立法、行政、司法并列的第四部门。这与美国由普通法院充当宪法监督主体、德国由宪法法院充当宪法监督主体以及英国由议会充当宪法监督主体的模式均有很大差别，宪法委员会是一个独立的机关，它本身就是为监督宪法实施而设立的。至于宪法委员会的组成，法国宪法第56条有明确的规定："宪法委员会的成员为九人，任期九年，不得连任。宪法委员会成员每三年更新三分之一。成员中三名由共和国总统任命，三名由国民议会议长任命，三名由参议员议长任命。除上述规定的九名成员外，各前任共和国总统是宪法委员会的当然的终身成员。宪法委员会主席由共和国总统任命。在赞成票与反对票同数时，主席有决定性的投票权。"

宪法委员会设立的核心目的在于保障公权力行为的合宪性，因此宪法委员会委员在就职时，要宣誓忠于宪法，捍卫宪法的权威。

二、法国宪法监督的范围包括法律是否违宪等重大宪法问题

从宪法委员会的职权来看，主要包括以下内容：（1）监督共和国总统的选举，保证选举的合法性。（2）国民议会议员及参议院议员选举发生争议时，由宪法委员会予以裁决。（3）宪法委员会监督公民复决（全民投票）的运作过程，确保依法进行，并公布结果。（4）监督任何组织法和其他法律是否违宪。"《车辆搜查法》合宪性审查案"所关注的是法律是否违宪的问题，因此也属于宪法委员会的受理范围。

三、关于法律是否违宪的监督方式是事前监督和抽象性监督，并且必须由特定的主体提出

法国《宪法》第61条规定："各个组织法在公布前，议会两院的规章在施行前，都必须提交宪法委员会，宪法委员会应就其是否符合宪法作出裁决。为了同样的目的，各个法律在公布前，可以由共和国总统、总理、国民议会议长、参议院议长、六十名国民议会议员或者六十名参议院议员提交宪法委员会。"从这一条规定可以看出，组织法和议会两院的规章属于必须审查的，其他法律属于由特定主体提请审查的。《车辆搜查法》显然并不属于组织法或者议会两院的规章，因此应由特定主体提请审查。在本案中，有130名国民议会议员和79名参议员向宪法委员会提出申请，要求审查《车辆搜查法》的合宪性，申请主体显然符合宪法第61条的规定，因此宪法委员会受理并裁决了该案。由此看来，法国对法律进行合宪性审查的最大特点就是它不以存在实际的纠纷为前提，可以没有具体的当事人和律师，也可以没有庭审过程中的辩论质证等程序，只要符合条件的申请人提起申请，即可启动审查程序。

四、法国宪法监督具有终局性法律效力

一旦被申请审查的法律经宪法委员会审查宣布为违宪时，被申请审查的法律即不得公布实施。只有被认定不违宪的法律，才可以进行后续的立法程

序，正式公布实施。并且对于宪法委员会的裁决不得上诉。宪法委员会的裁决具有终局的法律效力，对一切行政、司法等公权力机关都具有拘束力。因此，“《车辆搜查法》合宪性审查案”的裁决结果在《法兰西官方公报》上予以公布，对整个社会产生拘束力。

【扩展阅读】

胡锦光主编：《宪法学原理与教程》，中国人民大学出版社2006年版。

（撰稿：沈国琴）

46. 美国马伯里诉麦迪逊案

【案例主旨】

“违宪的法律不是法律”，“判断法律是否合宪属于司法机关的职权”，这些对美国宪法乃至整个世界宪政制度发生重大影响的观念都出自一起案件的判词。在1803年马伯里诉麦迪逊一案中，大法官马歇尔在政治斗争的乱局中，巧妙地对这一案件作出判决，不仅避免了两党之间进一步的激烈冲突，而且产生了“司法审查”这一副产品，将其评为人类史上最伟大的判决绝不为过。两百多年来，无数的中外学者研究和点评过这个判例，但是不管从何处着眼，其最伟大的贡献莫过于两个方面：一是阐明了宪法超越国会法律的最高性；二是开创了司法审查制度的先河。

【案情介绍】

马伯里诉麦迪逊案发生于1801年初两个总统权力交接之际，在1800年底举行的总统大选中，亚当斯未获连任，杰弗逊获胜，成为美国第三任总统。尽管亚当斯和杰弗逊都参加了美国宪法的起草，两人之间有着很深的友谊，但是以亚当斯为首的联邦党与以杰弗逊为首的共和党之间的政治斗争非常激烈。在卸任之前，亚当斯利用手中的最后权力，迅速委任联邦党人出任联邦法官，1801年3月3日，亚当斯总统正式签署了42名哥伦比亚和亚历山大地区的法官的委任书，并盖了国玺，由于是在亚当斯任职总统的最后一天签署，这些新提名的法官被人们称为“午夜法官”。限于当时的交通和通信条件，在亚当斯卸任前，有几位法官的委任状未能送出，其中一位就是马伯里。3月4日，杰弗逊就任总统并任命麦迪逊为国务卿。杰弗逊对亚当斯卸任前的这些做法十分不满，指示国务卿麦迪逊停发尚未发出的法官委任状。马伯里因此向最高法院提起诉讼，依据是美国1789年9月24日通过的《司法法》第13条，请求联邦最高法院对国务卿麦迪逊下达法院强制令，强制他向马伯里等人发出委任状，故此案被称作马伯里诉麦迪逊案。

【宪法评析】

审理马伯里诉麦迪逊案的大法官马歇尔有着非常复杂的身份，他曾经是亚当斯任总统时期的国务卿，亚当斯签署的委任书，就是由马歇尔加盖国玺发出的。1800年12月，美国最高法院首席大法官埃尔斯沃思辞职，亚当斯提名时任国务卿的马歇尔继任首席大法官并得到国会批准。但是，马歇尔并未立即就任，随着总统换届，马歇尔也转换了身份。马歇尔接到这一诉讼后感到非常为难，他清楚地了解两党之间相互敌视的关系和继任总统杰弗逊坚决的态度，如果此事处理不好就会导致一场宪法危机。马歇尔运用了高度的智慧，巧妙地作出了判决，不仅化解了潜在的宪法危机，而且为后人留下了丰富的宪政资源。马歇尔在对此案的审理过程中写下了长篇的判词，他从以下环节分析了此案：

第一，马伯里的权利是否受到侵害，是对其进行救济的前提，如他的权利确实受到侵害，那么才有可能讨论司法救济。马歇尔认为委任状已经由总统签署，并加盖了国玺，这一任命因而是不可撤销的。马伯里的法律权利是受美国法律保护的，阻碍他的任命的行为是没有法律依据的，而且是侵犯法律权利的行为。

第二，马伯里的权利受到侵害而请求救济时，国家应当提供救济。马歇尔谈道："公民权利的精髓在于公民受到侵害时，每个公民都有权请求法律保护。政府的第一职责也就在于给予这种保护。人们强调美国政府是法治政府，而不是人治政府。如果法律不对侵犯法定权利的行为给予救济，也就不再能享有这一美称了。"

第三，美国《司法法》规定的法院有权对行政官员发出强制令这一救济方法违反宪法规定无效。法律应当如何为马伯里提供救济？根据1789年《司法法》第13条的规定，法院有权对任何行政官员发出强制令。按照马伯里的请求，最高法院也就应当发强制令。马歇尔认为，如果按照这一规定向麦迪逊发出强制令，则违反了美国宪法的规定。美国《宪法》第3条规定："对于涉及大使、其他公使和领事的一切案件，以一州为当事人的案件，最高法院有初审管辖权。对于前述一切其他案件，最高法院有关于法律与事实的上诉管辖权。"马歇尔认为，马伯里的法律请求显属宪法所指的"其他案件"，也就是说，最高法院对此种案件只有上诉管辖权，没有初审管辖权。1789年

《司法法》实际上扩大了最高法院的管辖权。马歇尔强调，由最高法院直接下达强制令，命令国务卿送达委任状给马伯里，等于行使了初审管辖权，显然违法了宪法的规定。立法机关所立的与宪法相违背的法就不是法律，这是一条最基本的原则，必须坚守。谁有权认定什么是法律？什么是违宪的法律？这一权力属于司法机关。由此他得出结论，1789年《司法法》违宪无效，不能适用于本案，因而驳回了马伯里的请求。

马伯里诉麦迪逊案的经典意义在于：

第一，明确了宪法超越国会法律的最高法地位。违宪的法律不是法律，和宪法抵触的法律无效，这是马伯里诉麦迪逊案的伟大贡献。通过判定1789年《司法法》违宪无效，明确了宪法和一般法律在效力上的区别，维护了宪法的权威。

第二，创建了由普通法院解释宪法和法律并宣布违宪法律无效的司法审查制度。在此案发生之前，美国联邦最高法院虽然扮演着三权之中的一个角色，但并不是行政行为，立法行为合宪与否的最终裁判者，司法审查权可以说是通过该案争取来的。1803年，马歇尔首席大法官在判决中宣示联邦最高法院就法律是否合宪具有审查权，这个制度才得以确立。

当然，不能忽视的是美国所奉行的三权分立制度，为司法审查权的行使奠定了基础，也就是说，马歇尔的主张和三权分立制度有着共同的基础。另外，英美法“先例拘束”原则也使得司法审查权的功效充分发挥，换作大陆法系的国家，如日本，虽然也奉行三权分立，但是司法审查权的功能大打折扣，可以说并不是一项成功的制度。

美国的违宪审查制度建立以来，对各国的宪法发展都产生了巨大的影响。不少国家仿效美国，采用司法审查违宪立法的制度。特别是拉美国家和英联邦国家采用这种制度的较多。据统计，全世界约有60多个国家采用了这种制度。① 这表明，通过马伯里诉麦迪逊案形成的司法审查制度的影响是全球性的。

【扩展阅读】

1. 徐炳：《美国司法审查制度的起源——马伯里诉麦迪逊案述评》，载《外国法译评》1995年第1期。

2. 朱苏力：《制度是如何形成的》，载《比较法研究》1998年第1期。

① 徐炳：《美国司法审查制度的起源——马伯里诉麦迪逊案述评》，载《外国法译评》1995年第1期。

3. 强世功：《司法审查的迷雾——马伯里诉麦迪逊案的政治哲学意涵》，载《环球法律评论》2004 年冬季号。

4.《马伯里诉麦迪逊案》，载焦洪昌、李树中主编《宪法教学案例》，中国政法大学出版社 1999 年版。

（撰稿：齐小力）

47. 韩国《新行政首都特别法》违宪案

【案例主旨】

现代国家的宪法监督模式主要有三种情况，其中设立专门的宪法监督机关是一种行之有效的方式，代表了宪法监督制度的发展趋势。韩国在 1987 年宪法中规定了宪法裁判所制度，宪法裁判所主要审判下列事项：一是某项法律是否违宪的事项；二是弹劾事项；三是政党解散事项；四是有关中央机关之间、中央机关与地方自治团体即地方行政管理机构之间，以及地方自治团体之间的权限争端事项；五是法律规定的有关宪法申诉事项，包括公权力侵犯公民宪法权利的宪法诉愿审判。韩国宪法裁判所建立以来，做了大量的工作，特别是通过大量的法律违宪裁决，维护了宪法的权威。韩国的宪法裁判所制度已经成为令韩国人民骄傲的制度，宪法裁判所也成为人民权利的守护神。

【案情介绍】

2003 年以来，韩国总统卢武铉领导的政府计划将行政首都由汉城迁往中部地区。2003 年 12 月，韩国国会通过《新行政首都特别法》后，韩国各界围绕是否应当迁都一事展开激烈争论。反对迁都的 169 名人士在 2004 年 7 月 12 日向韩国宪法法院提起法律诉讼，控告《新行政首都特别法》违反宪法。2004 年 10 月 21 日，韩国宪法裁判所裁决，韩国国会 2003 年 12 月通过的《新行政首都特别法》违反宪法。韩国政府制订的将行政首都从汉城迁往中部地区的计划将因此被迫停止执行。在裁决时，韩国宪法裁判所的全部 9 名法官中，有 8 名法官对此法投了否决票。韩国宪法裁判所所长尹永哲据此宣布，《新行政首都特别法》违反韩国宪法。①

① 张锦芳：《韩国宪法法院裁决〈迁都特别法〉违宪》，参见新华网相关报道，http://news.xinhuanet.com/world/2004－10/21/content_2121582.htm，访问时间 2012 年 6 月 24 日。

【宪法评析】

韩国迁都的原因有三个方面：一是汉城需要“减负”。从1948年定都汉城以来，首都圈集中了全国半数的人口和七成的经济力量，人口密集、地价飞涨、交通拥挤、环境污染等城市化恶象，阻碍可持续发展。二是“避战”的考虑。汉城和朝鲜民主主义人民共和国的临时军事分界线三八线只相距40公里，从国家安全考虑，将行政中心南迁，可以防止首都在战争中受到袭击。三是政治因素。当年韩国总统卢武铉推行迁都计划，是想在总统选举中赢得中部忠清南北道选民的支持。虽然迁都的理由非常充分，而且早在20世纪70年代就有了迁都的打算，但是正如韩国宪法法院通过的裁决书所说，决定首都变更是国家的核心大事，尽管韩国宪法没有明文规定汉城为首都，但它是为宪法习惯认可的韩国正统的首都。要废除汉城的首都地位，必须按照宪法规定的程序，对宪法进行修改。韩国政府不经修宪程序就推行迁都计划，属侵犯宪法规定的国民投票权的违宪行为。

韩国第一部宪法制定于1948年，其后共经历了9次修改，最后一次修改是在1987年10月，1988年2月实施。这次新宪法的诞生是韩国宪政史上第一次由执政党与在野党合意的结果，其内容充分反映了成熟国民的民主主义夙愿。1948年第一共和国宪法设立“宪法委员会”，1960年第二共和国宪法设立“宪法法院”，1962年第三共和国宪法设立“司法审查制”，1972年第四共和国的维新宪法及1980年第五共和国宪法设立“宪法委员会”。但是，由于社会的以及政治的原因，它们并未发挥出应有的作用。①

1987年宪法采用了宪法裁判所制度，并于1988年正式设立了韩国宪法裁判所。根据韩国《宪法》第111条规定，宪法裁判所由9名裁判官构成，全部由总统任命。其中3名由国会推选，3名由最高法院院长提名。宪法裁判所所长经国会同意由总统从审判官中指定。宪法裁判所审判官任期六年，可依宪法连任。宪法裁判所审判官不得加入政党或参与政治。宪法裁判所审判官非因弹劾或受监禁以上刑罚，不得罢免。

宪法裁判所审判下列事项：

一、法院提交的某项法律是否违宪的事项

宪法裁判机关对议会决议的法律进行审查，看其是否违反宪法，如果被判定违宪的话将失去其法律效力或者被否决。除本文所列举的《新行政首都

---

① 陶建国、奉小政：《浅论韩国的宪法法院制度》，载《零陵学院学报》（教育科学版）2004年第6期。

特别法》违宪裁决之外，韩国宪法裁判所裁决了大量的法律违宪，维护了宪法的尊严。例如，2005 年 2 月 3 日，韩国宪法裁判所作出法律裁决，判定维持了百余年的户主制“不符合宪法”。在户主制下，男子是法定的家长，女性则是家长的附庸；子女必须随同家长的姓氏，即使他们随母改嫁离别原来的家长，也绝对不可改姓；所有女性加入户籍，均需得到家长的许可；所有男性拥有优先的财产继承权，女性则只能听任摆布。①

二、弹劾案件审判

根据韩国《宪法》第 65 条的规定，弹劾的对象包括总统、国务总理、国务委员、政府各部部长、宪法裁判所审判官、法官、中央选举管理委员会委员、监察院院长、监察委员及其他法律所定公务员。弹劾追诉事由是“在执行公务时违背宪法或法律”，在执行公务过程中违背宪法或法律时，国会可决议弹劾追诉。弹劾的程序是须有三分之一以上的本届国会议员提议、半数以上的本届国会议员同意。但对总统的弹劾追诉，须有半数以上的本届国会议员提议、三分之二以上的本届国会议员同意。2004 年 3 月，由于时任总统卢武铉的助手涉嫌受贿和收受非法政治资金等问题，韩国国会以法定的三分之二以上的绝对多数票通过了对卢武铉的弹劾动议案，卢武铉即被中止总统权力，由国务总理代行总统权力。5 月 14 日，韩国宪法法院对弹劾案作出判决，宣布驳回国会提出的总统弹劾案，卢武铉恢复行使总统权力。

三、政党解散事项

在政党活动或目的违反基本的民主秩序，政府向宪法裁判所起诉要求解散该政党时，宪法裁判所具有决定其解散与否的权限。

四、权限争议审判权

国家机关之间、地方政府之间或国家机关与地方政府之间关于宪法所赋予的权限、工作范围与工作内容发生争议时，宪法裁判所具有裁判的权限。

五、宪法诉愿审判权

该制度是指当公权力违反了宪法规定，直接侵害了公民宪法上保障的基本性权利时，权利人向宪法裁判所请求对公权力进行违宪审查、获得基本权利救济的制度。宪法诉愿可分两种：一种是权利救济型宪法诉愿，即由于普通法院判决之外的公权力作为或不作为导致宪法所保障的基本权利受到侵害者，穷尽其他一切法律程序仍不得救济时所提起的宪法诉愿；另外一种是《韩国宪法法院法》第 41 条规定的情形，即当法律是否合宪关系到一个普通

---

① 张锦芳：《韩国男尊女卑的时代将结束，法律将终结户主制》，参见 http://news.sina.com.cn/o/2005-02-06/11055069541s.shtml，访问时间 2012 年 6 月 24 日。

案件的判决，那么普通法院应该依职权或应当事人的申请向宪法裁判所提出法律的合宪性审查。

韩国宪法裁判所的设立，为保障宪法的权威和公民的人权起到了积极作用，通过宪法裁判活动，使宪法监督制度得到了真正的完善。公民宪法权利的救济问题也一直是我国学者关注的话题，由于国情不同，我们不可能照搬韩国的模式，但是宪法裁判所在保障人权方面的作用值得我们借鉴，如宪法诉愿审判制度不失为在我国国情下可资借鉴的一种制度。

【扩展阅读】

1. 陶建国、奉小政：《浅论韩国的宪法法院制度》，载《零陵学院学报》（教育科学版）2004 年第 6 期。

2. 张宇：《韩国宪法裁判所制度简介》，参见 http://www.worldpublaw.sdu.edu.cn/wangkan/shougao/shoug1/sg2004052112.php。

3. 罗胜福：《韩国的弹劾制度及卢总统弹劾审判案的主要争议》，载《当代韩国》2004 年夏季号。

（撰稿：齐小力）

48. 中国洛阳种子合同纠纷涉及地方法律与上位法冲突案

【案例主旨】

本案例涉及的宪法问题是法官能否宣布地方性法规与上位法相冲突的条文无效，即法官有没有对地方性法规的司法审查权。

我国现行《宪法》第 123 条规定：“中华人民共和国人民法院是国家的审判机关。”第 67 条第 8 项规定，全国人大常委会有权“撤销省、自治区、直辖市国家权力机关制定的同宪法、法律和行政法规相抵触的地方性法规和决议”。第 99 条第 2 款规定：“县级以上的地方各级人民代表大会……有权改变或者撤销本级人民代表大会常务委员会不适当的决定。”

从上述规定看，如果发生了法律之间冲突的情况，只有权力机关才有依法改变和撤销的权力，那么在司法审判中，面对法律冲突，法官应作怎样的选择？

【案情介绍】

2001 年 5 月 22 日，河南省汝阳县种子公司与伊川县种子公司签订合同，约定伊川公司为汝阳公司代为繁殖“农大108”玉米杂交种子10万公斤。合同履行期限至2002年10月31日止。但伊川公司为赚取更大的利润，将所育种子卖与了他人。2003年初，汝阳公司以伊川公司不履约为由，将其诉至洛阳市中级人民法院，请求法院判令伊川公司合同违约并对汝阳公司作出经济赔偿。伊川公司同意作出赔偿，但在赔偿损失的计算方法上与汝阳公司存在争议。汝阳公司认为，依据《中华人民共和国种子法》，赔偿损失的计算方法应按市场价格定，伊川公司应赔付70余万元。而伊川公司认为，赔偿应当依据《河南省农作物种子管理条例》，按此计算，伊川公司只需赔偿2万元左右。2003年1月25日，河南省洛阳市中级人民法院开庭审理了此案，此案的审判长为30岁的女法官李慧娟。2003年5月27日，洛阳中级人民法院作出〔2003〕洛民初字第26号判决书，判决书认定：《中华人民共和国种子法》实施后，玉米种子的价格已由市场调节，《河南省农作物种子管理条例》作为法律位阶较低的地方性法规，其与《中华人民共和国种子法》相冲突的条款自然无效，判令伊川公司按市场价格赔偿汝阳公司经济损失59.7万余元。

【宪法评析】

李慧娟在判决书中宣布地方法规的某一条款无效，在当地人大和法院系统引起了很大的反响。河南省高级人民法院在关于此事的通报上指出，人民法院依法行使审判权，无权对人大及其常委会通过的地方性法规的效力进行评判。2003年10月13日，河南省人大常委会办公厅下发了《关于洛阳市中级人民法院在民事审判中违法宣告省人大常委会通过的地方性法规有关内容无效问题的通报》。

但与此同时，同情李慧娟者认为，根据我国的法律规定，法官无权宣布某项法律无效，法官的判决显然突破了法律的界限，但是法官是否就必然要面对被免职的处分？从法官的困惑中我们是否可以管窥我国法律制度和司法实践中一些需要完善与变革之处呢？

近年来，我国大规模立法所带来的负面效应表现在，各种法律与法律之间、法律和法规之间，以及法规和法规之间的冲突越来越严重，这种下位法与上位法的冲突、新法与旧法打架的现象对我国社会主义法制建设造成了极大的危害，它不仅对公民权利的保护造成了巨大的障碍，增大了公民维权的成本，而且使得有关国家机关在适用法律时无所适从。

发生了法律冲突的现象就要寻求解决的途径，根据我国宪法及立法法规定，在我国立法监督体制内，解决法律冲突的最有力的手段是当出现某些特定的情形后，由有权机关予以改变或撤销，如我国《立法法》第87条对于法律、行政法规、地方性法规、自治条例、单行条例、规章应予改变和撤销的情形作了规定，其中超越权限、下位法违反上位法、规章之间对同一事项规定不一致的情形，都属于法与法的冲突，应予以改变或撤销。根据《立法法》第88条的规定，改变或者撤销法律、行政法规、地方性法规、自治条例和单行条例、规章的权限是：（1）全国人民代表大会有权改变或者撤销它的常务委员会制定的不适当的法律，有权撤销全国人民代表大会常务委员会批准的违背宪法和本法第66条第2款规定的自治条例和单行条例；（2）全国人民代表大会常务委员会有权撤销同宪法和法律相抵触的行政法规，有权撤销同宪法、法律和行政法规相抵触的地方性法规，有权撤销省、自治区、直辖市的人民代表大会常务委员会批准的违背宪法和本法第66条第2款规定的自治条例和单行条例；（3）国务院有权改变或者撤销不适当的部门规章和地方政府规章；（4）省、自治区、直辖市的人民代表大会有权改变或者撤销它的常务委员会制定的和批准的不适当的地方性法规。

在司法审判中，法官遇到法律冲突的情况一般有三种选择模式：一是直接适用上位法，不对下位法进行评论，即不说明判决的理由。二是拒绝违反上位法的规范的适用，并指出这样做的理由，李慧娟就是这样做的。三是向上报告。主审法官碰到法律相抵触，先报告所在法院，下级法院报告上级法院，最终报告到最高人民法院，最高人民法院再报告全国人大常委会进行审查。四是适用低位法。这是在法官地方化的制度环境中带有普遍性的一种选择。

我们认为洛阳中级人民法院的判决存在错误之处，根据我国法律规定，法院对行政行为的审查仅限于具体行政行为。我国现在没有明确的司法审查制度，即使有可以进行司法审查的方面，也只是对政府，而不是对人大。因此，一个法院在审判案件时，宣布人大制定的法律法规无效或者是违法，都是错误的，作为法院来说没有这个权力。

综上所述，该案给我们的启示是：

第一，我国法官不能违法确认和解决法律冲突。在我国，法官的职责就是适用法律，在判决中确认法律冲突或确认某一法律法规无效就是超越法官职权的行为。我国实行的是人民代表大会制，行政机关和司法机关对人民代表大会负责，立法、行政、司法三种权力之间不是相互制约的关系，法院没有权力审查人大的立法是否具有合宪和合法性。如果法官发现法律之间有冲突，只能将认为与宪法和国家法律相冲突的地方性法规报请上级人民法院，由上级人民法院提请相关有权的人大常委会裁决。

第二，面对法律冲突，我国法官有选择适用法律的权力。因为确认和解决法律冲突不是法官的权力，而只有选择法律才是法官的权力。

第三，我国法官在判决理由中不应肯定法律冲突的存在和认为冲突的某项法律无效。

第四，呼唤建立适合我国国情的违宪审查制度。在目前我国宪法框架和司法体制下，人民法院没有合宪性审查权是毫无疑问的，但人民法院有无合法性审查权却是值得深思的。有的学者认为，法院应有权行使“有限司法审查权”，审查下位法的效力，即在判决中明确审查下位法，指出下位法与上位法相抵触的地方，并根据宪法的精神和《立法法》的规定宣称与上位法相抵触的条款无效。这种方式是对双方当事人的一种同等对待，通过解释法理和法律，明确告诉当事人判决的理由，使当事人心服口服。我国人民代表大会制度下人民法院应当享有对行政法规和地方法规的合法性进行审查的权力。由于合宪性审查权在我国法律中明确赋予了全国人民代表大会及其常务委员会，因而，各级人民法院没有合宪性审查权，只有合法性审查权，即对行政法规和地方法规是否符合法律的审查权力。这种只有法规合法性审查权的司法审查权就是有限司法审查权。①

【扩展阅读】

1. 杨春福：《法官应该是司法能动主义者——从李慧娟事件说起》，载《现代法学》2009 年第 6 期。

2. 韩哲：《关于司法审查制度的思考——以法官李慧娟、赵广云受处分事件为视角》，载《中国青年政治学院学报》2004 年第 4 期。

3. 曾金胜：《李慧娟事件再调查》，载《时代潮》2004 年第 10 期。

4. 屠振宇：《河南洛阳中级法院宣告〈河南省农作物种子管理条例〉无效事件》，载《中国宪法事例》（一），法律出版社 2005 年版。

（撰稿：齐小力）

49. 中国北大 5 学者建言全国人大常委会审查拆迁条例事例

【事例主旨】

奥地利学者凯尔森认为，法律制度并不是一种由同等层次的并列的规范组成的体系，而是一种由不同层次的法律规范组成的等级体系。在一个国家

① 参见肖太福：《法院应享有有限司法查权》，载《时代潮》2004 年第 10 期。

的法律秩序等级体系中，宪法就是国内法中的最高一级。① 这就是说，法律不仅在同一平面上排列有序，而且形成不同的层级。我国《立法法》规定，宪法具有最高的法律效力，一切法律、行政法规、地方性法规、自治条例和单行条例、规章都不得同宪法相抵触。法律的效力高于行政法规、地方性法规、规章。行政法规的效力高于地方性法规、规章，等等。为了及时地解决立法冲突，维护宪法和法律的尊严，我国《立法法》除了规定改变或者撤销法律、行政法规、地方性法规、自治条例和单行条例、规章的权限之外，还规定了提请审查的启动程序。除国务院、中央军事委员会、最高人民法院、最高人民检察院和各省、自治区、直辖市的人大常委会可以向全国人大常委会书面提出进行审查的要求外，其他国家机关和社会团体、企事业组织以及公民可以向全国人大常委会书面提出进行审查的建议。自《立法法》实施以来，公民提请全国人大常委会对有关法律、法规进行违宪或违法审查的事例屡见不鲜，虽然这些提议引起了有关国家机关的高度重视，并直接导致某些法规终止实施，但比较遗憾的是，人们没有看到全国人大常委会行使审查权。

【事例介绍】

2009 年 12 月 7 日，北京大学法学院沈岿、王锡锌、陈端洪、钱明星、姜明安五位学者向全国人大常委会提交了关于对《城市房屋拆迁管理条例》进行审查的建议。该建议指出，自 20 世纪 90 年代以来，我国一直处于快速的城市化进程之中，在这一进程中，因拆迁而引发的各类矛盾、冲突、群体性事件时有发生，在一些地方还发生了被拆迁人自焚、当事人与政府对峙等极端事件。这些事件不仅有损当事人的合法权益，也激化了民众与政府的矛盾，影响社会的和谐稳定。房屋拆迁及其所引发的种种矛盾，已经成为公众高度关注的社会问题。我们注意到，各级政府对房屋拆迁所引发的各种问题是高度重视的，也采取了一些解决问题的措施。但是，要从根本上解决房屋拆迁及其引发的各种问题，需要从制度上反思，需要标本兼治。国务院 2001 年 6 月 6 日颁布、2001 年 11 月 1 日开始施行的《城市房屋拆迁管理条例》（以下简称《条例》），与《宪法》、《物权法》、《城市房地产管理法》保护公民房屋及其他不动产的原则和具体规定存在抵触：依据宪法和法律，补偿是征收合法有效的构成要件，应当在房屋拆迁之前完成，而《条例》却将本应在征收阶段完成的补偿问题延至拆迁阶段解决；征收、补偿主体应该是国家，征

① ［奥］凯尔森：《法与国家的一般理论》，中国大百科全书出版社 1996 年版，第 141 页。

收补偿法律关系应该是行政法律关系，而《条例》却将补偿主体定位为拆迁人，将拆迁补偿关系界定成民事法律关系；对单位、个人房屋进行拆迁，必须先依法对房屋进行征收，而《条例》却授权房屋拆迁管理部门在没有依法征收的前提下就可给予拆迁人拆迁许可。为此，我们依据《立法法》第87条、第88条、第90条第2款之规定，请求全国人大常委会对《条例》存在的"与上位法冲突"的问题进行审查。如确认《条例》有关条款确实与宪法、法律相抵触，应依据《立法法》第88条予以撤销，或根据《立法法》第91条，由人大专门委员会向国务院提出书面审查意见，建议国务院对《条例》自行修改。①

2011年1月，《国有土地上房屋征收与补偿条例》颁布实施，《城市房屋拆迁管理条例》同时废止。

【宪法评析】

近年来，我国法律冲突的现象并不鲜见：一是大规模立法所带来的负面效应，各种法律与法律之间、法律和法规之间，以及法规和法规之间的冲突越来越严重；二是由于我国正处在历史上重大的变革时期，社会上客观情况发展变化很快，有些法律已不能反映已变化的社会关系，也就是有些法律已经落后于时代。本事例涉及的《城市房屋拆迁管理条例》就是这种情况。城市要发展、公民财产权更需保障，随着2004年我国宪法第四次修改和《物权法》的出台，《城市房屋拆迁管理条例》在实践中产生了诸多的问题，如公共利益界定不清晰、拆迁程序不规范、补偿安置不到位，等等。

根据我国宪法规定，全国人大和全国人大常委会是我国宪法监督机关，全国人大有权改变或者撤销全国人民代表大会常务委员会不适当的决定；全国人大常委会有权撤销国务院制定的同宪法、法律相抵触的行政法规、决定和命令，等等。2000年由全国人大通过的《立法法》对于启动违宪或违法审查的程序作了明确的规定。一是国务院、中央军事委员会、最高人民法院、最高人民检察院和各省、自治区、直辖市的人大常委会如果认为行政法规、地方性法规、自治条例和单行条例同宪法或者法律相抵触的，可以向全国人大常委会书面提出进行审查的要求，由全国人大常委会工作机构分送有关的专门委员会进行审查、提出意见；二是除上述国家机关外的其他国家机关和社会团体、企业事业组织以及公民如果认为行政法规、地方性法规、自治条

① 张海燕：《北大5学者建言全国人大审查拆迁条例全文公布》，参见 http://news.sina.com.cn/c/2009-12-10/115019231469.shtml 相关报道，访问时间2012年6月24日。

例和单行条例同宪法或者法律相抵触的，可以向全国人大常委会书面提出进行审查的建议，由全国人大常委会工作机构进行研究，必要时，送有关的专门委员会进行审查、提出意见。

我国有的学者认为，上述两者的区别在于：中央国家机关（除国家主席外）和省级人大常委会提出要求，即启动全国人大常委会对行政法规、地方性法规、自治条例和单行条例是否符合宪法或者法律的审查程序；而此外的其他主体提出建议，不一定能够启动全国人大常委会对行政法规、地方性法规、自治条例和单行条例是否同宪法或者法律相抵触的审查程序，要由全国人大常委会的工作机构研究，视其"必要性"。①

本事例中，北大5学者依据《立法法》第90条第2款的规定，提请全国人大常委会启动审查程序，显然属于其他主体提出建议的情形，虽然引起了高度重视②，但是并没有启动审查程序。

这一事例带给我们的启示有以下几个方面：

第一，违宪、违法审查机制的运作十分必要。在谈到建议审查拆迁条例的动因时，5学者之一的姜明安教授称：还有一个动机，就是希望通过我们的行动，推动我国《宪法》和《立法法》设计和确立的法规违宪、违法审查制度实际运作起来。他谈到，现行宪法已经实施27年，《立法法》已经实施9年，但全国人大常委会从来未审查和撤销过一个行政法规或地方性法规、自治条例、单行条例。难道我们的行政法规、地方性法规、自治条例、单行条例从来就没有过违宪、违法的情形吗？如果说我们的行政法规、地方性法规、单行条例永不违宪、违法，那我们的《宪法》和《立法法》为什么还要设计和确立法规违宪、违法审查制度呢？长期以来，我们的《宪法》和《立法法》设计和确定的法规违宪、违法审查制度一直在"睡觉"，一直处于"休眠"状态，这与我们要建设法治国家、法治政府的治国方略是完全背道而驰的。③

从北大3博士因孙志刚案提请全国人大常委会启动对《收容遣送管理条例》的违宪审查，到5学者提请全国人大常委会启动对《城市房屋拆迁管理条例》的审查，虽然从结果上导致了上述行政法规的废止和新法的出台，但

① 胡锦光：《从宪法事例看我国宪法救济制度的完善》，载《法学家》2003年第3期。

② 2009年12月14日，5名递交违宪审查建议的法学教授接到了国务院法制办的邀请，参加16日由法制办举办的座谈会，研讨《城市房屋拆迁管理条例》。

③ 姜明安：《我们为什么要建议审查拆迁条例》，载《经济参考报》2010年1月6日。

都没有成功，学者们屡屡提出申请是试图通过努力推进我国违宪、违法审查机制的运作，而不是只停留在纸面上。正如有的学者所说："拆迁条例被审查比自修改更重要。"①

第二，进一步完善违宪、违法审查的程序。《立法法》仅在第 90 条和第 91 条规定了行政法规、地方性法规、自治条例和单行条例同宪法或者法律相抵触的提请程序和审查程序，这些规定比较简单。"一些最基本的、必要的程序没有作出规定。这一方面是与立法法的主要任务相一致，另一方面，与对合宪性审查的必要性的认识不够有关。没有必要的程序，宪法救济就无法启动，即使启动以后，也无法进行审查，即使进行审查，也无法作出审查的结论。"②

第三，应建立提请审查权的权利救济机制。享有提请审查权的主体向有关机关提出请求审查的要求或建议后，如果接受机关置之不理怎么办，这是一个令人担心的问题，缺乏相应的受理程序及救济制度，会使权利出现落空的可能。

【扩展阅读】

1. 胡锦光：《从宪法事例看我国宪法救济制度的完善》，载《法学家》2003 年第 3 期。

2. 马岭：《孙志刚案的启示：违宪审查还是违法审查》，载《国家行政学院学报》2005 年第 1 期。

（撰稿：齐小力）

---

① 王琳：《拆迁条例被审查比自修改更重要》，载《东方早报》2009 年 12 月 18 日。

② 胡锦光：《从宪法事例看我国宪法救济制度的完善》，载《法学家》2003 年第 3 期。